차별비용

차별 비용

LGBT 경제학

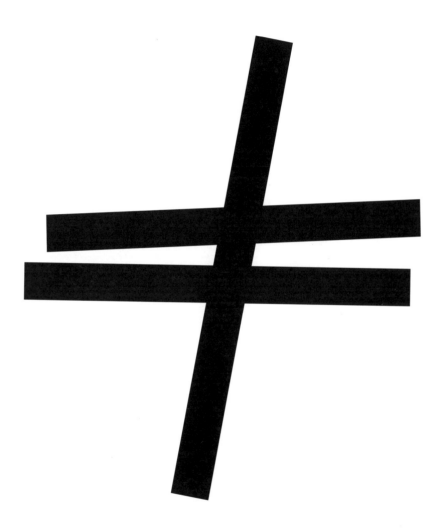

리 배짓 지음 김소희 옮김 이호림 감수

글항아리

차별비용을 짊어지면서

우리 모두를 위해 변화를 만들려고 노력하고 있는

X와 Y에게

그리고 모든 잘츠부르크 글로벌 LGBT 펠로들에게

언어·용어 안내

독자들이 생소하다고 느낄 수 있는 주요 용어가 책에 일부 등장하므로 간단한 안내를 제공한다. 보통 레즈비언, 게이, 양성애자, 트랜스젠더 는 특정 정체성을 지닌 이들을 의미한다. 본인이 네 집단 중 하나에 속 한다고 여기는 사람들이다. 양질의 통계를 수집할 수 있는 국가에서 조 사하면 LGBT는 전체 인구의 3~6퍼센트를 차지하기에, 집단으로서 성 소수자sexual and gender minorities라 불리기도 한다. 일부 활동가는 이들을 통칭하는 퀴어queer라는 용어를 선호한다. 나 또한 LGBT를 광의로 지 칭하는 경우 이 단어를 사용했다.

다르게 생각하는 방식도 있다. 특정한 성적 지향sexual orientation을 지 닌 사람들을 레즈비언, 게이, 양성애자로 부르는 것이다. 동성에게 연 애 감정 및 성적 매력을 느끼거나 동성의 성관계 파트너가 있는 경우를 의미한다. 양성애자는 하나 이상의 젠더 집단에 속한 사람들에게 끌림 을 느끼거나 그런 사람들과 파트너 관계였던 경험이 있다. 이성애자는 이성에게 끌림을 느끼거나 이성과 짝을 맺는다. 즉, 성적 지향은 자아 정체성이나 끌림, 또는 행동을 아우른다.

성별 정체성*은 스스로를 남성이나 여성, 논바이너리nonbinary(이분법
적인 성별로 정체화하지 않는 경우) 혹은 그 외의 성별 중 무엇으로 인
식하는지를 포착한다. 출생 시 지정 성별과 다른 젠더로 살아가고 그렇
게 자기를 인식하는 사람이 트랜스젠더에 속한다. 남성으로 태어나 여
성으로 살아가면 트랜스젠더 여성일 것이고, 반대라면 트랜스젠더 남
성일 것이다. 일부 트랜스젠더는 남녀라는 이분법적인 성 구분이 제한
적이라고 여겨 이를 선호하지 않는다. 이들은 젠더퀴어gender queer나 논
바이너리, 제3의 젠더, 혹은 다른 명칭으로 자신을 부른다. 논바이너리
가 모두 자기를 트랜스젠더로 정의하는 것은 아니다. 또한 트랜스젠더
와 논바이너리도 성적 지향이 있고, 본인을 레즈비언, 게이, 양성애자,
이성애자로 여기기도 한다. 트랜스젠더가 아닌 사람(시스젠더cisgender)
에게 성적 지향이 있는 것과 마찬가지다.

　정체성 구분은 세월에 따라 계속 변한다는 점이 중요하다. 누구에게
매력을 느끼는지, 성적 파트너가 누구인지에 따라 정체성이 항상 정확
히 구분되는 것은 아니다. 특히 이 용어와 정체성을 구성한 서구권 맥
락에서 벗어나면 말이다. 일부 문화권에서는 성적 파트너와 성별 정체
성을 통합해 고려하는 현지 용어로 성소수자를 정의한다. 예컨대 인도
에서는 남성으로 태어난 사람이 본인을 제3의 젠더로 인식하는 경우를
히즈라hijra라고 부르는데, 이들은 일반적으로 남성과 성관계를 맺는다.

---

* gender identity. 젠더gender는 '사회적 성'을 의미하는 단어로, 생물학적 성별sex과는
다른 의미로 쓰인다. 하지만 젠더를 성별로 번역한 관용어들이 다수 존재한다. 성별 정
체성도 관용어로 굳어, 젠더 정체성을 대신해 사용했다. (옮긴이)

인도네시아에서는 와리아^{waria}가 일부 트랜스젠더 여성을 지칭하는 용어로 쓰인다.

LGBT를 생각하는 방식이 다양한 것처럼, 그들의 불평등을 묘사하는 방법도 여러가지다. 심리학자 그레고리 M. 헤렉의 정의에 따르면 낙인은 사회의 부정적 시각으로, LGBT에게 열등한 사회적 지위를 부여한다. 성적 편견은 사회적 낙인을 내재화한 개인이 LGBT를 바라보는 부정적 시각이다.

차별은 더 적극적인 형태로, LGBT가 비非LGBT와 동일한 능력이나 자격을 갖췄음에도 채용이나 교육 등의 환경에서 열악한 대우를 받는 경우다. 폭력은 LGBT에게 직접적으로 물리적·정서적·성적 위해를 가하는 경우를 가리킨다. 권리는 LGBT가 차별이나 폭력에 직면한 경우 동등한 대우를 요구할 수 있게 만드는 법적 또는 도덕적 주장을 나타낸다.

불평등은 잠재적으로 측정 가능한 사회적·법적·경제적 결과의 차이를 포착하는 일반적인 용어다. 예를 들어 비LGBT에 비해 LGBT의 건강 상태나 소득 수준이 열악한 경우가 낙인, 폭력, 차별로 발생한 것일지도 모를 불평등에 해당한다.

포용과 배제는 불평등이나 권리 혹은 차별을 넘어서는 개념으로, LGBT가 고용 시장, 교육체계, 의료체계, 정치적 과정 등 모든 사회적 제도에 온전히 참여할 수 있는지 판별하는 개념이다. UN개발계획^{UNDP}은 포용을 인간의 존엄성에 부합하는 '기회 접근성과 결과의 성취'로 정의한다. 배제의 정의는 반대로 LGBT가 기회나 결과를 얻지 못하는 상황이다.

마지막으로 호모포비아homophobia와 트랜스포비아transphobia는 LGBT가 겪는 불공정하고 해로운 상황을 포괄적으로 나타내는 LGBT 용어다. 이 용어들은 LGBT를 향한 부정적인 사회적·개인적 시각뿐 아니라 이에 기반한 행동까지 포함한다. 정확한 학문적 개념은 존재하지 않지만, 동성애자나 트랜스젠더를 대상으로 하는 공포증 혹은 두려움보다 넓은 의미로 쓰인다. LGBT에 대한 관심을 촉구하고 낙인과 편견 사이 연관성을 암시하는 데 큰 효과가 있다. 특히 편견 가운데서도 열악한 지위로 인해 폭력, 차별, 권리 부족, 불평등 등(간단히 말하면 배제)이 뒤따르는 경우에 그렇다.

포용, 배제, 불평등, 호모포비아, 트랜스포비아 같은 광범위한 용어는 LGBT가 직면한 일반적 상황을 떠올리는 데 유용하다. 나는 이 용어들을 다소 교차적으로 사용했고, 구체적인 용어들은 더 정확하게 사용하려고 노력했다. 서로 구분되는 개념들이지만(유사점과 차이점이 헷갈릴 수는 있다) 모두 LGBT가 해로운 대우를 받을 수 있다는 점을 보여준다.

LGBT가 처한 상황을 생각해보면 이 책에서 말하는 사람들을 더 잘 정의하는 데 도움이 된다. 나는 용어의 복잡성과 특정 국가에 편향된 유래에도 불구하고 LGBT라는 용어를 사용했다. 이들 집단은 장소별로 다양하게 명명되지만, 그 형태와 강도만 다를 뿐 낙인, 폭력, 차별과 같은 문제를 유사하게 맞닥뜨리고 있기 때문이다. 전 세계 모든 다양한 문화권에서 성소수자를 LGBT라 설명하는 것은 아니지만, 인권·개발·정부기구들은 이 사고 틀을 점점 더 많이 사용하고 있다. 이에 따라 LGBT는 현지 맥락에 따른 정체성과 용어를 아우르는 친숙한 개념으

로 자리잡았다. 하지만 트랜스젠더가 아닌 레즈비언, 게이, 양성애자에
만 특별히 주목하는 연구나 관점도 있다. 이러한 경우 관련 집단을
LGB라고 지칭했다.

마지막으로 국제 인권기구들은 LGBT라는 명칭에 간성intersex을 의
미하는 'I'를 추가하기 시작했다. 간성은 성징sex characteristics에 변형이 있
는 경우로, 사회적으로 이해되는 남성 또는 여성의 틀에 맞지 않을 수
있다. 이들도 낙인과 차별을 경험하며 게이 혹은 트랜스젠더로 여겨지
는 경우까지 있어 LGBT와 같은 문제를 겪기도 한다. 그러나 간성은 신
체에 대한 자기결정권이나 수술 동의와 같은 별도의 문제를 경험하는
경우도 많다. 현재로서는 간성과 관련된 연구가 적은 상황이므로, 이
책에서 간성 문제를 강력한 증거와 함께 직접적으로 논의하기는 어렵
다. 따라서 첫 다섯 장은 LGBT 연구에 중점을 뒀다. 하지만 간성이 겪
는 대우에 관한 사례 증거와 차별 및 기타 난관에 관한 연구가 점점 많
아지는 점을 고려하면 간성을 사회적으로 포용해야 경제적으로 이롭
다는 것에는 의구심이 없다. 전 세계적 논의와 사회운동이 간성을 포함
시키는 방향으로 나아가므로, 6장과 7장에서는 간성을 포함해 LGBTI
개념 아래 논의를 이어갔다.

머리말

고등학생 시절, 지역 백화점의 장난감 코너에서 처음으로 일다운 일을 시작했다. 바쁜 크리스마스 시즌을 포함한 기간 동안 나를 비롯해 젊은 여성들은 세서미 스트리트 인형과 스타워즈 상품을 선반에 채워 넣는 역할을 맡았다. 또 다른 주요 업무는 장난감 코너와 근처 스포츠용품 코너의 계산대 업무였다.

어느 날 스포츠용품 코너에서 일하는 같은 학교 남자애가 결제를 위해 고객을 데리고 왔다. 고객이 떠난 이후 나는 그애에게 그간 궁금했던 점을 물어봤다. 스포츠용품을 판매할 때는 왜 점원 식별 번호를 입력해야 하는지에 대해서였다.

그애는 "우리는 판매 수수료를 받아"라고 대답했다. 놀랄 수밖에 없었다. 장난감 코너에서는 판매 수수료가 지급되지 않았기 때문이다. 충격에 휩싸인 채로 시간당 임금이 얼마인지 물었다. 나보다 15센트나 더 높았다!

나는 두 종목에서 고등학생 운동선수로 활약했던지라, 적어도 그 친구만큼은 스포츠 지식이 있으리라 확신했다. 그래서 우리 둘을 총괄하던 매니저에게 찾아가 스포츠용품 코너로 이동하고 싶다는 뜻을 밝혔다. 매니저는 "글쎄. 스포츠용품 코너에서 여직원을 쓴 적이 있는데 일을 잘 못 하더라고. 그래도 한번 고민해보지"라고 얼버무렸다. 그러나 나는 아무 소식도 듣지 못했다. 얼마 지나지 않아 더 오래 일하고 많이 버는 일자리를 찾았고 백화점을 그만뒀다.

이 경험은 내가 고용 차별과 경제적 불평등을 연구하는 노동경제학자가 되는 데 밑거름으로 작용했다.

그때 이후로, 백화점에서 경험한 것에 대해 여러 각도에서 생각했다. 고용주는 내가 단지 여자라는 이유로 급여가 낮은 장난감 부서에 배치한 걸까? 나는 스포츠에 대한 실전 지식을 갖췄고 여성 고객들과 관계를 형성할 능력도 있는데, 스포츠용품 코너에서 필요로 하는 자산이 바로 이게 아니었나? 차별이 어떤 느낌인지도 결코 잊지 않았다. 불신과 분노, 좌절을 비롯해, 권력 있는 사람의 관점에서 '틀린' 사람으로 간주되는 것에 수치심을 느꼈다.

이후 경제학자가 되기 위한 교육을 받으며 이런 질문들에 답할 이론과 방법론을 배웠다. 인종과 성별에 따른 고용 차별을 비롯해 할당제나 여타 정책적 해결책을 연구했다. 경제학자로 활동한 지 얼마 지나지 않아서는 내 커리어에 활력을 불어넣은 질문에 천착했다. 그 질문이란 바로 LGBT 정체성이 사람들의 경제적 복리에 어떠한 영향을 미치는지였다. 여기에 그간 배웠던 이론과 방법론을 적용하기 시작했다. 이로써 경제학적 전문성을 성적 지향과 성별 정체성sexual orientation and gender identity, SOGI 연구로 확장하면서 고정관념으로밖에 설명할 수 없던 분야에 더 나은 해답을 내놓을 수 있었다.

지난 30년 동안 나는 LGBT가 경제적으로 어떤 삶을 영위하는지 조사하기 위해 여러 데이터를 탐구해왔다. 임금과 차별 비용, 고용, 직업적 성취, 빈곤, 보상, 공공 정책을 분석했다. 그 결과 LGBT가 이성애자나 시스젠더보다 불평등한 성과를 얻는다는 것을 발견했다. 그리고 동성혼을 막는 불평등한 가족 정책으로 인해 동성애자들이 경제적으로 불안정해진다는 점을 연구했다. 혼인 평등marriage equality(동성혼 법제화)이 정부 예산과 지역 경제에 도움이 되는 이유도 밝혀냈다.

그 기간 동안 사회과학 및 보건과학 분야에서 LGBT 문제를 연구하는 샛별과도 같은 국제 학술 공동체의 일원으로 참여해 엄청난 경험을 했다. 지금은 내가 커리어를 시작했을 때보다 데이터가 더 많이 축적됐고, 학술지를 통해 훌륭한 LGBT 연구가 발표됐다. 나는 이 책에서 내 연구를 포함해 그간의 연구들을 기반 삼아 LGBT가 불평등과 배제로 인해 교육·건강·경제적 삶의 질 측면에서 입는 피해를 다뤘다. 수많은 연구가 수행되었기에 하나의 국가나 분야로 범위를 좁히더라도 현상을 포괄적으로 설명하기는 어렵다. 따라서 책에 언급된 연구들은 여러 국가에서 LGBT가 겪는 다양한 경험을 가늠하는 예시로 간주하는 편이 낫다. 책이 출간될 때쯤이면 확실히 더 많은 연구가 등재될 것이다.

책을 쓰면서 장난감 코너에서 일할 적 품었던 질문을 여러 방면으로 다시 떠올렸고, 차별이 야기하는 개인적 차원의 경제·보건 비용을 비롯해 경제와 기업 차원의 거시적 비용까지 탐구했다. 이는 단지 학문적인 질문이 아니다. 지난 30년간 미국을 비롯한 많은 국가에서 정치적으로 LGBT 운동이 크게 일었고, 동성애 비범죄화(미국에서는 2003년에), 젠더 자기 결정권, 고용 차별, 혼인 평등 등의 문제를 두고 열렬한 공개 토론이 벌어졌다. 발전적인 상황 속에서 칼럼, 정책 분석, 대중 연설, 법원·국회에서의 전문가 증언 등의 활동을 통해 일부 논의에 나의 연구를 반영할 기회도 생겼다. 공개 정책 토론에서 발상과 데이터가 중요하다는 점을 몸소 느꼈고, 불평등이 사람들과 경제에 미치는 영향에 대해 신뢰도 높은 정보를 제공해야 할 필요성도 깨달았다.

그러던 중 2013년쯤 미국 국제개발처USAID의 클레어 루커스와 세계은행의 패브리스 후다가 새로운 차원의 분석이 도출될지도 모를 프로젝트 두 건을 맡아달라고 제안했다. 미국 외 국가들의 경제에서 호모포비아와 트랜스포비아가 야기하는 비용을 측정할 수 있을까? 두 프로젝트의 결과를 등재하는 과정에서 새로운 협업 상대를 만났고, 경제개발기구와 인권운동가, 다국적 기업과 같은 미국 밖의 LGBT 권리 옹호자가 새로운 청중이 되어주었다. 이들과 교류하면서 우리 모두 저마다의 국가에서 LGBT의 존엄성과 공정성, 자유와 같은 공동 목표를 위해 함께 일한다는 점을 깨달았다.

내가 접한 청중 가운데 많은 이는 순수한 인권 담론이 통하지 않는 곳에서 'LGBT를 포용하는 게 경제에 좋다'는 발상이 논의의 시작점으로 유용하다고 생각했다. 페루, 필리핀, 홍콩, 호주에서 장기 순회 연설을 하고 베트남, 한국, 중국, 경제협력개발기구OECD, USAID, 아시아개발은행ADB, 미주개발은행IDB을 단기 방문하면서, 그리고 LGBT 권리 옹호자와 외교관, 개발 전문가, 인권운동가, 연구자, 기업가, 경제학자가 참여한 국제 회의 연설 등에서 이러한 발상을 알려왔다. 그 과정에서 만난 사람들은 이 발상이 중요한 이유를 책에 기록으로 남길 수 있게끔 흔쾌히 대화에 응해줬다.

그 모든 곳에서 LGBT의 가슴 아픈 사례를 듣고 인권을 존중해달라는 간절한 호소를 접했다. LGBT를 존중하는 국가의 역사적, 문화적 근원을 알게 되기도 했다. 이는 모두 LGBT를 향한 낙인과 폭력, 차별을 끝내기에 훌륭한 근거다. 경제적 논리는 또 다른 근거가 된다. 하나의 가치를 다른 가치와 이어주기 때문이다. LGBT의 존엄성과 권리가 보장되면 우리 사회와 모든 인류가 번영한다. 자유와 평등을 확장할 수 있는 사고의 세계관에 이 글을 기여하고자 한다.

차례

들어가며: 2018년 밴쿠버에서

밴쿠버의 화창한 여름날, 캐나다 외교장관이자 《마담 세크리터리》[1]의 실제 인물인 크리스티아 프릴랜드가 무려 75개국 대표단을 환영하기 위해 무도회장으로 성큼성큼 걸어왔다. LGBTI 권리에 대한 평등권 연합Equal Rights Coalition 회의였다.* 젊고 카리스마 넘치며 말투가 분명한 프릴랜드 장관은 캐나다 LGBTI 역사의 어두운 단면을 솔직하게 인정하면서 회의를 시작했다. 군대와 공무원 집단에서 수십 년간 LGBT 학대가 이뤄진 것에 대해 쥐스탱 트뤼도 총리가 캐나다 LGBT 국민들에게 눈물 어린 사과를 전한 지 1년이 채 되지 않은 시점이었다. 프릴랜드 장관은 LGBT 청소년의 높은 무주택률과 자살시도율, 비LGBT보다 2배 높은 폭력 피해율 등 캐나다의 현대 LGBT 문제 가운데 일부를 언급

* 국제사회의 주요 기관에서 간성은 낙인과 차별에 직면한 성소수자로 간주된다. 간성 불평등에 관한 연구가 부족한 관계로, 앞서 '언어·용어 안내'에서 논의한 것처럼 나는 LGBT에 집중해 책을 썼다. 다만 어떤 경우에는 언급되는 조직이 중시하는 부분을 드러내고자 'LGBTI'를 사용할 예정이다. 성별 정체성이 아닌 성적 지향에 초점을 맞춘 조직, 문제, 연구를 다루는 경우에는 'LGB'를 사용한다.

했다.

 연회장에 있던 우리도 모두 LGBT의 사회·건강 문제가 통계로 여실히 드러나고 있는 나라들 출신이었다. 내가 거주하며 일하고 있는 미국에서는 트랜스젠더의 자살시도율이 시스젠더보다 10배 가까이 높으며 LGBT의 20퍼센트가 채용 과정에서 차별을 경험하는 등 냉혹한 현실 속에서 정치 지형에 따라 정책적 관심이 오르락내리락하고 있다.[2] 다만 여론의 수용도는 가장 높은 상황이다. 미국인의 90퍼센트에게 게이나 레즈비언 지인이 있다. 트랜스젠더 지인이 있다고 대답하는 사람의 수도 증가하고 있다.[3] 2015년에는 동성혼이 법제화되었으며, 현재 미국인 중 3분의 2가 이를 지지한다.[4]

 통계 이면에는 실제 사람들이 존재하며, 그 가운데 일부가 이날 연회장에 모였다. 이들은 토의 주제였던 힘겨운 삶을 직접 경험하고 있었다. 중앙아메리카 출신 레즈비언 패널 한 명은 최근 경찰에 구금당했으며 귀국 후 살해 위협에 직면할 거라고 이야기했다. 아프리카 출신 트랜스젠더 활동가는 조직이 재정적으로 살아남기 어려운 상황이라 전했다. 남아시아 출신 레즈비언은 LGBT에 대한 인지도 증가와 그로 인한 폭력 취약성 증가 사이의 긴장감을 우려했다. 모두가 LGBT인 건 아니었지만, 전 세계적으로 LGBTI의 삶의 질을 개선하려 노력해왔기에 그 자리에 있었다.

 회의의 주제는 '누구도 소외되지 않게'로, UN의 지속가능개발목표 SDGs 정신에 따라 인권과 포용적 발전의 범주를 확장시켜 LGBTI도 그 안에 포함시키자는 열망을 이어가려는 취지였다. 이해 회의는 5회차를 맞았다. 재단, 지지 집단, 정부, 국제인권기구, 개발은행, 학계 리더와 외교관들이 2010년 결성한, 잘 알려지지 않았지만 점점 확장하고 있는 조직이다. 이들의 노력으로 2016년 우루과이 회의에서 공식적인 평등권 연합이 출범했다. 그 후 2018년까지 미국과 캐나다, 칠레, 독일을 비롯한 5대륙 36개국 정부가 연합의 선언에 서명했다.[5] LGBTI의 인권을 증진하고 경제 발전 노력에 포함하는 방법에 관해 협력하고 활동을 조율하고 정보를 공유하는 것이 그 내용이었다.

이 대표단의 인지도가 낮은 이유는 비밀 조직이어서가 아니다. 195개가량 되는 전 세계 정부들의 퀴어에 대한 지식과 관심이 적기 때문이다. LGBT 인권의 기초 전제부터 부정하는 정부가 많다. 39개국은 동성애를 범죄로 규정하고 11개국은 동성 성관계를 사형으로 처벌한다. 최소 57개국은 트랜스젠더를 범죄자로 보고 기소한다.[6] 다른 국가들도 빈곤, 폭력, 전쟁과 같은 시급한 문제 앞에서 LGBT 같은 소수집단의 권리는 중요하지 않다고 여긴다. LGBT를 지지하는 국가의 대표단마저도 경제 부처나 개발청이 LGBT 문제에 관심을 갖도록 설득하기가 어려웠다고 보고한다.

나는 세계은행 대표단으로서 모든 국가가 LGBT 인권에 신경써야 하는 훌륭한 이유를 나누고자 밴쿠버 회의에 참여했다. 간단하게 말해, LGBT 인권은 경제에 이롭다. 그로부터 5년 전, 세계은행에서 근무하는 업무상 지인이 매사추세츠대학 애머스트캠퍼스에 있는 내게 전화한 일이 있었다. 인도 LGBT에 대한 새로운 프로젝트를 시작하는데 호모포비아의 경제적 비용을 추산하는 방법론 개발에 관심이 있냐는 것이었다. 이 발상에 흥미를 느껴 인도 퀴어에 대한 데이터를 모을 수 있는 대로 모두 모아 추산한 결과, 인도는 호모포비아와 트랜스포비아로

인해 국내총생산GDP의 1퍼센트 손실을 겪고 있었다.[7]

영원히 지속되는 경기 침체?

공장, 상점, 병원, 식당, 기타 서비스 회사의 생산이 1퍼센트 감소한다면 정부, 기업, 학계는 모두 대책 마련에 몰두하면서 즉각 조치를 취할 것이다. 생산 저하가 오랫동안 충분히 지속되면 경제학자들은 이를 경기 침체라 부를 것이고, 정책 입안자는 경제 방향을 바로잡는 행동에 나설 것이다.[8]

하지만 세계 경제가 경제 위기나 오일쇼크가 아닌 LGBT를 향한 사회적 편견으로 인해 침체된다면 무슨 일이 벌어질까? 딱히 아무 일도 일어나지 않는다. 이러한 행동 부재는 경제 침체만큼 비용이 크다. 밴쿠버에서 호모포비아와 트랜스포비아의 비용을 지속적으로 알리는 것이 우리에게 중요했던 이유다. 차별과 폭력으로 LGBT를 배제하는 것은 개인의 잠재력을 부당하게 제한할 뿐만 아니라 경제와 사회를 운영하고 개선할 공동체의 기술력과 지식, 능력을 앗아가는 것과 같다. 미국과 유럽의 연구에 따르면 LGBT는 3~5퍼센트에 해당할 정도로(밀레니얼 세대는 8.1퍼센트가 자신을 LGBT라고 인식한다) 상대적으로 적고 눈에 잘 띄지 않는 소수 집단이지만,[9] LGBT를 경제적으로 배제하면 국가 구성원의 소득과 일자리가 감소한다는 것이 인도 연구와 후속 연구들에 의해 밝혀졌다. 특히나 요즘과 같은 저성장 시대에는 더 그렇다. 일부 국가는 LGBT 차별 종식 면에서 진보를 이뤘다. 하지만 편견이 세계 경제에 미치는 총체적 영향을 파악해야 인권과 경제 관점에서 빠르고 통일성 있게 대응할 수 있다.

통계 이면의 삶

경제학자로서 숫자가 때로는 우리를 무감각하게 만들 수 있음을 이해한다. 경제 통계에는 개개인의 삶이 반영되며, 그들의 이야기를 들어보는 것이 중요하다. 호모포비아가 본인에게 어떤 비용을 유발했는지 설명해준 이들의 사례를 뒷장에서 만날 수 있을 것이다. 여기서는 우선 몇 년 전 발표된 혁신적인 연구를 소개하면서 포문을 열겠다. 연구팀은 뉴욕의 레즈비언, 게이, 양성애자 57명에게 "호모포비아가 없었다면 삶이 어땠을까요?"라는 질문을 던졌다.[10] 호모포비아가 미친 영향은 답변에서 고스란히 나타났다. 이들은 무엇이 상실됐거나 결여됐는지, 세상이 더 포용적이었다면 무엇을 되찾을 수 있었을지 답했다. (트랜스젠더는 연구에 포함되지 않았지만, 비슷한 답변을 내놓았으리라 추측할 수 있다.)

응답자들은 호모포비아의 폭력에서 벗어나고자 집을 나와야 했던 과거와 아픔을 전했다. 가족 및 공동체와의 유대를 잃은 것에 대해 고통스럽게 이야기했다. 한 남성은 "호모포비아가 없었다면 집에 있었겠죠"라고 답했다. 삶이 지금과는 완전히 달라졌을 것이라는 의미다. 또 다른 남성은 고향 레바논을 떠난 경험을 공유했다. 그가 고향을 떠난 것은 적대적인 문화로 인해 정체성에 솔직해지기가 불가능했던 탓이었다. "호모포비아가 없었다면 레바논에 여전히 머무르고 있었겠죠. 그곳에서 게이로 지냈을 테고요."

많은 사람이 호모포비아적 폭력과 차별로 인해 양질의 교육 기회를 잃었다고 보고했다. 공공 장소에서 애인의 손을 잡지 못한 이들, 폭력을 당할까 두려워 사랑이나 관심을 표현하지 못한 이들도 있었다. 차별을 피하고자 직장에 숨어 자신의 성향에 대한 추측이나 소문이 퍼지지 않도록 언어를 검열하는 이들도 있었다.

이 LGBT들이 호모포비아에 따른 피해를 금전적 수치로 환산해본 것은 아니지만, 비용은 분명하다. 국가는 사람을 잃는다. 그리고 이들 본인은 교육, 시간, 사회적 지지, 에너지를 비롯해 더 많은 것을 잃는다. 경제적 관점에서 이는 모두 비용으로 합산된다. 뒤에서 자세한 내용을 살펴볼 예정이다.

흥미롭게도 호모포비아와 트랜스포비아는 유용한 의의가 한 가지 있었다. LGBT 정체성에 기반한 공동체를 형성하고 힘겨운 현실을 바꾸기 위해 사회적 운동을 구성하는 기폭제가 된 것이다. LGBT는 배제에 도전하고 호모포비아와 트랜스포비아가 없는 세상이 어떤 모습일지 상상할 만큼 강인하다.

안타까우면서도 강인한 응답들에서 희망과 가능성을 읽었다. 호모포비아와 트랜스포비아가 줄어들 수 있다면 성소수자 수백만 명(스스로를 LGBT라고 부르든 아니든)의 삶이 개선될 것이다. 최소한의 경제적 기회와 안전, 더 넓게는 세상에 대한 소속감이 생길 것이다. LGBT의 삶이 더 나아질 것이다. 그리고 호모포비아와 트랜스포비아로 인한 경제적 비용을 줄이면서 우리 모두가 더 나은 세상에 살게 될 것이다.

경제학과 인권

대부분의 사람들은 사업이나 경제의 맥락에서 LGBT 권리를 생각하는 데 익숙하지 않다. 대신 앞선 뉴욕의 연구 같은 사례에서 마음 아프고 부당한 이야기를 접하며 분노하고 슬퍼한다. 애통하게도, 미국에서 어린 트랜스젠더가 자살로 생을 마감했다거나 레즈비언이 여성과 결혼했다는 이유로 해고되었다는 이야기는 드물지 않다. 체첸공화국에서는 게이 남성들이 고문당하고 구금됐다는 소식이 들리기도 한다. 방글라데시에서는 종교적 극단주의자(근본주의자)가 레즈비언 LGBT 활동가 두 명을 살해했다는 뉴스가 나온다. 이런 사례들은 인권침해의 전형이며, 다행히 전 세계적인 관심을 조금이라도 받은 경우다.

이렇게 충격적인 이야기에 사업적 관점의 계산적 논리를 들이댄다면 의문을 던질 수밖에 없을 것이다. 왜 이러한 사건들의 결과를 마음이 아닌 경제로 이해하려 해야 할까? 인간의 존엄성과 인생을 빼앗는 해악을 해결하기 위해서는 비용을 계산할 것이 아니라 혐오와 편견을 없앨 방법을 밤새 고민해도 모자랄 것처럼 보인다.

경제학자지만 나도 LGBT를 향한 위협이 무엇보다도 인권 문제라는 데 동의한다. 인권에 기반한 관점이 문제를 해결할 주요 방법론이다. UN의 세계인권선언은 "모든 인간은 태어날 때부터 자유로우며 그 존엄과 권리에 있어 동등하다"고 명시하고 있다. UN과 인권·시민권 집행기관들은 교육이나 사회운동을 통해 LGBT 개개인의 고통을 절감해주려 수십 년간 노력했다. 공식적인 기관 외에도 수많은 비정부기구가 인권침해 사건을 줄이기 위해 공적으로 압력을 가하고 사람들을 교육했다. 이런 과정들을 통해 가해자가 도덕적으로 비판받았고 실질적 변화도 이뤄졌다.

사실 경제와 인권은 깊이 얽혀 있다. 세계인권선언은 노동, 동일 직무에 대한 동일 임금, 사회 보장, 교육, 적절한 생활수준에 대한 권리를 규정하고 있다. 이러한 경제적 권리는 "국가적 노력과 국제적 협력을 통해"서만, "각국의 조직과 자원에 맞춰" 달성할 수 있다.[11] 일부 인권을 실현하기 위해서는 국가의 경제적 여건이 필수적으로 증진돼야 한다는 의미다.

인권을 선언하고 준수하는 것만으로는 LGBT 차별과 폭력을 멈출 수 없었다. 우선 여러 지역에서 인권 이행 범위에 LGBT 문제를 부분적으로만 포함하고 있다. 더욱이 많은 국가의 공무원이 인권침해와 편견을 호소하는 LGBT의 목소리를 무시하며, LGBT를 범죄자로 취급하는 법률의 인권적 함의를 인지하지 못한다. 그런 국가들을 포함해 여러 국가가 LGBT 차별을 예방하거나 저지하기 위한 보호 정책을 제공하고 있지 않다.

LGBT의 불리한 사회적 지위를 보여주는 지표가 유럽, 아메리카, 아프리카, 아시아, 태평양 등 전역에서 나타난다는 점에 주목할 필요가 있다. 나의 연구에 따르면 LGBT의 권리를 실현하는 법을 시행하고 그들의 삶을 개선하는 조치를 취하는 데 있어서는 모든 국가가 '개발도상국'이다. 미국마저도 사실 정치적 양극화 시대에 차별금지법이 주에 따라 상이하게 적용되면서 불안정한 상황에 처해 있다.

따라서 이미 노력을 들이고 있는 것 외에도 권력을 이용해 LGBT에게 피해를 입히는 사람들을 설득하기 위한 새로운 사고방식이 필요하다. 차별적인 법률을 통과시키거나, 직장에서 해고하거나, 학교에서 괴롭히거나, 거리에서 폭행하거나, 폭행을 보면서도 보호하지 못하거나, 감옥에 가두거나, 가족의 범위에서 내쫓거나, 적절한 의료 조치를 제공하지 않는 등, 건강하고 이로운 삶을 유지시키는 여러 핵심 제도에서 LGBT를 배제해서는 안 된다고 말이다. LGBT가 온전하고 공정하게 제도적 안전망에 포함되는 것이 도덕적으로 옳다고 기본적 인권에 기초해 주장하더라도, 설득하지는 못한다면? 사회적 변화를 촉진하기 위해 다른 방식으로 주장할 필요가 있다.

'호모포비아와 트랜스포비아로 인한 경제적 비용'이 그런 대안적 논의의 대표적 예다. 나는 이미 밴쿠버에서 이러한 논점을 성공적으로 활용하는 사람들을 만난 적 있다. 냉정하고 계산적인 관점을 통해 사회를 더욱 민주적이고 인간적인 곳으로 만들 여지가 있다. LGBT가 기본적인 경제, 교육, 건강, 사회, 정치 환경에 온전하고 평등하게 참여하지 못하도록 배제하는 행위는 LGBT만이 아니라 우리 모두에게 피해를 입히는 일이기 때문이다. 즉, LGBT를 완전히 끌어안아야 모두가 더 번영한다. 인권을 이루는 기반에 경제가 자리잡고 있듯, 경제적 주장은 인권 목표를 달성하는 데 도움을 준다.

경제적 논리의 핵심: 사람의 힘

LGBT 차별과 배제의 경제적 비용을 주장하는 것은 새로운 발상이지만, 간단하고 명백한 사실에 기반하고 있다. 경제는 개인들로 구성되어 있다. 우리가 생존을 위해 생산하는 것은 의식주뿐만이 아니다. 창의력을 발휘해, 총체적으로 편리하고 건강한 삶을 만들어내는 요소들 또한 생산한다. 인류를 존속하고 재생산하기 위해 가족과 공동체에서 사회적 연결관계를 형성해 서로를 돌본다. 이러한 근본적 활동을 수행하려면 땅, 물, 공기와 같은 기초 자원뿐 아니라 사람들의 시간, 집중력, 기술력도 필요하다. 인간의 능력을 활용하고 향상시키는 법을 익히는 것이 인류가 필요한 것을 생산할 경제적 역량을 개발하는 과정의 핵심이었다.

경제학의 핵심 질문이 있다. '누가 무엇을 왜 얻는지'인데, 이는 시간과 장소에 따라 양상이 크게 달라진다. 기술력과 재능이 누가 무엇을 얻는지를 결정한다고 생각하는 사람도 있을 것이다. 그러나 권력과 편견이 기술과 재능만큼이나, 혹은 그보다 더 중요한 요인으로 작용해왔고, 작용해나갈 것이다. 예를 들어 어떤 곳에서는 여성과 여자아이들이 남성과 남자아이들보다 더 적은 양의 음식을 얻는다. 동일 업무에 대해 여성이 남성보다 더 낮은 급여를 받는 경우도 있다. 미국에서는 원주민이나 아프리카계 미국인 같은 특정 계급이나 인종이 저임금 고난도 직무에 배정되는 한편, 인도에서는 한때 '불가촉천민'으로 알려졌던 달리트가 여전히 차별받고 있다. 우리는 LGBT가 일부 직업에서 배제되거나 거의 모든 직업에서 제약에 부딪히는 경우를 살펴볼 것이다. 이러한 관행들은 바뀌기 어려운 자연적 현상이라고 봐야 할까? 혹은 바뀔 수 있는 문화적 제약일까?

20세기에는 생산물을 공정하게 분배하려는 여러 시도가 있었다. 미국에서는 인권운동과 여성운동을 벌인 끝에 인종과 성별에 따라 고임금 직종 접근을 제한하는 행위를 금지하는 법률이 제정됐다. 여러 북유럽 국가는 공공 재원을 활용해 국민을 위한 건강·소득 보험 프로그램을 만들었다. 소련은 모든 노동자가 생산수단에 평등하게 접근하도록 국유화를 택했다. 각 과정 속에서 형평성equity이 경제적 효율성과 생산성의 비용으로 작용할 것이라는 우려가 나왔다. 두 목표를 모두 달성하고자 하는 국가의 입장에서는 딜레마가 아닐 수 없었다.

이때 경제학자들이 차별이 경제에 해로울 수 있다는 점을 깨닫기 시작했다. 노벨경제학상 수상자 게리 베커는 인종차별이 고용주에게 재정적으로 손해를 입힌다는 사실을 1950년대에 증명했다. 미국 경제학자들은 미국의 인종차별이 경제성장을 방해하고 있다고 주장했다. 예를 들어 1965년 대통령경제자문위원회는 인종에 따른 고용 및 교육 차별이 미국 경제에 연간 200억 달러까지 손해를 입힌다고 추정했다. 경제학자 바버라 버그먼은 아프리카계 미국인에게 직업 기회를 개방해야 더욱 효율적인 노동자 배분이 가능해 국가 소득이 증가한다는 점을 1971년 연구를 통해 보여줬다.

이렇게 저명한 경제학자들 덕분에 21세기에는 형평성과 효율성 간의 상관관계가 역전됐다. 이제는 많은 경제학자가 불평등이 경제적 잠재력을 위협한다고 우려하고 있다.[12] 미국, 영국, 남아프리카공화국, 중국 등에서 부와 소득의 불평등이 심해지면서 정치와 생산에 위협이 가중되고 있다. 부유한 개인은 사익에 기반한 정치적 결정을 내릴 수 있으며, 심지어 해당 결정이 대의적 차원의 경제적 이익과 부합하지 않을 때도 있다. 사회적 안전망이 해체되고 공공재가 사라지면서 다음 세대의 창업가와 지식인을 육성하기 어려워지고 있다. 차별을 줄이고 소득을 평등하게 분배하려 노력하는데도 교육 불평등은 유지되고 있다. 경제가 가용 인력과 기술력을 완전히 활용하지 못하고 있다는 의미다.

경제적 이유로 성평등을 주장하는 보고서가 전 세계에서 주기적으로 발간되고 있다. 여성의 교육, 건강, 정치 참여, 고용 기회가 개선되면 국가 경제에 새로운 발상과 참여자가 생겨난다는 논지다. 이러한 주장은 동유럽의 로마인 등 소수 인종에게도, 장애인에게도, 이민자에게도 적용된다. 그 규모가 어떻든 한 집단을 구석으로 내몰면 경제와 사회를 발전시킬 수 있는 기술력, 지식, 능력이 제한된다는 의미다.[13]

이제 경제적인 관점을 LGBT에 적용할 차례다. 창의적인 업무에서 LGBT를 배제하면 초래될 전 세계적인 경제적·문화적 손실을 상상해 보라. 제2의 앨런 튜링(현대 컴퓨터의 아버지)의 발명을, 제2의 에런 코플런드 또는 엘튼 존의 현대 음악이 선사할 즐거움을, 제2의 제임스 볼드윈 또는 버지니아 울프의 문학을, 제2의 마틴 로스블랫이 보여줄 기업적 상상력을 놓칠지도 모른다. 핵심은 이들의 명성이 아니다. 모든 LGBT는 교사, 계산원, 간호사, 관리인, 미용업계 종사자, 무급 돌봄 노동자, 트럭 운전자로서, 지하경제 혹은 비공식 경제에 속한 사람으로서 저마다 세상에 기여한다. 이들이 불공정한 대우를 받아 개인적인 인간적 손실을 입으면 이들의 기술력, 경험, 창의력이 가져다주는 혜택을 전부 놓치게 된다. 이는 공동의 사회적 손실로 귀결된다.

새로운 발상의 힘

앞서 언급한 발상이 힘을 가지려면 뒷받침하는 근거가 확립돼야 하고 결정권자들을 설득할 수 있어야 한다. 당연하게도 동일한 경제를 두고 LGBT를 포용하는 경우와 그러지 않는 경우를 비교하는 실험을 할 수는 없다. 다행히 다른 방법론이 있다. 미국과 영국, 캐나다에서 LGBT의 일생과 관련한 데이터가 크게 개선됐고 중국과 인도, 에콰도르 같은 다른 나라에서도 데이터가 수집되기 시작했다. 현재까지 도출된 데이터는 LGBT 배제가 이들의 경제적 능력을 어떻게 감소시키는지 보여주면서 LGBT 경제학*을 입증하는 명확한 증거를 제공한다.

1~3장에서는 LGBT가 교육, 고용, 건강 등 중요한 경제적 맥락 속에서 비LGBT와 어떻게 다른 대우를 받는지 설명한다. 교육은 양질의 일

자리 기회를 보장하고 경제적 성장을 견인하는 데 중대한 역할을 한다. LGBT가 학교와 대학교에서 경험하는 일이 추후의 경제적 기여도에 많은 영향을 미친다는 의미다. 청년 게이 활동가 페마 도지는 부탄에서 성장했는데, 학교 경험이 "마치 전쟁터에 나가는 것"처럼 끔찍했다고 한다. 이는 도지만이 겪은 일이 아니라는 점을 전 세계 많은 지역의 데이터가 증명한다. 미국과 태국처럼 완전히 다른 국가도 모두 LGBT 학생을 괴롭히는 비율이 높은 것으로 보고되고 있다. 괴롭힘은 학업의 성취도와 지속성에 타격을 주므로, 퀴어 학생들은 학습 능력이 있는데도 필요한 교육을 이수하지 못한다. 결과적으로 이들은 교육 부족으로 경제적 위기에 직면하며, 국가적 관점에서는 활용 가능한 지식과 기술력이 감소한다.

연구가 이뤄진 모든 국가에서 직장 내에서도 괴롭힘, 해고, 벽장 속에 머무르기를 강요**하는 형태로 퀴어가 심각하게 차별받고 있다는 증거들이 발견됐다. LGBT가 다니는 직장을 조사해보면 이들이 종종 장벽에 직면해 특정 직종에서 배제된다는 점도 알 수 있다. LGBT는 취업하더라도 동료의 수용 범위를 벗어나지 않도록 조심해야 한다. 불행히도 동성애자라는 사실을 너무 공개적으로 밝히면 비교적 수용적인

---

* 원서에서는 'LGBT 평등을 뒷받침하는 경제적 논리'the economic case for LGBT equality라고 적혀 있으나 책에서는 독자의 직관적인 이해를 돕고자 'LGBT 경제학'으로 번역했다. (옮긴이)

** '벽장 밖으로 나오다coming out of the closet'는 LGBT가 감추고 살던 성적 지향이나 성별 정체성을 밝힌다는 은유적 표현으로 쓰인다. 해당 표현에서 '커밍아웃'이라는 용어도 파생됐다. 벽장 속에 머무른다는 것은 정체성을 감추고 있는 상태를 의미한다. (옮긴이)

직장에서마저도 곤경에 처할 수 있다. 고정관념으로 인해 LGBT는 특정 직무에 배치되고 다른 직무에서는 배제된다. 이러한 위험을 고려하면 직장에서 벽장 속에 머무르길 선택하는 사람들이 있다는 것도 놀라운 일은 아니다. 종합적으로 LGBT는 직장에서의 제약으로 인해 본인의 자격에 걸맞은 직장에 머물지 못하며 능력만큼 성과를 올리지 못한다. 매우 비효율적인 결과가 초래되는 것이다.

고용과 교육은 LGBT의 건강 문제를 다루는 3장과도 밀접하게 연관돼 있다. 최근 많은 연구에 따르면 폭력, 괴롭힘, 차별, 정체성을 숨겨야 하는 상황은 LGBT의 정신적·신체적 건강에 큰 타격을 입힌다. 직장에서 괜찮은 성과를 내고 있다고 생각하는 LGBT도 있겠지만, 반동성애·반트랜스젠더 운동과 억압적인 공공 정책에서 드러나는 LGBT 배제는 회복력이 강한 이들의 건강에까지 다양한 방식으로 악영향을 미친다. 이들이 건강 문제로 치료받는 것도 어려운 일이다. 건강이 나빠지면 직업을 구하거나 유지하기 어려워지므로, 이 역시 호모포비아와 트랜스포비아의 경제적 손실을 가중하는 결과를 낳는다.

물론 LGBT 활동가들은 교육, 고용, 건강 격차를 당연한 것으로 여기지 않는다. 대신 친구와 동지들의 이야기를 알려 대중의 앞이나 실제 인권 재판, 입법기관에 가져가 LGBT의 지위와 처우를 개선하기 위해 노력한다. 이들은 경제적 논리와 같은 새로운 논거가 도움이 된다고 생각한다. 1~3장은 이 논리가 활용된 예시를 다룬다. 아프리카와 중앙아메리카, 아시아 국가의 활동가들이 국제회의에서, 혹은 나와 메일과 대화를 주고받으며 경제적 논리가 대의를 추구하는 과정에 어떻게 도움이 되는지 설명했다.[14] 정확히 짚고 넘어가자면 이들은 인권 담론을 포기한 것이 아니며, 더욱 폭넓은 접근법을 활용해 일할 필요성을 인식한 것이다.

4장에서는 일부 지역에서 경제적 논리가 어떻게 이미 LGBT를 위한 변화를 만들었는지 살펴보고자 한다. LGBT 경제학의 일부로서 LGBT 평등을 뒷받침하는 '사업적 논리*'가 미국과 유럽의 기업 사이에 널리 퍼졌다. 기업들은 직원이 공정하게 대우받을 때 생산성과 창의성, 충성도, 참여도가 더욱 높아진다고 확신한다. 최근 많은 연구가 이를 뒷받침하고 있다. LGBT에 호의적인 고용주와 일할 때 LGBT 직원은 더 건강하고 생산적이다. 기업 정책이 평등해야 더 숙련된 인재를 채용하고 유지할 수 있다. 평등한 정책을 시행하는 기업이 그러지 않는 기업보다 실적이 좋다.

『포천』지가 선정한 미국의 500대 기업을 비롯해 수많은 다국적 기업이 자발적으로 사내 차별금지정책의 대상에 성적 지향을 포함했는데, 그 배경에 이런 근거가 있는 것이다. 또한 갈수록 더 많은 기업이 성별 정체성 차별까지 금지하고 있다. 미국과 유럽의 LGBT 수백만 명이 사업적 논리로 촉진된 기업의 차별금지정책으로부터 보호받고 있다.

사업적 논리는 기업이 회사 담장을 넘어 LGBT 평등을 지지하도록 이끌기도 했다. 기업들은 LGBT 직원을 동등하게 대우하는 일이 법적으로 가능하기를 희망했다. 이에 애플, 아마존, 마이크로소프트와 같은 글로벌 브랜드를 소유한 수백 개 기업이 미국 연방대법원에 혼인 평등

---

* 원어로는 business case로, 프로젝트 추진 시 파악하는 사업적 정당성 및 효용성을 의미한다. (옮긴이)

에 대한 지지 의사를 밝혔다. 새로운 입법으로 LGBT 권리가 위협받을 때는 많은 미국 기업이 행사 개최지나 투자처를 LGBT에 관용적인 주로 이전시키면서 언행일치를 보였다. 아직 갈 길은 멀지만 LGBT에 대한 사업적 논리는 전 세계적으로도 탄력을 받고 있다. 기업들이 LGBT를 포용하는 사내 정책을 펼치고 있으며, 특히 다국적 기업들은 정부와 협력하면서 변화를 일으키는 중이다.

5장에서는 앞서 다룬 내용을 종합해 LGBT 배제로 인한 국가 경제의 총손실을 추정한다. 먼저 비행기에 올라타 수 킬로미터 상공에서 조망하는 듯한 관점을 취한다. 한 국가 내에서 일자리, 건강, 교육 등 다양한 불평등의 추정치에 주목하고, LGBT가 받은 영향을 합산할 것이다. 추정에 필요한 세부 데이터를 구하고자 미국과 캐나다, 인도, 필리핀, 케냐, 남아프리카공화국의 사례를 사용한다. 각 사례에서 경제적 비용은 GDP의 1퍼센트에 달하는 상당한 수준이었다. LGBT를 포용함으로써 얻을 수 있는 이익은 그만큼 크다.

다음으로는 더 높은 고도로 올라간다. LGBT 불평등의 손실과 포용의 이익을 국경을 넘어 조망하는 것이다. 발상은 간단하다. LGBT를 포용하는 게 경제에 이롭다면 관련 정책과 태도가 좋은 국가는 경제도 더욱 건실할 것이다. 실제로 LGBT 권리를 보장할수록 국가적 재화와 서비스의 생산량이 훨씬 높다. 물론 이러한 상관관계가 인과관계를 의미하냐는 합리적인 의문이 제기될 수 있다. 포용이 경제적 생산성을 높인 것일까? 아니면 부유한 국가일수록 LGBT 권리를 보장할 여유가 있는 것일까? 어려운 질문이고 단정적으로 답하기도 어렵지만, 아마 두 가지 역학관계가 모두 작용하고 있을 것이다.

마지막 두 장에서는 LGBT 경제학을 보편화하기 위해 앞으로 나아갈 길을 살펴본다. 한 가지 과제는 그간 제기된 반대와 의문을 해결하는 것이다. 흥미롭게도, 이 경제적 논리를 가장 격렬히 반대하는 건 LGBT 포용을 인권 문제로 해석하는 사람들이다. 이들은 같은 평등을 추구하면서도 인권은 모든 사람의 권리이며 상업적으로 해석하면 안 된다는 주장을 집요하게 내세운다. 경제적 논리는 권리에 가격표를 붙이고 냉혹한 자본주의 경제에서 측정 가능한 경제적 기여를 하는 사람만 가치 있게 여긴다는 것이다. 하지만 호모포비아와 트랜스포비아의 비용을 따지는 주장은 인권 담론의 대체재가 아닌 보완재이자 확장재라는 것이 나의 관점이다. 인권 지지자가 경제학자와 언어를 공유하지는 않더라도, LGBT 권리와 포용에 관해서라면 둘의 목표는 같다.

더 큰 문제는 LGBT 혐오에 눈이 먼 권력자다. 책은 이 문제에 대한 해답의 일부다. 구체적 연구에 기반한 새로운 발상이 활동가, 개발기구, 정부기관, 기업가에게 전해지면 요즘 가시성이 높아진 논쟁적인 주제를 두고 새로운 대화를 나눌 수 있다. 우리는 전과 다른 위치에서 참신한 논의를 시작함으로써 모두를 이롭게 할 경제성장의 상당한 잠재력을 발견하고 전 세계 LGBT의 삶을 개선할 수 있다.

경제적 비용 논리가 어떤 행동 계획으로 이어져야 하는지를 제시하면서 책을 마무리할 것이다. 호모포비아와 트랜스포비아가 많은 비용을 유발한다면, 우리는 비용을 절감하고 경제와 사회에 LGBT를 온전히 포함시키는 쪽으로 변화할 수 있으며 변화해야만 한다. 밴쿠버 회의가 보여주듯 경제적 논리는 세계은행, UNDP, USAID 등 세계 경제 발전을 위해 일하는 영향력 있는 기관과 조직의 관심을 받고 있다. 이들

기관은 핵심 업무인 경제 발전에 LGBT 포용이 중요하다는 점을 알게 되면서 LGBT를 의제에 포함시켰다. 국제기구와 각국 정부는 업무의 모든 면에서 LGBT를 온전히 포용해 호모포비아와 트랜스포비아 비용을 줄일 방법론이 필요하다.

이 새로운 발상은 분명 널리 알려져야 한다. 투자자와 지역사회 단체, 기업, 정부기관, 학교, 병원, 개발기구, 인권 단체 등, LGBT 의제와 어떻게든 관련된 모두에게 이 책은 LGBT 경제학을 제시한다. 아마 이 책의 더 중요한 의의는 경제적 논리가 시민에게 전해진다는 점일 것이다. 시민이 경제적 논리에 기반한 주장에 생명력을 불어넣고, 앞서 언급한 여러 단체에 해당 내용을 시급하게 다룰 것을 촉구할 수 있기 때문이다. 시간이 지나면서 반동성애 정치인에게 더 많이 투표할 것인지, LGBT를 가족 구성원으로 받아들일 것인지, LGBT를 채용할 것인지 등 선택을 내려야 하는 순간이 많아지고 있다. LGBT를 포함한 우리 모두를 위해 사람들은 자기 선택의 결과를 알 필요가 있다.

제1장
교육: 인재가 될 수 있었던 아이들

청년 게이 활동가 페마 도지에게 부탄에서 보낸 성장기의 등굣길은 "전쟁터에 가는 것 같았다".[1] 성장 과정은 트라우마로 남았다. 그의 말을 빌리자면 또래 친구들은 그가 "비정상적이라 자기들과 어울리지 않는다는 사실을 항상 각인시켰다". 페마는 또래 친구들이 그를 이름으로 부르는 대신 "'남성도, 여성도 아닌'이라는 뜻을 가진 단어"로 조롱했다고 회상했다.

선생님은 페마를 보호하지 못했을 뿐만 아니라 그를 문제의 원인으로 지목했다. 어느 날은 한 학생이 페마의 머리 위에 양동이로 얼음물을 부었다. 가해자는 "페마가 여자처럼 행동한다"며 선생님 앞에서 자기 행동을 정당화했다. 선생님은 "이런 상황을 멈추고 싶다면 네가 변해야 한다"면서 페마를 책망했다.

이러한 경험이 세월을 걸쳐 축적되면서 페마에게 큰 상처로 남았다. 그는 심각한 우울증에 시달리며 두 번이나 자살을 시도했다. 몇 년이 지난 지금도 그는 과거를 회상하면 절망과 슬픔을 느낀다. "혼자 있는 시간마다, 잠들기 전마다, 이런 생각이 문득 들어요. 내가 이런 것을 경험하지 않았더라면 다른 사람이 되었을 거라고. 더 좋은 모습이든 나쁜 모습이든 정말 다른 사람으로 살았을 거라고요."

페마는 "내가 경험한 일을 다른 아이들이 겪어서는 안 된다"고 결심했다. 현재 그는 부탄의 모든 학생이 학교에서 더 바람직하고 긍정적인 환경을 누리도록 노력하고 있다. 그러나 페마가 겪은 일은 여전히 흔하게 일어난다.

세계 어디서든 아이들은 중요한 교훈을 배우고자 학교에 다닌다. 초등학교에서는 독해와 기초 수학 같은 일상생활에 필요한 실용적인 기술을 배운다. 학교는 국사를 가르치거나 미술, 음악, 문학 등 가치와 전통을 접할 기회를 제공해 학생을 문화와 연결시킨다. 아이들은 성장하면서 정치체계를 이해하고 정치에 참여할 의무와 방법을 습득한다. 학교에서 배우는 기술과 지식은 시장에서 소비자나 기업가, 직원, 투자자로 활동하는 데 유용하다. 그러나 스스로를 LGBT로 정의하거나 주류적 성별 고정관념에 맞지 않는 외형 및 행동을 보이는 학생들은 다른 교훈을 얻는다. 그들이 잠재적인 표적으로 여겨진다는 교훈이다.

이러한 깨달음은 괴롭힘과 폭력, 교사와 학교 관계자의 노골적인 차별로 강화된다. 이는 학생 때의 문제로 끝나지 않는다. 그들이 배운 것을 직장이나 사업에 적용할 때도 큰 문제가 된다. 이러한 경제적 연관성을 감안하면, LGBT 학생이 어떤 대우를 받는지, 괴롭힘과 차별로 인해 이들의 성공이 어떤 방식으로 가로막히는지에 모두가 관심을 가져야 한다.

교육과 경제성장 간의 연관성은 경제학계에서 널리 인정받고 있다. 학생들이 학교에서 습득한 지식과 기초 기술은 이후 직장에서 생산성을 높여준다. 경제학자들은 교육이 경제적 성취에 매우 중요하다고 여겨, 지식과 기술을 '인적 자본'이라 지칭한다. 인적 자본은 하루 작업만으로 소모되지 않는다는 점에서 기계, 컴퓨터, 건물과 같은 물적 자본과 유사하다.

여러 해에 걸쳐 축적된 증거에 따르면 교육은 개인과 국가의 생산성 증대를 견인한다.[2] 교육 수준이 높은 사람일수록 소득 수준도 높다. 교육의 결과로 생산성이 높아져 금전적 수익이 따르는 것이다. 교육 수준이 높은 국가는 더 많은 것을 생산한다. 학생의 시험 점수가 높은 국가는 그렇지 않은 국가보다 더 빠르게 성장한다.

이러한 연관성을 고려해 많은 세계적 경제개발 프로그램이 교육에 집중한다. 20세기 후반 UN이 전 세계 빈곤 감소에 자원과 에너지를 집중하고자 추진한 새천년개발목표Millennium Development Goals 가운데 하나는 남녀 아동의 초중등교육 격차 감소였다. 2015년 개발도상국의 약 3분의 2가 초등교육에서 성별 간 동등한 수준을 달성했으며, 중등교육에서도 많은 국가가 성별 격차를 감소시켰다.[3]

교육의 경제적 중요성을 고려하면 페마 도지와 같은 일을 겪는 LGBT가 많지는 않은지 크게 걱정해야 한다. 개인적 삶의 질뿐만 아니라 모두의 경제적 후생이 달린 문제이기 때문이다. 대부분의 국가에는 LGBT의 교육 기간이나 내용을 추적할 통계가 없다. 전 세계 연구자들은 설문 조사나 인터뷰를 통해 퀴어 학생에게 무슨 일이 일어나는지 파악하고 있다. 퀴어 학생들이 털어놓는 학창 시절 이야기는 심각한 실태를 여실히 보여준다.

괴롭힘과 폭력의 보편화

괴롭힘은 어느 곳에서든 학생들이 겪을 수 있는 문제다. 교육 전문가들이 조사한 괴롭힘의 종류에는 때리기와 발차기를 비롯한 여러 물리적 폭력이 포함돼 있다. 정신적 괴롭힘에는 비방, 의사에 반하는 조롱, 루머 확산, 배제, 공개적 망신 주기, 사이버폭력이 포함된다. 괴롭힘은 반복적으로 발생하며, 대개 권력을 행사하는 방식으로 피해자에게 고통을 준다.

넓은 의미에서 괴롭힘은 LGBT뿐만 아니라 모든 학생이 겪는 세계적 문제다. 34개국의 대사가 이끄는 OECD가 교육 경험을 면밀히 주시하는 이유다. 2015년 OECD는 53개국 출신 15세 청소년의 괴롭힘 경험을 설문 조사했다. 상대적 고소득 국가에서 19퍼센트가 한 달에 적어도 여러 번 어떤 형태로든 괴롭힘을 경험했으며, 9퍼센트가 빈번한 괴롭힘 경험을 보고했다. 53개국 전체를 살펴보면 빈번한 괴롭힘을 겪은 비율은 한국 2퍼센트부터 카타르 19퍼센트까지 다양했다.[4]

이 국제 데이터에 따르면 미국의 고등학생 열 명 중 한 명은 빈번한 괴롭힘을 경험했고, 다섯 명 중 한 명(19퍼센트)은 그 횟수가 한 달에 여러 번이었다. 충분히 나쁜 결과다. 그러나 LGBT의 경우는 더욱 심각하다.

충격적이게도, 미국에서 실시된 2015년 설문 조사에 따르면 13~21세 연령대의 LGBT 학생 가운데 85퍼센트가 언어적 괴롭힘을 경험했다. 대부분 성적 지향이나 젠더 표현*이 원인이었다.[5] 이들은 LGBT여서,

---

* gender expression. 외모나 복장, 행동, 말투 등을 통해 젠더를 대외적으로 드러내는 방식을 의미한다. (옮긴이)

혹은 LGBT처럼 보인다는 이유로 표적이 되는 경우가 많았다. 타인의 인식이 중요하게 작용한다는 방증인데, 이는 비LGBT 학생도 전통적인 성별 고정관념에 맞는 외모와 행동을 보이지 않으면 폭력에 직면할 수 있다는 의미다. 이에 더해 성적 지향을 이유로 학생들의 27퍼센트가 신체적 괴롭힘을, 13퍼센트가 신체적 폭력을 당했다. 젠더 표현을 이유로는 20퍼센트가 신체적 괴롭힘을, 9퍼센트가 신체적 폭력을 당했다.[6]

LGBT 괴롭힘은 미국만의 문제가 아니며, 전 세계 곳곳에서 유사한 증거들이 보인다. 불행히도 학생을 대상으로 하는 대규모 국제 설문 조사에는 성적 지향이나 성별 정체성을 답변하는 항목이 없다. 국가 간 비교가 불가능하다는 의미다. UN 교육과학문화기구UNESCO는 학교의 LGBT 청소년에 관한 현존 연구를 전 세계적으로 수집해 지식의 공백을 메우는 데 기여했다. 2016년 UNESCO는 전 대륙 94개국에서 비정부기구나 학계가 수행한 LGBT 학생 연구를 수집했다.[7]

연구가 들려주는 취약성과 폭력에 대한 이야기는 낯설지 않다. 아시아부터 살펴보자. 홍콩에서는 LGB(트랜스젠더는 연구 대상에 포함되지 않았다) 학생의 10퍼센트가 신체적·성적 폭력을, 40퍼센트가 괴롭힘과 사회적 배제를 경험했다. 몽골에서는 UNESCO가 수집한 연구 가운데 가장 낮은 수준인 7퍼센트의 LGBT 학생이 신체적 폭력에 직면했다. 그러나 태국에서는 절반 이상의 학생이 조사 직전 한 달 동안 신체적·정신적·성적 폭력을 경험했다.

유럽의 경우 LGBT에게 동등한 권리를 부여하는 법을 앞장서 제정해왔지만, 교내 괴롭힘은 여전하다. 한 조사에 따르면 네덜란드의 LGBT 학생 23퍼센트가 괴롭힘을 당했다. 벨기에에서는 퀴어 학생의

56퍼센트가 LGBT라는 이유로 학교에서 폭력에 직면했다. 핀란드에서는 LGBT 학생의 36퍼센트가 괴롭힘을 경험했다. 영국의 여러 연구 결과를 살펴보면 LGBT 학생의 20~55퍼센트가 LGBT라는 이유로 폭력을 당한 적 있다고 답했다. 노르웨이 학생들은 레즈비언의 15퍼센트, 양성애자의 24퍼센트, 게이의 48퍼센트가 괴롭힘을 당했다. 이성애자 학생들보다 2~7배 많은 수준이었다.

라틴아메리카 국가들도 빠른 속도로 LGBT 평등 법안을 제정해왔지만, 유럽처럼 교내 괴롭힘이 문제로 남아 있다. 2012년 멕시코 조사에 따르면 게이(75퍼센트)와 레즈비언(50퍼센트) 청소년, 트랜스젠더 학생(66퍼센트)에게 괴롭힘이 흔하게 발생하고 있었다. 에콰도르에서는 LGB 학생의 26퍼센트가 신체적 폭력을 경험했다.

아프리카 연구자들은 다른 접근 방식을 취해 16~17세를 대상으로 LGBT 정체성에 관해서가 아니라 다양한 젠더 표현을 보이는 학생에 대해 질문했다. 조사 결과 '여자아이처럼 보이거나 행동하는 남자아이와, 남자아이처럼 보이거나 행동하는 여자아이'처럼 젠더가 남다르게 보이는 학생들을 대상으로 다양성 관련 폭력diversity-related violence이 높은 수준으로 나타난다는 것을 발견했다. 학생들이 학교에서 다양성 관련 폭력을 겪은 비율은 에스와티니(스와질란드)가 18퍼센트, 나미비아가 41퍼센트, 레소토와 보츠와나가 44퍼센트였다.[8]

연구에서 나타난 것처럼 교내에서 성·젠더비순응sexual and gender nonconformity을 폭력적으로 단속하는 행위는 퀴어로 간주되는 이성애자 학생에게도 피해를 입힌다. 남성성이나 여성성에 대한 주류 관념에 순응하지 않는 것으로 보이는 청소년도 마찬가지로 피해를 입는다. 태국에서는 이성애자 학생의 24퍼센트가 젠더비순응자로 보인다는 이유로 괴롭힘을 당했다. 캐나다에서는 9~11학년 남학생 3분의 1이 실제 혹은 타인이 인지한 성적 지향과 성별 정체성으로 인해 언어적 괴롭힘을 경험했다. 상당수는 스스로를 게이나 양성애자로 정체화하지 않았는데도 말이다.

괴롭힘에 관한 통계는 이렇게나 충격적이다. 점점 더 심각하게 눈에 띄는 문제이기에 여러 국가의 연구자들이 연구를 이어가고 있다. 괴롭힘 발생률의 국가 간 격차를 해석하기란 쉽지 않다는 점에도 유의할 필요가 있다. 괴롭힘 비율이 낮은 국가의 경우 LGBT 학생을 더욱 수용하는 문화가 조성되어 있을 수도 있지만, 반대로 더욱 심각한 상황을 경험하는 중일 수도 있다. 수용도가 비교적 낮은 국가에서는 학생들이 폭력을 주목할 만한 것이나 조사에 보고할 만한 것으로 인식하지 못할 가능성이 있다. 학생들이 폭력을 피하고자 LGBT 정체성을 속일 수도 있다. 다만 보고된 괴롭힘 발생률과 관계없이 연구가 진행된 모든 국가의 학교에서 LGBT 학생은 심각한 문제를 겪고 있다는 점이 나타났다.

교육 기회를 가로막는 괴롭힘

괴롭힘은 한 학생이 경험하는 특별한 사건 이상의 영향력을 지닌다. 괴롭힘을 당하는 학생은 수업 집중에 어려움을 겪고, 이는 교육 수준의 저하로 이어진다. OECD가 수행한 대규모 국제 연구는 전 세계적으로 괴롭힘이 학업 성적에 미치는 영향을 보여주었다. 일례로 괴롭힘을 겪은 학생은 과학 시험 성적이 더 낮다. 학교 또한 영향을 받아, 괴롭힘 수준이 심한 학교일수록 평균 시험 성적도 낮은 경향이 있다(학생들의 사회경제적 수준 격차를 통제한 이후에도 상관관계는 유효했다).

당연하지만, 조사에 따르면 괴롭힘을 당한 LGBT 학생들도 유사한 영향을 받았다. 영국, 엘살바도르, 호주, 유럽에서 진행된 연구는 LGBT 학생의 성적이 더 낮다는 결과를 보였다.[9] 미국에서 진행된 2016년 연구는 성적 지향과 젠더 표현으로 인해 어떤 형태로든 피해자가 되어보았다고 답한 학생과 피해자가 되어본 적 없는 학생을 비교했다. 피해로 인한 파급력은 분명했다. 괴롭힘을 당한 학생은 성적이 더 낮았다.[10]

이로 인해 LGBT는 학교에서 꼭 겪어야 할 중요한 경험을 놓치게 되며, 그 양상은 매우 직접적으로 나타나고는 한다. 미국에서 괴롭힘을 당해본 적 있는 LGBT 학생은 학교를 빠지는 경향이 3배 높았다. 이들은 괴롭힘으로 인해 학교를 중퇴하기도 하고, 대학 진학을 계획할 가능성도 낮았다. 폭력 또한 그들의 건강에 부정적인 영향을 미친다. 괴롭힘은 불안과 우울감을 심화하고, 건강에 위험한 행동을 유발하며, 자존감을 낮춘다. 태국과 멕시코의 연구에 따르면 괴롭힘은 자살 충동 혹은 시도와 연관되어 있는 것으로 나타났다.

이러한 경험은 생애 전반에 걸쳐 LGBT가 받아야 하는 교육의 양을 얼마나 감소시킬까? 괴롭힘이 무단 결석과 중퇴로 이어진다면, LGBT 학생은 비LGBT 청소년보다 교육을 적게 받은 성인으로 자랄 가능성이 높다고 생각할 수 있다. 미국의 트랜스젠더에게서 이러한 양상이 나타난다. 시스젠더 남성은 25퍼센트, 시스젠더 여성은 29퍼센트가 대학 학위를 소지한 반면 트랜스젠더 남성은 10퍼센트, 트랜스젠더 여성은 12퍼센트, 젠더비순응자는 8퍼센트만이 학위 소지자였다.[11] 그러나 미국, 캐나다, 호주, 유럽 일부 국가의 데이터를 보면 트랜스젠더를 제외한 LGB는 반대의 결과가 나타난다.[12] 여러 연령대의 성인 LGB를 조사한 연구 결과들에 따르면 이들은 이성애자보다 교육 수준이 높았다. 예컨대 2013년에서 2016년 사이 진행된 미국 국민건강면접조사US National Health Interview Survey 데이터에 따르면 이성애자 남녀의 31퍼센트가 대학 혹은 대학원 학위를 취득한 반면 레즈비언은 40퍼센트, 게이는 44퍼센트가 이에 상응하는 학위를 소지하고 있었다.[13] 물론 이 LGB들의 일부는 전혀 다른 시기에 성장했기에 평균 교육 수준의 차이가 무엇을 의미하는지 파악하기는 어렵다.

다행히도 미국에는 애드헬스Add Health 조사의 일환으로 1994년 당시 14~18세였을 때부터 수차례 설문 조사를 받았던 청소년 집단이 있다. 이성애자 청소년과 성소수자 학생(동성과의 성 행동 경험이 있거나, 동성에게 끌림을 느끼거나, 비이성애적 정체성을 가진 사람으로 정의) 사이 고등학생 시절 경험의 차이를 여러 연구자가 발견했다.[14] 동성 간 성 행동과 끌림, 비이성애적 정체성이 있는 여성은 이성애자 여성보다 정서적 고충이 더 심했으며 학업 성적과 학교 참여도 또한 더 낮았다. 청소년기 동성과의 성적인 경험이 있는 남성은 경험이 없는 남성에 비해 더 심한 고충과 대인관계 문제를 겪었다.

최근의 청소년 그룹으로 초점을 좁혀보면 교육 지표는 현저히 다르게 나타난다. 2008년 청소년을 대상으로 조사한 결과 교육 성취도는 고등학교에서 겪은 경험과 성적 지향에 영향을 받는 것으로 나타났다. 성인 전체를 대상으로 했던 광범위한 연구와 달리 여성 성소수자 청소년이 이성애자 여성 청소년보다 더 낮은 교육 수준을 보였다. 이들은 고등학교를 졸업하거나 대학교에 진학 및 졸업할 가능성이 더 낮았다.

그러나 남성 동성애자 대부분은 한 집단을 제외하면 같은 연령대 이성애자 남성과 유사한 교육 수준을 보였다. 동성 끌림이나 성 행동이 성인기에 처음 나타난 늦깎이들은 고등학교와 대학교를 졸업할 가능성이 이성애자 남성보다 높았다. 연구자들은 이 늦깎이들이 앞서 언급한 여성 집단이나 일부 남성 집단에 비해 가혹한 고등학교 경험을 피할 수 있었을 것이라고 생각한다. 1990년대 후반 2200명의 게이와 양성애자 남성을 대상으로 수행된 연구도 해당 결론을 뒷받침한다. 18세 이전에 자신이 게이라고 인지하기를 결심했거나 성적인 동성애 관계를 처음 경험했던 사람들은 이보다 늦은 시기에 커밍아웃했던 사람들보다 학사학위를 취득할 가능성이 낮았다.[15]

다른 국가의 경우 이와 유사한 대조를 보이는 데이터가 존재하지 않는다. 하지만 현재 주어진 데이터에 따르면 학교에서 LGBT 학생들이 겪는 경험은 학창시절을 비롯해 미래에도 큰 상처를 남긴다. 괴롭힘과 차별 같은 경험으로 인해 그들이 받는 실제 교육의 양은 더 적을 가능성이 있다. 교육의 질 또한 비교적 열악할 것이다. 교내 괴롭힘의 경험은 노동 시장까지 따라와 영향을 미친다. 그리스 성인을 대상으로 수행한 연구에 따르면 동성애자든 이성애자든 학교에서 괴롭힘을 겪은 사람들은 고용될 가능성이 작았고 임금 수준도 더 낮았다. 하지만 이는 게이에게 더 큰 영향을 미쳐 이성애자 남성 대비 임금 격차를 더 벌린다.[16] 3장에서 자세히 살펴볼 건강에 대한 영향까지 고려하면 학교는 LGBT 학생의 인권과 미래의 경제적 기여에 잠재적으로 위험한 장소라는 점이 분명해진다.

LGBT가 직면하는 또 다른 교육 장벽들

또래 괴롭힘은 LGBT 청소년이 교육제도에 대한 접근권을 동일하게 보장받지 못하는 여러 이유 가운데 하나에 불과하다. 페마 도지의 선생님 같은 교사들은 괴롭힘을 당하는 LGBT를 지지하지 못함으로써 문제를 급속도로 악화시킬 수 있다. 미국에서 괴롭힘이나 모욕을 당한 퀴어 학생들 중 학교 당국에 사건을 신고한 이는 절반 이하였다.[17] 이들은 교사나 직원이 유용한 조치를 취할 것이라 기대하지 않았고, 그 직감은 맞았다. 사건을 신고한 학생 가운데 대략 3분의 2에 해당하는 64퍼센트는 교직원이 아무 조치도 취하지 않았거나 학대를 무시하라고 조언했다고 답했다.

교사 역시 학생들을 직접 괴롭히거나 적대적인 환경을 조성하는 방식으로 문제의 일부가 되기도 한다. 이에 대한 연구는 상대적으로 적은 편이지만 전 세계적으로 많은 사례가 존재한다. 브룬디의 게이 대학생 닉은 "교수가 어느 날 수업에서 반동성애법 발의에 대해 이야기하면서 '내게 만약 동성애자인 자식이 있다면 호적에서 제외하겠다'고 말했어요. 수업에 많이 참여하는 편이었는데 그 발언 이후 손을 들기 두려워졌죠"라고 털어놨다.[18] 물론 반대로 교사가 문제 해결의 일부가 될 수도 있다. LGBT 학생이 교사와 긍정적 관계를 맺으면 다른 학생들과 문제가 생길 가능성이 낮고, 학교생활에 집중하고 과제를 끝마칠 가능성이 높다.[19]

교직원은 때로 성적 지향이나 성별 정체성을 빌미로 입학을 거부하거나 낮은 점수를 주거나 퇴학시키는 등의 조치를 취해 LGBT 학생을 차별한다. 익명을 요구한 케냐의 한 레즈비언은 고등학교에서 이런 경험을 겪었다.

급식실에서 여자아이와 관계를 하던 모습이 발각됐어요. (…) 둘 다 퇴학당했죠. (…) 학교 행정실에서는 우리 의견을 피력할 시간도 보장해주지 않았어요. 다른 여자아이들에게 '전염'시킬 위험을 감수할 수 없다고 말했고요. 우리가 병에 걸린 것처럼 대하더군요. 공부에 지장을 겪은 탓에 국가 시험에서 평균 이하의 점수를 받았고, 이듬해 다른 학교에서 마지막 학년을 다시 다녀야 했어요.[20]

트랜스젠더 학생들은 교육제도에 편입되는 데에 특히 어려움을 겪는다. 과테말라에서 한 트랜스젠더 학생은 주요 기술 훈련 센터에 입학을 신청했다. 센터장은 내규상 '오로지 남성과 여성만' 입학이 승인된다는 이유로, 학생이 자격 시험을 통과했는데도 입학을 거부했다.[21] 유사하게 인도 농촌에 거주하는 트랜스젠더 여성 아리나 알람은 대학 입학에 어려움을 겪었다. "유명 대학의 학장이 '우리가 너를 어디에 배치해야 하느냐, 여자 호스텔이냐 남자 호스텔이냐'와 같은 불편한 질문들을 던졌다." "학장은 '호스텔에서 나의 존재가 다른 학생들을 불편하게 만들 수 있다'고 말했다."[22] 마지막으로 트랜스젠더 학생들은 지원과 등록에 필요한 공식 서류를 구비하는 데 어려움을 겪기도 한다.

세계은행 연구진의 독특한 실험은 젠더비순응적 학생의 불이익이 얼마나 분명한지 보여준다. 어머니로 위장한 여성이 세르비아의 184개의 공립 초등학교에 전화를 걸어 가상의 14세 아들이 입학할 수 있을지 문의했다. 절반의 문의에서는 아들이 여성적이라고 언급했고, 나머지 절반은 특징을 언급하지 않았다. 별다른 언급을 하지 않은 경우는 5퍼센트라는 적은 비율만 입학을 거절당했으며, 학교 정원이 찼다는 게 사유였다. 그러나 아이가 여성적이라고 언급한 경우에는 거절 비율이 15퍼센트로 3배 더 높았다. 행정실에서는 놀랍도록 직설적으로 다음과 같은 이유를 들기도 했다. "그런 특성이 있다면 다른 학교로 가는 것을 추천합니다. 우리 학교 애들이 워낙 난폭해서요. 이 아이들이 어떤지 잘 아는데요, 다름을 받아들이는 데 어려움을 겪는 경우가 많습니다. 사실 다름을 용납하질 못해요."[23]

학교도 종종 내규나 비공식적 관행에 따라 LGBT 학생을 차별한다. 미국의 LGBT 학생들 대부분은 어떤 형태로든 차별을 경험한 적이 있다.[24] 일부 학교는 지정 성별에 부적절하다고 판단되는 옷차림을 금지하고 학생들이 선호하는 이름이나 대명사를 사용하도록 허용하지 않는다. LGBT 학생들은 과제로 LGBT 관련 주제를 논의하지 못하도록 금지당한다. 동성 연인과 공개적으로 애정 표현을 하거나 함께 춤을 추러 갔다가 곤경에 처하기도 한다.

세계 다른 지역에서는 수많은 LGBT 학생이 학비와 생활비를 볼모로 가족에 의해 교육 접근권을 제한받는다. 예컨대 '카브'라는 가명을 요청한 우간다의 레즈비언은 정체성이 드러나는 휴대폰 메시지를 남자 형제가 찾아내면서 어머니에게 아우팅당했다.[25] 가족은 그를 구타하고 집에서 쫓아냈으며, 그가 소위 '교정' 상담을 받겠다고 동의할 때까지 대학 등록금 지급도 중단했다.

카브는 상담 경험을 이렇게 적었다. "내 섹슈얼리티가 전구처럼 켜고 끌 수 있는 것이 아니라는 점을 온전히 알고 있지만, 교육 지원이 필요했기에 상담에 의무적으로 응했어요." 그는 레즈비언 치료를 위해 자기와 성관계를 맺어야 한다는 남자 상담사의 제안에 상담을 중단했다. 가족에게 거부당한 다른 LGBT 학생들은 학교를 중퇴하고 학비를 마련하기 위해 일을 해야 했다.

더 나은 환경을 만들기 위한 노력

LGBT 학생과 지지자들은 변화에 대한 희망을 포기하지 않았다. 페마도지는 힘겹던 교육 경험을 사회운동으로 승화했고, 이는 하나의 중요한 전략 표본이 됐다. 다행히도 LGBT 학생의 상황을 개선하기 위한 수많은 노력이 진행 중이다. UNESCO 연구는 △괴롭힘 예방 정책 및 프로그램 △폭력 대응법 및 퀴어 학생 지지법에 대한 직원 교육 △LGBT를 포용하는 커리큘럼 △교내 폭력 모니터링을 위한 데이터 수집 등, 교육제도가 채택할 수 있거나 이미 채택하고 있는 아이디어를 많이 제시했다.

이러한 노력이 미국에서 효과를 거두고 있다는 증거도 존재한다. GLSEN*은 2001년부터 LGBT 학생들의 경험을 연구하면서 상황이 개선됐는지 추세를 추적하고 있다. 미국 학교가 변하고 있는지에 대한 GLSEN의 대답은 '그러하다'이다. 아직 가야 할 길은 멀지만, LGBT 학생을 향한 차별이나 괴롭힘 비율은 감소한 것으로 나타났다. 예컨대 성적 지향에 따른 언어적 괴롭힘을 보고한 학생 비율은 2001년 40퍼센트

---

* Gay, Lesbian, and Straight Education Network. 미국의 초중등교육 관련 성소수자 운동 단체. (옮긴이)

이상에서 2015년 20퍼센트로 절반 이상 줄었다.[26] 동성애자와 이성애자의 연대 집단, 괴롭힘 금지 정책, 우호적인 또래와 교직원이 있는 학교는 LGBT 학생에게 더 안전했다. 이 학교들은 LGBT 괴롭힘과 반LGBT 발언에 대한 신고가 상대적으로 더 적었다. 다른 연구도 LGBT 학생들의 정책과 프로그램이 LGBT 학생들의 경험에 긍정적인 영향을 미친 것을 발견했다.[27]

많은 국가에서 활동가와 정책 입안자는 올바른 방향으로 나아가고 있지만, 박차를 가하고 더 강하게 결단해야 한다. 사람들의 실제 사례와 수많은 국제 연구에서 나타난 신빙성 있는 증거를 고려하면 학교를 '전쟁터'에 비유한 페마 도지의 말은 전 세계 LGBT 청소년의 생활상을 정확하게 묘사한다. 그들은 대부분 양적으로나 질적으로나 열악한 교육을 받으면서 우울증과 낮은 자존감 등 전쟁에서 얻은 상흔을 몸과 마음에 새기고 살아간다.

LGBT 학생들은 학교를 떠나 자신과 가족을 부양하기 위해 일터로 나아갈 것이고, 차별과 폭력과 거부를 경험한 결과 상처가 뒤따를 것이다. 학교를 일찍 떠나야만 했다면 소득 수준이 낮을 것이고, 더 많은 시간을 투자했어도 교육의 질이 열악해 얻는 바가 적을 가능성이 크다. 학교에 만연한 괴롭힘과 낙인, 차별이 없었다면 이들은 더 나은 삶을 살 수 있었을 뿐만 아니라 기술력을 극대화해 경제에 도움이 됐을 것이다.

따라서 사회는 인지하지도 못하는 사이에 계속해서 손실을 경험할 것이다. LGBT가 기술과 지식을 습득하지 못한 이유를 비롯해, 이것이 경제에 얼마나 심각한 영향을 미치는지, 앞으로 무엇이 변화해야 하는지를 온전히 인식하지 못한다면 말이다.

제2장
벽, 울타리 그리고 깔때기

트위드 정장과 넥타이를 차려입은 제이슨 손은 대학원 학위, 수십 년의 경력, 고도의 기술을 요하는 전문성을 갖춘 전문가로 보인다.[1] 제이슨은 직장인 미국의 대형 비영리단체에서 게이라는 사실을 공개적으로 밝혔다. 제이슨은 처음에는 LGBTI라면 마땅히 견뎌내야 하는 것, 즉 "꼬리표 붙이기나 신체적 공격과 같은 명백한 형태의 괴롭힘과 차별"을 경험하지 않았다.

사람들이 그가 남자와 결혼했다는 사실을 깨닫고 나서부터는 상황이 변했다. 직장 동료 무리가(그중 특히 한 명이) 복도에서 뒷걸음치거나 제이슨이 다가올 때 방향을 돌리는 방식으로 그를 피하기 시작했다. 그가 휴게실이나 공용 공간에 있는 것을 보면 나가버렸고 직접 인사해도 무시했다. 제이슨은 이들이 퀴어 전반을 부정적으로 평가하는 것을 엿들었다.

동료들 중에서 비교적 적은 수에 해당했지만 이들은 제이슨에게 불편한 직장 환경을 조성했다. 게다가 이는 친목 문제 이상이었다. "이들이 관할하는 팀에는 내가 포함되지 않는다는 점을 깨달았다. 내가 프로젝트에 유의미하게 기여할 수 있는데도 말이다."

경제학자가 이런 종류의 직장 차별을 조사한다면, 제이슨이 무슨 피해를 입었는지는 불 보듯 뻔하다. 호모포비아가 있는 동료가 제이슨의 업무 성취를 방해하거나 직장 상사가 된다면 그는 해고되거나 강등될 수 있다. 제이슨은 이러한 대우에 화가 났고 어떻게 대응해야 할지 몰랐다. 그가 겪는 개인적 스트레스는 분명하다. 직장 내 낙인으로 인한 '소수자 스트레스'로, 보건학자들에 따르면 이는 신체적·정신적 건강에 해롭다. 다음 장에서 논의하겠지만 직장 경험은 건강과 연결돼 있다. LGBT는 우울이나 불안을 경험할 가능성이 크며 자살을 고려하거나 이행할 가능성은 비LGBT보다 적어도 2배 높다. 차별은 건강 격차를 만들어내는 원인 가운데 일부다.

직장 동료의 문제는 제이슨의 개인적 재정 및 건강 문제에 국한되지 않는다. 그의 전문성이 조직 업무와 많은 부분 연관되므로, 그가 무시당하면 고용주에게도 여러 방면에서 문제가 생긴다. 첫째로 제이슨이 팀에서 배제되면서 조직은 그의 지식과 기술을 최대한으로 활용하지 못하고 있다. 제이슨의 부재로 인해 고용주는 조직의 고객 응대 및 문제 처리 능력을 제고할 가능성을 놓치는 것이다.

고용주가 입는 피해는 더욱 심화될 수 있다. 고용주가 영리사업자라면 차별로 인한 금전적 비용이 발생할 것이다. 제이슨이 능력만큼 일하지 못하게 직장 동료가 방해하고 있는 탓이다. 간단히 말해, 팀원들은 제이슨이 없으면 본래의 생산성을 발휘하지 못한다는 것이다. 이러한 손실에 더해 반동성애적 차별이 불법인 지역에서 고용주가 신고나 소송을 당하면 값비싼 송사도 치러야 한다.

제이슨은 LGBT 수용도가 높아진 국가에서 LGBT가 겪는 차별을 보여주는 현대적 초상화다. 어떤 사람은 이 초상화를 보고 놀랄 것이다. 제이슨은 좋은 직장의 고학력 게이라는 고정관념에 부합하지만 그의 직장 경험은 특권층 LGBT마저도 어려운 상황에 직면한다는 것을 드러낸다. 개방적이고 관대한 직장으로 비치는 곳에서도 육안으로는 보이지 않는 경계가 제이슨을 무너뜨렸다. 유색인종 퀴어와 트랜스젠더 등의 LGBT는 제이슨 같은 강점이 없거나 직장 여건이 비교적 열악해서 더욱 심각한 상황에 직면할 가능성이 크다. 트랜스젠더는 트랜지션* 과정에서 화장실처럼 성별이 분리된 공간을 이용할 때나 성별 정체성이 명시된 서류를 발급받을 때 등등 직장에서 불필요한 난관에 직면한다. 고용주와 정부는 이런 장벽을 해체하기 위해 필요한 만큼 빠르게 움직이지 않는다.

경제학자 게리 베커는 오래전부터 차별로 인해 유능하고 생산적인 직원을 내보내면 기업의 수익성이 나빠질 것이라 예측했다. 차별하지 않는 경쟁 기업에 비해 경쟁력이 약해지기 때문이다.[2] 이 장에서는 사례와 데이터를 통해 그 과정이 어떻게 진행되는지를 밝혀낸다. 개인적이면서도 고통스러운 낙인과 차별의 증거들을 포함해, 미국과 여타 국가에서 LGBT가 직장에서 겪은 경험을 제시한다. LGBT가 재능과 기술을 온전히 사용하지 못하는 환경에 놓이는 상황도 탐구한다. LGBT가 능

---

* transition. 트랜스젠더가 자신의 성별 정체성에 맞춰 살아가기 위해 기존의 지정 성별에 맞춰 젠더화된 외모, 신체 특징, 성역할 등을 변화시키는 과정을 뜻한다. 복장이나 의복 등의 변화, 개명과 법적 성별정정 등 법률적 신분 정보의 변화, 호르몬 요법과 수술 등의 의료적 조치를 모두 포괄한다. (옮긴이)

력을 발휘하는 과정에서 명백한 장벽이나 노골적인 차별과 같은 무언가가 발목을 잡는다. 혹은 고정관념의 벽에 맞닥뜨려 능력 대비 만족스럽지 않은 직무나 LGBT 정체성을 숨겨야 하는 직무에서 일할 수도 있다. 모든 형태의 편견은 LGBT가 참여하고 기여하는 역량을 저해한다.

활동가든 정책 입안자든 사회과학자든 인권침해를 걱정하는 이들이라면 이러한 대우가 LGBT에게 미치는 피해를 모두 이해한다. 다만 그경제적 피해는 종종 간과된다. 이 장에서는 낙인이 '개인의 경제적 기여'라는 중요한 경제적 자원을 저해한다는 대목에 초점을 맞춘다.

다른 나라보다 미국에서 일어나는 일이 훨씬 더 많이 알려져 있다는점에 주목할 필요가 있다. 미국에 데이터가 비교적 많고 LGBT 연구에대한 전문가들의 수용도가 높기 때문이다. 다른 국가에서도 점차 많은지식이 쌓이고 있으며, 이 장에 최대한 포함했다.

일자리를 둘러싸는 노골적인 장벽

공직 금지의 역사

가장 노골적인 형태의 차별은 고용주가 LGBT는 특정 직업을 가질 수없다고 명시하는 경우다. 미국 트랜스젠더의 입대 금지가 대표적 사례다(미국에서 군인은 훈련과 교육을 받고 모범시민 경력을 쌓을 수 있는 유급 공직이다). 이러한 금지 정책은 과거에 훨씬 더 만연했으며, 차별이 경제적으로 얼마나 해로운지 명확히 보여준다. 이 절에서는 차별이 공공 예산의 경제적 기반을 약화시키는 사례를 기술할 것이다.

20세기에는 LGBT를 배제하려는 목적으로 특정 직업 주위에 장벽을둘러 세우는 여러 움직임이 있었다. 미국에서 가장 악명 높았던 사례

중 하나는 1950년대에 조지프 매카시 상원의원이 공산주의자를 혐오한 만큼이나 동성애자를 혐오한 동료 정치인들이 공직에서 동성애자를 축출하기 시작한 일이었다. 역사학자 데이비드 존슨은 이 사태를 '라벤더 공포Lavender Scare'라고 명명했다. 1953년 아이젠하워 대통령이 시행한 행정 명령의 선도 아래 연방 정부와 여러 도시 및 주는 당대 공무원 규정을 통해 레즈비언과 게이의 공직 수행을 금지했다.[3] 동시대 캐나다 등 다른 국가들에도 유사한 금지 정책이 존재했다. 인도 변호사들이 동성 간 성관계 금지법에 이의를 제기하면서 주장했던 것처럼, 동성애를 범죄화하는 국가들에는 여전히 금지 정책이 존재할 가능성이 높다.[4]

라벤더 공포로 수많은 연방 공무원을 색출하고 조사하는 마녀사냥이 일어났다.[5] 초반에 정부는 동성애의 비도덕성을 명분으로 해고를 정당화했다. 다소 미심쩍은 결격 사유였다. 결국 공무원들은 동성애자가 안보에 위협이 된다는 업무 관련 명분을 만들어냈다. 정체성을 폭로하겠다는 외부 협박을 받으면 정부 기밀을 넘길지도 모른다는 이유였다.[6] 이는 진퇴양난의 상황을 초래했다. 동성애자라는 사실을 공개하기도, 해고당하지 않으면서 정체성을 비밀로 유지하기도 어려웠기 때문이다. 미국에서 그런 협박으로 인해 보안이 침해된 사례는 전혀 보고된 바 없었다는 점에 주목할 필요가 있다. 그러나 이 비논리적인 주장은 목적을 달성했다. 동성애자라는 이유로 수천 명이 부당하게 해고되거나 일자리를 얻지 못했다.

연방 정부의 정리해고에 영향을 받아 1950년대 캘리포니아, 매사추세츠, 아이오와, 노스캐롤라이나, 오클라호마, 텍사스 등의 주에서도

주 정부의 동성애자 공무원을 표적으로 삼았다.[7] 동성애자는 아동 성범죄자라는 고정관념이 퍼지면서 교사와 대학 교수가 주요 표적이 됐다. 예컨대 한때 트루먼 커포티의 연인이었던 뉴턴 아빈 교수는 1960년 남성의 '외설적인' 사진을 소지하고 공유했다는 이유로 주 경찰에 체포된 이후 스미스대학에서 해고당했다.[8] 법률 집행 공무원조차 동성애자라면 해고 대상으로 색출됐다.

주법이 동성애를 범죄화했기에 고용 금지는 더욱 정당성을 부여받았다. 주법에 따라 소위 '범죄자'들이 체포되자 고용주들은 직원이나 지원자를 더 수월하게 조사할 수 있었다.[9] 체포가 줄어든 이후에도 소위 소도미법sodomy laws이 LGBT를 솎아내는 차별 수단들을 정당화했다. 많은 공공 및 민간 부문 직업 면허의 요건에는 '도덕적 적합성'이 포함됐다. 이로 인해 LGBT라는 사실을 공개적으로 드러낸 이들은 의사, 치과의사, 변호사, 부동산업자, 미용사 등의 직업을 얻기가 잠재적으로 어려워졌다.

수년에 걸쳐 동성애에 대한 태도가 점차 개방적으로 변하면서, 1975년 연방공무원위원회는 연방 공직에서 명시적 고용 차별을 없애기 시작했다. 하지만 이 일을 끝마치기까지 무려 40년이 걸렸다. 1997년에는 빌 클린턴 대통령이 보안 인가 과정에서 성적 지향을 고려하지 말도록 금지하는 행정 명령을 내렸고, 1998년에는 연방 공무원 고용 과정에서 성적 지향 관련 차별이 금지됐다. 2003년 마침내 소도미법은 미국 대법원에서 최종적으로 무효화됐다. 버락 오바마 대통령이 2014년 연방 공무원 고용 과정에서 성별 정체성 차별을 금지하는 조치를 취하면서 마지막 단계를 완료했다.

군사 직업을 둘러싼 벽

200만 명 이상의 현역 및 예비군을 보유한, 국가 차원의 최대 고용주 중 하나인 미군에서도 LGBT 금지에 대한 논란이 뜨겁다.[10] 군 복무 금지 조치는 특히 흥미롭다. 고용주와 납세자가 차별로 얼마나 값비싼 대가를 치르는지 달러, 센트 단위로 입증되기 때문이다(5장에서 다시 다룰 것이다). 레즈비언, 게이, 양성애자를 군에서 방출시킴으로써 미국이 막대한 비용을 지출한다는 증거가 시간이 흐르며 점점 축적되고 있다. 미국 정부는 성소수자 군인 방출로 1993~2010년에만 2억9000만 달러에서 5억 달러를 지출했다.[11]

복무 금지 조치가 값비싼 이유 가운데 하나는 주요 특수 기술을 갖춘 사람을 추방하면 막대한 인력 대체 비용이 생긴다는 것이다. 군이 이를 줄곧 알고 있었다는 점은 주목할 만하다. 실제 수십 년 전 군이 보유했던 데이터에 따르면 동성애로 퇴출당한 사람들이 새로 선발한 군인보다 인지 능력 시험에서 더 높은 점수를 기록했다.[12] 이후 고숙련 전투기 조종사와 아랍어 전문가처럼 매우 희소한 병력이 제대하면서 금지령이 군사 대비 태세를 약화하고 대체 훈련 비용을 더한다는 점이 부각됐다.

동시에 금지 조치를 정당화하는 주요 근거도 진화했다. 동성애자가 안보적 위협이라는 주장이 커밍아웃한 동성애자가 사기와 결속을 저해한다는 주장으로 발전한 것이다. 이성애자는 커밍아웃한 동성애자와 잘 어울리지 못하므로 동성애자의 존재가 군 효율성을 저해한다는 주장이었다. 하지만 이러한 주장은 증거 앞에 무너졌다. 커밍아웃한 LGBT의 군 복무가 영국과 캐나다를 비롯한 많은 국가에서 허용되면서 군대 내 긍정적 영향이 있었으며 사기와 기강에는 피해가 가지 않았

다는 폭넓은 연구가 발표됐다.[13]

시간이 지나면서 금지 조치와 그 정치적 근거는 모두 증거 앞에서 속 절없이 무너졌다. 미국 의회는 2011년 마침내 LGB 군인에 대한 금지 조치를 폐지했다.

그러나 앞서 언급된 것처럼 트랜스젠더는 미국에서 여전히 군 복무가 금지돼 있다. 호주, 오스트리아, 볼리비아, 캐나다, 독일, 이스라엘, 뉴질랜드와 같이 많은 국가가 트랜스젠더 군 복무를 허용하는데도 말이다.[14] 트랜스젠더 금지는 경제적 논리에도 어긋난다. 모든 트랜스젠더가 제대하고 대체된다면 군대는 대체 복무자를 모집하고 훈련하는 데 대략 10억 달러를 지출해야 한다.[15]

다만 금지를 옹호하는 사람들은 다른 경제적 질문을 던진다. 트랜스젠더 군인을 보유하면 트랜지션 같은 곳에 특수한 비용이 추가로 들지 않을까? 군 자체의 경험과 더불어 신중하게 수행된 연구에 따르면 추가 의료 비용은 연간 200만~800만 달러 이하로 아주 낮다. 트랜지션이 필요한 사람은 극소수에 불과하기 때문이다.[16] 트랜스젠더의 복무 비용이 금전적으로 낮다는 이 증거는 트럼프 행정부가 2017년 금지 조치를 복원한 것이 적법한 정부 목적과 어긋난다는 점을 보여주는 소송에서 다뤄졌다. 이 소송은 금지 조치의 합헌성을 다루는 중요한 시험대였다.

트랜스젠더 군 복무 금지 조치는 오늘날 미국과 영국 등 고소득 국가에서마저도 여전히 노골적인 차별 정책이 존재함을 보여준다. 정책이 바뀐다 해도 LGBT 차별의 여파는 그저 역사로 남지 않는다. 1970년대부터 청년들이 조사받거나 해고당했다면 오늘날까지 살아 일하는 사람들의 기술력과 건강에 영향을 미쳤을 것이다.

이러한 처우가 최근의 일이라는 점은 충격적으로 들릴 것이다. 2017년 쥐스탱 트뤼도 캐나다 총리는 1950년부터 1990년까지 조사받거나 해고당했거나 사임을 강요당했던 공무원, 군인, 왕립 기마 경찰대원에게 사과했다. 실제로 그들 중 많은 이가 사과를 듣고자 방청석에 모였다.

정체성으로 인해 해고된 분들, 사직한 분들, 개인적으로 그리고 직업적으로 막대한 대가를 치른 채 남은 분들, 복무하고 싶었지만 기회를 얻지 못한 분들께 전합니다. 당신은 국가를 위해 봉사할 수 있었어야 했는데 기회를 박탈당했습니다. 우리가 미안합니다. 우리가 틀렸습니다. 실제 여러분이 우리 사회에 공헌할 수 있었던 것을 모든 캐나다인이 놓쳤습니다.[17]

트뤼도 정부는 피해자에게 미화 기준 8500만 달러를 제공하면서 소송에 합의했다. 고작 8500만 달러가 숙청 피해자들의 고통이나 경제적 손실을 완전히 보상할 수는 없다. 하지만 적어도 사람들이 견뎌낸 직접적인 재정적·정신적 비용과 캐나다 사회의 손실이 차별의 결과라는 점을 인정했다는 의의가 있다.

보이지 않는 울타리

오늘날 군을 둘러싼 것만큼 명백한 장벽은 많지 않다. 계속 남아 있는 이 벽은 마치 내 이웃이 마당에 개를 가두려고 이용하는, 보이지 않는 울타리의 형태에 더 가깝다. 이웃집 개는 마당을 둘러싼 전기줄에 너무 가까이 다가가면 충격을 받는 목줄을 차고 있다. 울타리는 보이지 않지만, 개는 반복된 충격으로 자신의 위치를 학습하고 경계를 준수한다.

유사하게도 LGBT는 직장에서 근무하고 사회생활을 하거나 직장 동료와 사수에게 커밍아웃할 자유를 어느 정도 느낄 수 있다. 그러나 상사나 직장 동료가 허용하는 범위의 경계선에 너무 가까워지면 제이슨 손이 동성 배우자와의 결혼을 공개하면서 경험했던 것처럼 불이익을 당할 수 있다. LGBT는 고통스러운 경험을 거듭 거치면서 한계를 확인하고 피하는 방법을 학습한다.

수많은 LGBT가 차별 경험을 보고한다

LGBT가 차별의 충격을 진술하는 일은 놀라우리만치 잦다. 최근 조사에 따르면 미국의 LGBT 중 약 5분의 1이 삶의 어느 시점에 취업을 하거나 승진 기회를 모색하거나 급여를 수령하는 과정에서 차별을 경험했다.[18] 특히 미국에서 트랜스젠더 차별은 흔하다. 고용된 트랜스젠더 중 30퍼센트가 조사 직전 해에 해고나 승진 거부 또는 기타 모욕을 경험했다.[19] 약 4분의 1(23퍼센트)은 화장실 사용이나 젠더 표현이 제한되는 등 트랜지션 혹은 정체성 공개에 관련된 모욕을 경험했다.

유색인종 LGBT는 이중의 불이익에 직면한다. 백인 LGBT(13퍼센트)에 비해 유색인종 LGBT(32퍼센트)는 두 배에 달하는 채용 차별을 경험한다.[20] 미국에서 한 소송이 공론화되어 유색인종의 취약성을 드러내기도 했다. 저메카 에번스는 레즈비언 아프리카계 미국인으로 조지아주 서배나에서 경비원으로 일했다. 그의 상사는 에번스의 쇼트커트와 남성적인 옷차림을 불편하게 여겼다. 에번스는 차별 소송을 제기하면서, 상사가 그를 괴롭혔고 자격 미달인 사람을 사수로 고용했다고 말했다. 그는 변호사 앞에서 "너무 스트레스를 받은 나머지 휴식시간에 사내 탈의실에서 울었던 기억이 난다"고 회상했다. 결과적으로 에번스는 직장을 그만뒀지만 소송은 기각됐다. 미국 현행법에 성적 지향에 따른 차별에 대한 보호가 명시되어 있지 않았던 탓이다.[21]

국가에 따라 설문 조사의 방법론이 다르기에 문제의 심각도를 국가별로 비교하긴 어렵다. 하지만 LGBT 차별이 세계적 현상인 것은 분명하다.[22] 2014년 유럽연합EU의 LGBT 9만 명을 조사한 결과 5분의 1(19퍼센트)이 직전 연도에 직장 내 차별을 경험했다. 비율은 국가별로 다양했다. LGBT에 친화적이라고 알려진 국가에서는 비율이 낮았다. 덴마크는 11퍼센트, 네덜란드는 12퍼센트가 직장 내 차별을 보고한 반면 리투아니아는 27퍼센트, 사이프러스는 29퍼센트의 비율이었다. 서부 발칸 국가*에서 진행된 별개의 조사에서는 응답자의 20퍼센트가 직전 해에 직장 내 차별을 경험했다.

아시아 연구에서도 유사한 패턴이 나타났다. 베트남에서는 LGB의 20퍼센트가, 트랜스젠더의 60퍼센트가 채용 과정에서 차별을 경험했다.[23] 1만8000명의 중국인 LGBT 중에서는 21퍼센트가 직장 내 차별을 보고했다.[24] 세계은행은 비교적 LGBT 수용도가 높은 태국에서 2300명이상의 LGBT를 조사했다. 그럼에도 레즈비언의 29퍼센트, 게이의 19퍼센트가 직장 내 차별과 괴롭힘을 경험했으며, 트랜스젠더의 경우비율이 60퍼센트로 더욱 심각했다.[25] 또한 조사에 따르면 태국과 중국

* 알바니아, 세르비아, 몬테네그로, 코소보, 마케도니아, 보스니아 헤르체고비나. (옮긴이)

등의 국가에서는 트랜스젠더가 정확한 성별 정체성을 명시한 신분증을 얻기 어렵다. 이로 인해 이들은 구직할 때나 정부 서비스를 받을 때 특히 어려움을 겪는다.

라틴아메리카에서는 에콰도르의 공식 국립 통계 및 인구조사 기관이 LGBT 국민 2805명을 대상으로 설문 조사를 시행하면서 LGBT 연구를 선도했다.[26] 전반적으로 44퍼센트의 답변자가 직장 내 차별을 경험했다. 직장 내 폭력도 LGBT 조사 대상자의 22퍼센트가 경험했을 정도로 놀라울 만큼 흔했다.

LGBT 정체성을 공개하면 무슨 일이 일어날까?

일부 차별은 여지없이 정체성 공개와 연관되어 있다. 직원이 LGBT라는 사실을 직장 동료나 상사가 발견하거나 듣는 순간 그 직원은 취약한 위치에 놓인다. 미국, 영국, 스웨덴, 벨기에, 이탈리아, 그리스, 사이프러스, 독일, 오스트리아, 캐나다, 말레이시아, 싱가포르, 태국, 베트남 등 14개국에서 진행된 기발한 실험 덕에, LGBT가 회사에 지원할 때 경험하는 이러한 양상이 실제로 관찰됐다.

실험은 간단하다. 연구자들은 LGBT 한 명과 이성애자(혹은 시스젠더) 한 명의 지원서를 보내고 고용주가 이들을 다르게 대우하는지 관찰했다. 연구자들은 같은 교육 수준과 경험, 여타 요건을 지닌 가상의 지원자를 만들어냈다. 한쪽의 이력서에는 LGBT 조직에서 직원이나 봉사자로 일했다는 경력을 한 줄 추가했고, 다른 쪽 이력서에는 LGBT와 무관한 다른 단체에서 직무에 관련된 자원 봉사를 했다는 경력을 기재했다. 트랜스젠더 정체성을 나타내기 위해 이력서에는 일반적으로 지원자의 원래 이름과 선호하는 이름이 다르다고 명시하거나, 젠더를 적는 란(여러 국가에서 이력서에 젠더를 기재하도록 안내하고 있다)에 트랜스젠더라고 기입했다. 연구자들은 지원을 마치고 실험의 주요 결과를, 즉 누가 면접에 초대되는지를 보기 위해 기다렸다.

20개 연구 가운데 17개 연구에서 LGBT 후보가 채용 면접에 초대될 가능성은 상당히 낮다는 점이 발견됐다.[27] 어떤 경우에는 격차가 매우 컸다. 예컨대 미국에서는 면접 기회를 한 번 받기 위해 게이는 14번 지원해야 했던 반면 이성애자 남성은 9번만 이력서를 냈다.[28] 뉴욕의 유사한 실험에서는 실제 트랜스젠더 지원자 한 명과 시스젠더 지원자 한 명을 한 쌍으로 묶어 소매점 영업직에 지원하게 했다. 고용주는 트랜스젠더 지원자를 명백히 차별했다. 절반가량의 가게에서 시스젠더 지원자만 채용 제안을 받았다. 반대 패턴을 보인 경우는 오직 한 번뿐이었다.[29] 말레이시아, 싱가포르, 태국, 베트남 등 4개 국가 간 비교 실험에서는 3000개의 신입 일자리에 트랜스젠더와 시스젠더 지원자의 이력서를 보냈다. 네 국가 모두에서 트랜스젠더는 컴퓨터과학 같은 경쟁이 치열한 분야에서마저도 면접에 초대될 가능성이 낮았다. 한편 가장 격차가 심한 곳은 싱가포르였으며, 트랜스젠더 지원자가 면접 기회를 얻을 확률은 절반에 불과했다.[30]

이 실험들은 고용주가 LGBT에 편견을 가진다면 성적 지향과 성별 정체성을 이력서에 기재하는 일은 전기 충격 목줄을 차고 보이지 않는 울타리를 향해 질주하는 것과 같다는 점을 보여준다. LGBT 정체성을 공개하면 이렇게 큰 리스크를 짊어져야 한다. 공개해도 괜찮은 공간도 있겠지만 그렇지 않은 공간도 있다. 이를 직장 외부에서 구분하기는 매우 어렵고, 때로는 불가능하다.

LGBT 친화적 직장에도 존재하는 한계

비교적 LGBT에 친화적인 직장에 취업한 사람들은 어떨까. 여러 국가에서 LGBT 수용도가 높아지면서 그런 직장이 많아졌다고 생각할 수 있을 것이다. LGBT는 더욱 개방적으로 자기를 표현할 수 있고 자신을 정상으로 여기는 공간에서 일하고 싶어한다.

그러나 동시에 그들은 '정상'으로 남기 위해 보이지 않는 울타리를 넘지 않는다고 묘사한다.[31] 일부 레즈비언은 여성 연인에 대한 이야기를 많이 하지 않는다. 레즈비언의 연인 이야기보다는 자녀 이야기가 직장 동료들에게 더 편하게 느껴질 것이기 때문이다. 이는 책상 위에 동성 연인의 사진을 두는 것도 성적 지향을 과시하는 것처럼 보일 수 있다는 의미다. 성적 성향은 제쳐두더라도, 정체성을 공개한 LGBT 직원은 남녀가 어떻게 옷을 입거나 행동해야 하는지에 대한 전통적인 관념에 순응해야 할 필요성을 느낀다. 결혼 또한 보이지 않는 울타리가 가시화되는 진실의 순간으로 작용한다. 제이슨 손과 같이 동성 연인과 결혼하고 직장을 잃은 미국인들의 사례가 이를 뒷받침한다.

법학자 켄지 요시노는 LGBT가 비LGBT에게 호감을 주는 자아로 동화되도록 강요하는 모든 종류의 압력을 커버링covering이라 부른다.[32] 이성애자 같은 모습을 하라거나 LGBT 동료들과 사회운동에 대해서는 침묵하라고 요구하는 것은 또 다른 형태의 차별에 불과하다. 커버링은 이성애자와 시스젠더가 아닌 LGBT에게만 요구된다. 이들은 커버링을 하지 않으면 고용되지 않거나 해고되는 취약한 상황에 처한다. 이는 모두에게 손해인 상황으로, 직장 내 LGBT에게 심각한 타격을 줄 수 있다.

더욱 일반적으로 사회학자들은 이런 문제를 '낙인 찍힌 정체성 관리managing a stigmatized identity'라고 부른다. 무엇을 관리하든 마찬가지겠지만 이는 시간과 에너지를 요한다. 성적 지향을 밝히고 그 여파에 대처하는 방법을 관리할 때 수반되는 에너지와 불확실성이 문제가 된다. 투입되는 시간은 나중의 문제다.

LGBT를 보호할 목적으로 구축된 벽장

모든 사람이 성적 지향이나 성별 정체성을 공개하는 것은 아니다. 차별에 대한 두려움이 이유의 일부분이다. 낙인 찍힌 정체성을 관리하는 또다른 전략은 보이지 않는 울타리 안에 자신만의 요새를 구축하는 것이다. 이들이 왜 '벽장 속에' 숨어 있는지, 왜 LGBT라는 사실을 타인이 알지 못하도록 노력하는지 아는 것은 직장 내 호모포비아와 트랜스포비아의 경제적 비용을 이해하는 데 필요한 또 하나의 퍼즐 조각이다.

누군가가 LGBT라는 사실을 언제나 겉모습만으로 파악하긴 어려우니, 벽을 구축하고 유지하는 것이 쉬워 보일 수 있다. 자기가 LGBT라고 대놓고 말하지 않는다면 누가 알겠는가. 어떤 사람들은 LGBT가 왜 초장부터 낙인과 차별을 피하기 위해 정체성과 관련된 정보를 숨기지 않는지 궁금해한다.

LGBT는 때때로 전문가의 말처럼 들리는 합리화로 비밀을 정당화한다. 정체성은 "다른 사람이 신경쓸 일이 아니"라는 것이다. 성소수자 권리 옹호 단체 휴먼라이츠캠페인Human Rights Campaign이 시행한 조사에서도 LGBT의 약 3분의 2가 그런 이유를 내세웠다.[33] 그러나 LGBT가 벽장에 숨는 근본적인 이유는 거부, 괴롭힘, 차별에 따른 잠재적 피해를 관리하기 위해서인 경우가 많다. 실제로 '다른 사람이 신경쓸 일이 아니'라고 주장하는 사람들 중 상당수는 직장 내에서 괴롭힘을 당하거나 LGBT에 반대하는 발언을 들은 경험이 있었다. 이를 고려하면 벽장을 합리화하는 이유가 직장 내 관계나 일자리 기회에 미치는 영향을 우려해서라고 해석해도 그리 놀랍지 않을 것이다.

그러나 사람들이 직장 동료의 성적 지향이나 성별 정체성을 어쨌거나 알아내려 노력하는 환경에서는 비밀을 유지하기 힘들다. 젠더비순응은 LGBT가 누구인지 추론하는 데 종종 사용되는 신호다.[34] 정장 바지에 뒷굽 낮은 구두를 신고 핸드백 없이 다니거나 화장을 하지 않는 여성은 레즈비언 혹은 트랜지션 중인 트랜스 남성일 가능성이 있다는 신호를 세상에 보낸다. 밝은 옷을 입고 들뜬 목소리로 말하는 남성은 게이로 의심받을 수 있다. 레즈비언과 게이 배우를 조사한 결과(이들은 배우라는 점에서 원하는 경우 자기 표현을 어느 정도 통제하는 사람들임에도), 자기가 레즈비언이나 게이라는 사실을 동료들이 듣지도 않고 알아차렸다는 응답자가 절반이었다.[35] 트랜스젠더도 그렇게 답한 이가 절반가량이었다.[36]

신상 정보를 많이 공개하지 않는다는 점을 통해서도 LGBT 정체성을 추측할 단서가 미묘하게 전달된다. 벽장 안에 있으면 동성 연인의 사진을 사무실 책상 위에 두지 않거나 이전 연인에 대해 이야기하지 않을 것이다. 누구와 휴가를 갔는지, 토요일 밤에 누구와 데이트했는지 이야기하지 않을 것이다. 요점은 직장 동료들이 호기심을 가진다면 벽장도 직장에서 그다지 좋은 보호막이 되지 못한다는 것이다.

벽장 비용

더욱 심각한 점은 벽장이 LGBT의 행복과 건강에 비용을 초래한다는 점이다(3장을 보라). 존 브라운은 세계적 석유 회사 BP의 고위직에 올랐지만 호모포비아가 경력에 걸림돌이 되지 않도록 철저히 벽장 속에서 지냈다. 그가 회고록에서 밝혔듯 승진 사다리를 오르는 과정에는 큰 개인적 희생이 따랐다. 그는 회고록에 이렇게 적었다. "마음속으로는 깊은 불안을 숨기고 거의 매일 내면의 혼란을 감당해야 했다. 본모습을 보이는 게 부끄러운 일이 된다면 스스로에게 좋은 감정을 느끼기 어려워진다."[37]

3년간 이어오던 남성 연인과의 관계가 언론에 노출되면서, 그가 '유리 벽장'*이라 불렀던 것은 결국 외부 압력에 의해 부숴졌다. 2007년 그는 CEO 자리에서 물러났다. 오늘날 그에게 벽장 비용은 개인적 차원에서도 고용주 차원에서도 명백하다.

벽장 속 생활은 중립적인 결정이 아니다. 벽장 속에 있어도 두 세계 모두에 발을 디뎌야 한다. 아무리 연습해도 한 세계에서 다른 세계로 자기 모습을 바꾸는 과정에서 에너지가 고갈된다. 이 에너지는 사업상 문제를 해결하거나 사적으로 연인과 견고한 관계를 구축하는 데 쓰일 수 있었다.[38]

---

* glass closet. 문을 열지 않고도 안을 볼 수 있다는 뜻으로, 공식적으로 커밍아웃하지는 않았지만 주변인들이 추측하는 상태. (옮긴이)

브라운의 흥망성쇠에서 알 수 있듯, 벽장은 많은 경우 직업생활의 미래에 도움이 되지 않는다. 직장에서 휴식 시간에 동료와 수다를 떠는 동안 개인 정보에 관한 대화를 피하는 것은 이성애자 시스젠더의 생각보다 훨씬 어렵고 스트레스 받는 일이다. 정체성을 이성애자로 위조하는 것은 일부 사람들이 사용하는 더 극단적인 벽장 전략으로, 가상의 인물, 공간, 사건을 그물망처럼 엮어내는 과정을 요한다.[39] 직장이 사회적으로 일정 수준의 신뢰와 참여를 요구한다는 점을 고려하면 비밀 유지는 불가능에 가깝다. 다시 말해 성적 지향과 성별 정체성을 숨기는 일은 단순한 침묵이 아닌 적극적 행위를 수반한다. 그리고 비밀을 유지하는 행위는 직장 내 관계를 해칠 가능성이 있다.

일부 연구에 따르면 벽장에 숨은 LGBT는 이성애자 직장 동료의 생산성을 저하할 수도 있다. 어떤 흥미로운 실험에서 캘리포니아대학 학부생은 인테리어 디자인을 전공하고 요리와 춤을 좋아하는(고정관념에 기반한 전형적 게이의 특성들) 샌프란시스코 출신 남학생과 함께 과제를 수행했다.[40] 수학 시험과 사격 게임에서 참가자들은 남학생에게 조시라는 남자친구가 있다는 사실을 알았을 때보다 남학생이 게이인지 아닌지 모호한 상태일 때 더 낮은 점수를 받았다. 참가자들의 호모포비아 수준은 매우 낮았기에 성적 격차는 편견과 연관된 것으로 보이지 않았다. 연구자들은 대신 참가자들이 모호성을 해결하고 싶어했을 수 있으며, 추가적인 인지활동으로 인해 효율성이 떨어졌을 수 있다고 해석한다. 이를 해석하려면 분명 연구가 더 많이 필요하겠지만, 벽장이 모두에게 해롭다는 점을 시사한다는 데서 이 연구는 가치가 있다.

특히 우려되는 것은, 벽장이 LGBT의 직장생활에 미치는 영향은 우리 생각보다 더 강력하다는 점이다. 여러 연구에 따르면 LGBT는 편견을 가진 동료가 있을 법한 직업을 피하는 경향이 있다. 해당 직종에서는 자신을 공개하기가 더 어렵기 때문일 것이다.[41] 호모포비아와 트랜스포비아를 가진 직장 동료가 있다면 벽장을 구축해야 보호받는다고 느낄 것이다. 이런 동료를 피하는 것이 정체성 공개에 수반되는 비용과 스트레스를 줄인다.

어떤 LGBT들은 이러한 상황에 직면하는 대신 웹 개발자, 작업치료사, 심리학자처럼 동료와 상사로부터 비교적 독립적으로 일할 수 있는 직업을 선호한다.[42] 동료나 사수에게 크게 의존하지 않아도 되므로 사생활 정보를 더욱 쉽게 통제할 수 있기 때문이다. 게다가 자발적으로 커밍아웃하거나 다른 사람에 의해 아우팅을 당해 부정적 반응에 직면해도 타인에게 의존하지 않아도 된다는 점이 자신을 보호하는 수단으로 작용한다. 제이슨 손이 시도했던 것처럼 이들은 백래시에 부딪혀도 일을 계속할 수 있지만, 그의 사례로 미루어 알 수 있듯 온전히 독립적으로 일하는 직원은 거의 없다. 독립성이 높은 직종에서 게이 남성과 이성애자 남성의 소득 격차가 더 작다는 점을 고려하면 이 전략은 일종의 보호막을 제공하는 것으로 보인다.[43]

모순적이게도 벽장은 유용한 기술을 훈련할 기반이 되기도 한다. LGBT는 자신의 존재와 정체성이 밝혀졌을 때 다른 사람의 반응을 예측할 수 있도록 사회적 신호를 읽는 법을 배운다. 놀이터의 아이들 무리가 잠재적으로 내게 위협을 가할 수 있을까? 이들에게 커밍아웃을 하는 것이 안전할까? 이런 중요한 질문과 씨름하는 과정에서 LGBT는 고객, 학생, 환자 등을 대할 때 유용한 사회적 관점과 감수성을 키운다.[44] 이러한 감수성이 한줄기 빛이라고 해석하고 싶겠지만, 그 학습 과정에서 요구되는 예민함은 정신 건강 문제의 요인이 되기도 한다. 3장에서 이를 더 자세히 살펴볼 예정이다.

끈질기게 유지되는 직장 내 벽장

다행히도 직장 밖에서는 정체성을 숨겨야 한다는 생각이 변화하기 시작했다. 수많은 국가에서 LGBT들이 스스로를 공개할 여지가 늘어나고 있다는 신호들이 보인다. 할리우드, 마닐라, 런던에 이르기까지 여러 지역에서 퀴어 유명인사들이 커밍아웃한 것이 그중 하나다. 미국 주지사(오리건주의 케이트 브라운과 콜로라도주 재러드 폴리스), 대도시 시장(휴스턴의 애니스 파커와 시카고의 로리 라이트풋), 벨기에 총리(엘리오 디뤼포), 아일랜드 총리(리오 버라드커), 아이슬란드 총리(요한나 시귀르다르도티르), 룩셈부르크 총리(그자비에 베텔), 세르비아 총리(아나 브르나비치) 등 LGBT 국가 지도자들의 커밍아웃도 알려졌다.[45] 미국의 버지니아주 의원인 대니커 롬 등 커밍아웃한 트랜스젠더도 공직에 선임되고 있다.

주변에 LGBT 친구와 가족 구성원이 있을 때 알게 될 가능성도 높아졌다. 1985년 조사에서 커밍아웃한 게이나 레즈비언 친구, 친척, 직장 동료가 있다고 답변한 미국인은 4명 중 1명밖에 되지 않았다.[46] 2013년에 이 비율은 4명 중 3명으로 3배가 됐다. 이제 미국인 대부분(88퍼센트)에게 게이나 레즈비언 지인이 있으며, 대부분 1~2명의 동성애자를 알고 있다.[47]

트랜스젠더는 여전히 알려진 바가 비교적 적다. 아마 LGB에 비해 수가 더 적기 때문일 것이다. 미국에서 퓨리서치센터Pew Research Center가 조사한 결과, 개인적으로 아는 트랜스젠더가 있다고 밝힌 미국인은 37퍼센트에 그쳤다.[48] 대부분의 경우 친구나 가족 구성원이 아닌 지인에 해당했다.

LGBT에 대한 문화적 개방성이 높아졌다는 증거에도 불구하고 직장은 여전히 가족과 친구들 사이에서보다 커밍아웃하기 위험한 공간으로 여겨진다. 미국에서 직장 동료 대부분 혹은 모두에게 커밍아웃한 LGBT는 절반 정도였다. 직장에서는 아직 절반가량이 벽장 안에 있다는 의미다.[49]

다른 국가의 데이터를 봐도 직장 내 커밍아웃은 흔하지 않다. 중국인 LGBT 1만8000명을 조사한 결과 4분의 3이 직장에서 커밍아웃을 하지 않았다.[50] 온전히 커밍아웃한 이는 5퍼센트뿐이었고, 나머지 20퍼센트는 선택적으로 커밍아웃을 했다. 정체성을 공개하기가 더 수월한 가족이나 학교와 직장에서의 경험을 비교해보자. 대략 15퍼센트가 가족에게 온전히 커밍아웃을 했고 절반은 적어도 선택적으로 가족이나 교육환경에서 커밍아웃을 했다. 중국 기업의 고학력 근로자를 대상으로 조사한 다른 연구 결과도 유사한 수준의 개방성을 보였다. 절반가량이 커밍아웃을 하지 않았고, 거의 절반에 해당하는 사람이 가까운 친구와 직장 동료에게만 커밍아웃을 했다. 완전히 공개했다고 답한 비율은 6퍼센트였다.[51] 베트남에서는 조사 대상자 LGBT의 47퍼센트가 직장 동료에게 커밍아웃을 하지 않았다.[52]

무작위 표집 조사는 아니지만, 여러 국가를 넘나들며 시행된 두 설문 조사는 흥미로운 국가 간 비교 결과를 제공한다. 첫 번째는 대졸자를 대상으로 한 조사로, 다른 곳보다 직장에서 LGBT가 벽장 속에 머물 가능성이 높음을 보여주었다. 일본은 77퍼센트, 인도는 55퍼센트, 미국은 47퍼센트, 영국은 34퍼센트가 직장에서 커밍아웃하지 않았다.[53] 두 번째 연구는 더 많은 국가와 교육 수준을 표본에 포함했기에 수치가 꽤 다르다. 호주는 누구에게도 커밍아웃하지 않았다고 답한 비율이 12퍼센트에 그치면서 가장 개방적인 국가인 것으로 나타났다. 브라질, 인도, 이탈리아는 그 비율이 32~35퍼센트로, 가장 개방적이지 못했다. 캐나다, 프랑스, 독일, 멕시코, 영국, 미국은 16~21퍼센트로 중간에 속했다.[54]

각국의 개방도를 대표하는 지표는 아닐지라도, 이 수치는 일부 고용주, 정부 관계자, 경제개발기구가 LGBT 이슈는 그다지 문제가 아니라고 생각하는 이유를 설명하는 데 도움을 준다. 단지 그들은 직장에서 주변의 LGBT를 잘 볼 수 없는 것이다. 그러나 이는 닭이 먼저인지 계란이 먼저인지 묻는 고전적인 문제와 같다. 직장(을 비롯한 사회적 환경)이 LGBT를 수용하지 않는다면 LGBT는 정체성을 숨기려 노력할 것이다. 사회가 더욱 수용적인 모습을 보이면 LGBT는 마법처럼 나타날 것이다. 그들은 그 자리에 계속 있었기 때문이다.

어쨌든 이론은 그러하다. 실제로는 벽장을 무너뜨리려면 다각적인 접근이 필요하다. LGBT와 고용주들은 최근 들어서야 이를 이해하기 시작했다.

몇 년 전 호모포비아의 비용에 관해 연설하러 페루에 초대된 적이 있다. 나를 행사에 초대한 미국 국무부는 대사관의 인사 담당 직원과 만나달라고 요청했다. 대사관을 현지 LGBT 직원들에게 더욱 친화적인 직장으로 만들기 위해서였다. 좋은 직장이 시행하는 정책들(차별금지 정책, 동거동반자 혜택 등)에 관한 대화를 오래 나눠보니, 기본적인 것들은 확실히 갖추고 있었다. 그러나 그들은 내게 더 많은 아이디어를 요구했다. 마침내 나는 그곳 LGBT 직원들이 무엇을 바라고 무엇이 필요하다 했는지 물었다. 어색한 침묵이 길게 이어졌다. 페루 직원 가운데 커밍아웃한 LGBT가 아무도 없었던지라 인사 담당자가 상담해본 사람이 없었던 것이다.

미국 대사관이라서 문제였던 것은 아니다. 리마의 다른 행사에서 현지 및 다국적 기업의 직원들도 만난 적이 있다. IBM 출신 직원은 페루 IBM 직원 수천 명 가운데 LGBT임을 공개한 직원은 자기가 알기로 다섯 명뿐이라고 말했다. 세계에서 LGBT가 일하기 가장 좋은 기업 가운데 하나로 꼽히는 곳치고는 놀라운 숫자다! 현지 문화 때문이든, 가톨릭이 강세여서든, 가족에게 들킬까봐 두려워서든, 페루의 LGBT들은 직장에서 성적 지향과 성별 정체성을 상당히 숨기고 있는 것으로 보였다. 앞서 언급한 중국의 조사는 커밍아웃하지 않은 LGBT 직원들에게 만약 회사가 차별금지정책을 시행하고 커밍아웃을 장려한다면 정체성을 밝힐 것인지 물었다. 40퍼센트는 그런 정책과 문화가 있어도 절친한 친구와 동료 이외에게는 밝히지 않겠다고 답했다. 그리고 커밍아웃하지 않은 직원의 43퍼센트는 계속 정체성을 숨길 이유 중 하나로 가족이 알게 될 가능성을 꼽았다. 정체성의 공개 여부에는 이렇게 직장 바깥의 복잡한 요소들이 영향을 미친다.

고용주의 지원 정책만으로는 모든 LGBT 직원의 커밍아웃을 보장하기에 부족하다. 하지만 도움이 되는 것은 확실하다. 그런데 모든 LGBT

가 정체성을 공개하는 것을 목표로 삼아야 할까? LGBT를 극도로 배척하거나 LGBT로 살아가기 위험하기까지 한 국가에서는 대부분의 이에게 커밍아웃은 좋은 전략이 아닐지도 모른다. 또 직장에서는 어떤 사적인 정보도 공유하고 싶어하지 않는, 수줍음이 많거나 사생활을 중시하는 LGBT가 언제나 존재할 수 있다. 그럼에도 나는 모든 LGBT가 차별이나 폭력에 대한 두려움 없이 커밍아웃을 선택할 수 있어야 한다고 주장한다. 이런 선택이 가능한 상황에서는 LGBT의 절반 이상이 직장에서 커밍아웃할 것이라 예상한다.

깔때기: 재능 대신 작동하는 고정관념

노골적인 벽, 보이지 않는 편견, 벽장 외에도 노동 시장과 직장에서 불평등 및 비효율을 초래하는 요인이 있다. LGBT가 누구인지, 어떻게 사는지에 관한 해로운 고정관념이 여전히 존재하며, 이는 비LGBT의 태도와 기대치를 형성한다. '게이 남성은 창의적이며 아이들에게 해를 끼친다. 레즈비언은 남성을 싫어하며 스포츠를 좋아한다. 양성애자는 난잡하다. 트랜스젠더는 정신적으로 아프다' 등이 이에 해당한다. 고정관념의 이면에 숨어 있는 허구와 모순은 포착하기 쉬우며, 당연히 반박하기도 쉽다.[55] 그럼에도 고정관념은 LGBT의 삶을 구성하고 기회를 차단한다. 이로 인해 LGBT 스스로도 때로는 예측하기 어려운 방향으로 삶이 형성된다.

사람들의 발목을 잡는 고정관념의 힘은 여성과 유색인종을 대상으로 수행한 수많은 연구에서 드러났다. 사회심리학자들은 부정적인 고정관념이 어떻게 집단 구성원의 성과에 영향을 미치는지를 설명하는

'고정관념 위협stereotype threat'이라는 개념을 개발했다. 시험 전에 부정적 고정관념이 관련된 맥락을 유발하면(직접적으로 언급하거나 집단의 정체성과 관련된 상황을 만들거나), 집단 내 누군가의 행동이나 성적에 영향을 미칠 수 있다. 고정관념에 부합할까봐 두려워하는 나머지 더 안 좋은 성적이 나오는 것이다.

흔한 (그리고 해로운) 고정관념 몇 가지를 생각해보라. '여성은 남성만큼 수학을 잘하지 못한다. 아프리카계 미국인은 백인만큼 똑똑하지 않다' 등이 있다. 아프리카계 미국인 학생에게 시험 문제를 내면서 능력을 측정할 거라고 말하면 이들은 백인 학생보다 낮은 성적을 낸다. 능력 시험이라는 공지를 듣지 않은 아프리카계 학생보다도 성적이 낮다.[56] 이러한 효과는 매우 강력해, 여성의 경우 수학 시험 전에 성별을 기입하기만 해도 마음속에 고정관념이 유발돼 성적이 저하되는 것으로 나타났다.

고정관념이 일부 집단의 성과에 영향을 준다는 점을 고려하면, LGBT의 선택과 직무 성과를 좌우할 가능성도 있어 보인다. 지금까지 이에 관한 연구는 하나뿐이지만, 고정관념이 게이 남성의 업무 성과를 낮춘다는 결과를 보여준다.[57] 이 연구는 게이와 이성애자 남성에게 유치원에서 어린아이들과 교류하도록 요구했다. 게이 남성은 아이들에게 위험하다는 고정관념이 유발될 수 있는 직장 환경이었다. 시작 전에 남성들은 설문 조사에 응했다. 절반은 성적 지향을 기입해야 했고, 절반은 기입란이 없었다.

참가자들이 아이들과 노는 동안 무슨 일이 일어나는지 독립적인 관찰자가 지켜본 후, 어린이집 직원 채용 전형처럼 참가자들의 교류를 평가했다. 흥미롭게도 게이 남성은 이성애자 남성보다 높은 점수를 받았지만, 고정관념이 업무 성과에 영향을 미쳤다. 성적 지향에 답한 게이 남성은 답하지 않은 게이 남성에 비해 점수가 낮았다. 설문 조사를 통해 본인의 성적 지향을 떠올려야 했던 게이 남성은 더 높은 수준의 불안을 표하기도 했다. 고정관념이 여기에 영향을 미쳤을 가능성이 있으며, 그 불안이 낮은 점수로 이어졌을 것이다.

성별 고정관념은 어떠할까. 이는 직장을 다니는 LGBT에게 있어 또 다른 깔때기다. 대개 우리는 성별 고정관념이 시스젠더 여성의 직무를 제한한다고 여긴다. 이는 남성에게 적절한 직업과 여성에게 적절한 직업이 구분돼 있다는 생각에서 기인한다. 하지만 이 고정관념은 LGBT의 선택도 제한한다. 고용주가 게이(혹은 양성애자) 남성이 여성적이라고 생각하거나 레즈비언이 남성적이라고 생각할 때가 그런 경우다.

일부 연관성은 명확하다. 미국에서 조사한 결과, 채용 공고가 고정관념상 전형적인 남성성(야망 있는, 주장이 강한, 공격적인, 결단력 있는)을 많이 요구할수록 고용주가 게이 남성을 더 많이 차별한다는 점이 발견됐다.[58] 이 고용주들은 게이 남성이 남성성 고정관념에 부합하지 않을 거라 생각해 채용을 고려하지 않는 것으로 보였다. 영국에서 수행된 조사에 따르면 레즈비언은 고정관념상 전형적인 여성성을 찾는 채용 공고에서 불이익을 당했다.[59]

그러나 LBT 여성은 직장에서 성적 지향에 따라 어느 정도 이득을 보고 있을지도 모른다. 이 주제에 대한 연구는 아직 초기 단계다. 고용주는 LBT 여성이 이성애자 여성보다 더 남성적이고 현재 혹은 미래에 모성애로 인해 발생할 단점이 적다고 생각해, 비교적 강점을 지닌다고 간주할 수도 있다. 또 다른 가능성은 레즈비언은 여성에 대한 고정관념에 영향을 덜 받을 수 있다는 것이다. 미국에서 수행된 연구 결과 대학생들은 레즈비언에게 자녀가 있든 없든 이성애자 남성만큼이나, 그리고 이성애자 어머니보다 더 유능하고 직장에 헌신한다고 여겼다.[60] 또 다른 조사에 따르면 LBT 여성 가운데 전형적인 고정관념에 기반한 남성성(공격적인, 자신감 있는, 용감한)을 드러낸 이들은 가상적 고용주로부터 불이익을 받지 않은 반면, 비LBT 여성은 남성적 표현을 사용했을 때 더 낮은 점수를 받은 것으로 나타났다.[61]

성별 고정관념의 좋고 나쁜 영향 모두 LGB가 동성의 이성애자와는 다른 직종에 종사하도록 유도한다(트랜스젠더 연구는 아직 없다). 미국과 프랑스에서 LGB가 종사하는 직업을 연구한 결과 레즈비언과 양성애자 여성은 이성애자 여성보다 남성 비율이 높은 직종에 종사하고 있었다. 성별 격차는 여전히 존재했지만 말이다.[62] 이성애자 여성과 비교하면 레즈비언이 컴퓨터과학자, 외과의사, 경비원 등의 직업에 더 많이 종사하는 것으로 나타났다.[63] 마찬가지로 게이, 양성애자 남성은 이성애자 남성보다 여성 비율이 높은 사회복지사, 승무원, 교육 행정가 같은 직종에 종사했다.

LGB는 직업 선택에 있어 성별 고정관념의 제약에서 벗어나고 있을까? 아니면 강한 성별 고정관념에 기반한 직업을 구하면서 더한 어려움을 겪고 있을까? 직업 패턴이 의미하는 바가 무엇인지 해석하기는 어렵지만 각각의 역학이 모두 존재할 것이다. LGB는 (이성애자) 동성이 종사하는 직종에서 일하고 있기에 성별 고정관념을 완전히 벗어난 것은 아니다. 단지 동성 이성애자보다 덜 묶인 수준이다.[64]

트랜스젠더에 관한 고정관념은 복잡하다. 지정 성별의 영향을 받을 수도, 성별 정체성의 영향을 받을 수도, 둘 모두의 영향을 받을 수도 있다. 인적자원관리를 공부하는 네덜란드 학생이 같은 자격을 갖추고 같은 직업에 지원하는 트랜스젠더 여성과 시스젠더 여성을 어떻게 평가하는지 실험한 연구가 있다. 학생들은 트랜스젠더 여성을 두고 시스젠더 여성보다 주장이 강하고 자율적이며 육아휴직을 쓸 가능성이 낮다고 평가했다. 이는 남성성 고정관념과 상통한다.[65] 학생들은 트랜스젠더 여성이 병가를 낼 확률이 높을 것이라고 예상했는데, 이는 트랜스젠더가 정신적으로나 신체적으로 아플 것이라는 부정적 고정관념과 상통한다.

LGBT는 직무 능력이나 준비된 정도가 아닌 고정관념이나 벽장 속에 머무는 일의 불편함으로 인해 특정 직종을 선택하도록 유도된다. 이런 깔때기가 존재한다는 것은 최고의 인재가 그에 걸맞은 직업을 가지지 못한다는 것을 의미한다. 이는 비효율과 경제적 손실로 이어지는 지름길이다.

LGBT의 금전적 비용 계산하기

명시적인 장벽, 암묵적인 울타리, 강력한 깔때기는 LGBT에게 많은 비용을 초래해왔다. 3장에서 다시금 다뤄질 심리적 비용에 더해, 이성애자 시스젠더와 같은 기회를 누리지 못해 발생하는 금전적 비용도 있다. 일자리를 구하지 못하거나, 승진에서 탈락하거나, 고임금 직종에서 배제되거나, 급여가 동일하게 인상되지 않는 것은 모두 수입과 더불어 생산성도 낮출 수 있는 차별의 형태다.

LGBT가 더 적게 버는지, 적게 번다면 얼마나 더 적게 버는지 파악하기 위해서는 LGBT와 비LGBT의 대표적 표본에 대한 양질의 데이터가 필요하다. 정부와 민간에서는 소득을 조사할 때 성적 지향에 관한 질문을 추가하는 추세다. 이제 호주, 캐나다, 프랑스, 그리스, 네덜란드, 스웨덴, 그리스, 영국, 미국에서 이성애자와 비교 가능한 양질의 LGB 임금 데이터를 찾을 수 있다. 또한 지금까지 두 국가가 빅데이터에 기반한 양질의 트랜스젠더 임금 데이터를 보유하고 있다. 교육, 경험, 직업, 인종, 지역 등 임금에 영향을 미치는 요인을 공유하는 사람끼리 비교할 수 있는 데이터다.* 성적 지향과 성별 정체성만 다르고 여타 특성은 동일한 사람끼리 소득 격차를 비교하면 노동 시장에서의 차별 효과를 파악할 수 있다.

거의 모든 연구에서 나타난 첫 번째 중요한 발견은 게이와 양성애자 남성이 동일한 자격을 갖춘 이성애자 남성보다 더 적게 번다는 것이다. 이러한 주제의 연구를 내가 처음으로 수행한 결과 게이 및 양성애자 남성은 이성애자 남성보다 11~27퍼센트 더 적게 벌었다.[66] 후속 연구들은 모든 국가 대부분의 지역에 유사한 임금 격차가 있다는 것을 발견했다.[67] 2015년에 경제학자 마리카 클라위터는 2012년까지 수행된 관련 연구를 모두 종합했다. 그 결과 동일한 자격을 갖춘 게이·양성애자 남성과 이성애자 간 임금 격차는 평균 11퍼센트로 나타났다.[68]

이러한 격차를 보면 게이 남성이 차별을 겪지 않는 고소득 엘리트 구성원이라는 편견이 깨진다.[69] 게이와 양성애자 남성은 높은 교육 수준

---

* 예컨대 교육 경험이 다른 사람끼리 임금을 비교하면 트랜스젠더 여부가 아닌 교육 여부로 임금 격차가 설명될 수 있으므로, 임금 격차에 영향을 미칠 만한 여타 요인은 통제해야 한다. (옮긴이)

을 갖춘 상황에서도 제이슨 손처럼 동일한 자격을 갖춘 이성애자 남성보다 소득이 적을 수 있다. 몇몇 데이터에 따르면 게이 남성이 이성애자 남성보다 교육을 더 많이 받았는데, 일부 연구에서 게이 남성의 소득이 높게 나타난 이유가 바로 이것이다. 교육 수준을 통제하면, 예를 들어 대학 학위가 있는 게이 남성과 이성애자 남성을 비교하면 게이 남성이 더 적게 벌었다.

흥미롭게도 레즈비언과 양성애자 여성 사이에서는 같은 경향의 격차가 드러나지 않았다. 클라위터가 수집한 연구들을 살펴보면 레즈비언은 같은 조건의 이성애자 여성보다 9퍼센트 더 많은 소득을 벌었다. 이렇게 명백히 드러나는 '레즈비언 우위'는 이성애자 여성보다 레즈비언이 더 많은 시간, 더 많은 주를 일한다는 사실에 일부분 기인했다.[70] 직접적으로 측정할 수는 없지만 레즈비언이 추가 근무 시간으로 더 많은 경험을 쌓고 실무 교육을 받아서 더 높은 임금을 받을 자격을 충족했다는 설명이 가능하다.

게이와 양성애자 남성은 임금 격차를 경험하지만 레즈비언과 양성애자 여성은 더 높은 임금을 받는다. 경제학자들은 이러한 소득 패턴의 차이가 차별에서 비롯됐는지, 혹은 그저 의사결정을 내리는 배경이 달라서 생겨났는지를 두고 토론해왔다. 레즈비언들은 남성 파트너들이 기대하는 여성의 역할로부터 자유로워지면서 가사와 돌봄 노동에 주된 책임을 지는 대신 유급 노동 시장에서 인생 경험을 쌓을 수도 있다(대부분의 데이터에서 이를 직접적으로 측정하기는 어렵다). 반면 이성애자 여성은 전통적 성역할에 기반한 책임을 다하느라 경험이나 새로운 기술을 놓칠 수 있다. 또한 레즈비언에게는 남성 소득자가 없으니 가족을 부양하기 위해 일을 더 많이 하고 경험을 더 많이 쌓아야 할지도 모른다. 한번 남성과 결혼했던 레즈비언의 경우 '레즈비언 우위'가 덜하다는 사실에 비춰보면 가능성 있는 해석이다.[71] 또한 여전히 여성이 남성에 비해 (소득이 적다는) 성별 격차에 직면하고 있다는 점을 주지할 필요가 있다. 레즈비언도 이 불행한 명제에서 예외는 아니다. 이들은 단지 가장 낮은 소득 구간(이성애자 여성)보다 조금 더 벌고 있을 뿐이다.

다만 같은 논리를 게이 남성에게 적용하는 것은 설득력이 떨어진다. 게이 남성은 더 많이 버는 남성 파트너를 두고 있으므로 노동 시장에서 급여를 위해 일할 책임이 덜 것이라는 주장에 관한 이야기다. 일부 게이 남성은 파트너가 있는 경우 경험이나 실무 교육을 받는 양을 줄일 가능성이 있다. 싱글인 게이 남성과 이성애자 남성 간 격차보다 파트너가 있는 게이 남성과 이성애자 남성 간 격차가 더 크다. 명확한 증거도 존재한다. 동성 파트너가 있는 남성은 여성과 결혼한 남성보다 어째서인지 더 적게 일한다.[72] 다만 앞서 언급했듯 게이 남성은 우리 생각보다 교육 수준이 낮지 않다. 따라서 이들이 임금 격차까지 감수하면서 실무 교육 등을 적게 경험하는 이유가 명백하지 않다.

레즈비언 임금 프리미엄으로 추정되는 현상 또한 이들이 고용 차별에서 벗어나 있다는 의미는 아니다. 앞서 언급된 게이와 레즈비언 지원자의 면접 실험이 차별의 증거를 명백히 보여준다는 사실을 기억하자. 경제학자 닉 드라이다키스가 사이프러스, 그리스, 영국에서 수행한 연구에서, 연구팀은 면접자에게 고용주가 면접 약속을 잡으면서 임금을 얼마나 제시했는지 물었다. 세 국가의 실험 모두에서 게이나 레즈비언을 면접 보고자 하는 고용주는 이성애자 지원자를 면접 보고자 하는 고용주보다 더 낮은 금액을 제시했다.

자세한 경제학 연구를 종합하면 LGB는 차별에 직면하고 있다. 이들을 저임금 직종으로 유도하거나 고소득 직종으로 진입하지 못하도록 가로막는 차별이다. LGB 집단의 소득을 광범위하게 살펴본 연구들은 게이와 양성애자 남성의 소득 격차를 발견했다. 그런데 레즈비언은 이성애자 여성보다 더 많이 버는 것처럼 보였다. 그러나 이들도 노동 시장에서 차별을 경험하는 중일 가능성이 있다. 단지 연구자가 LGB 여성과 이성애자 여성 간 차이를 발생시키는 요인을 모두 관찰할 수 없을 뿐이다.*

트랜스젠더는 LGB에 비해 소득 격차 데이터와 연구 사례가 훨씬 적다. 다만 이용 가능한 데이터를 분석하면 차별이 임금에 악영향을 미친다는 결론을 도출할 수 있다. 네덜란드 연구진들은 2003년부터 2012년까지의 세금 기록과 인구 등록부를 토대로 트랜지션 전후를 비교할 수 있는 트랜스젠더를 식별했다.[73] 연구자들은 성호르몬 요법 또는 성확정 수술(성별 재지정 수술)을 받거나 공식 인구 기록에서 성별 표기를 바꾸는 과정을 트랜지션이라고 정의했다. 수술적 치료를 받지 못한 트랜스젠더를 식별할 수는 없었기에 해당 연구는 트랜스젠더 일부만을 포착한 것이다.

2003년 데이터에 따르면 트랜지션 이전 트랜스젠더 남성(지정 성별

---

* 두 집단을 동일 조건하에서 비교하면 LGB 여성이 차별로 인해 경험하는 임금 격차를 포착할 수 있다는 의미다. (옮긴이)

여성이 남성으로)이 시스젠더 남성이나 트랜지션 이전 트랜스젠더 여성(지정 성별 남성이 여성으로)보다 소득이 훨씬 적었고, 시스젠더 여성보다는 약간 적게 벌었다. 2012년이 되자 트랜지션 이후 트랜스젠더 남성은 총소득 및 시간당 소득이 트랜지션 이전과 거의 같은 수준이었다. 시스젠더보다 더 많이 일했지만 더 적게 번 것이다.[74]

경제적 변화는 트랜스젠더 여성에게 더욱 가혹하다. 이들의 소득, 시간당 임금, 근무 시간은 트랜지션 과정에서 모두 서서히 감소한다. 시스젠더 남성의 연간 소득 대비 트랜스젠더 여성의 소득은 트랜지션 이후 18퍼센트 감소한다.

연구자들은 두 그룹 모두 소득에 영향을 미치는 두 가지 변화를 경험한다고 주장한다. 트랜지션에 따른 소득 불이익과 성별 효과가 이에 해당한다. 트랜스젠더 남성은 트랜지션 불이익을 상쇄할 만큼 남성으로서의 성별 이익을 얻는 것으로 보인다. 반면 트랜스젠더 여성의 트랜지션 불이익은 여성으로서 겪는 성별 불이익과 더불어 강화된다. 미국에서 진행된 트랜스젠더 연구도 트랜지션 불이익과 각기 다른 성별 효과에 관련된 유사한 패턴을 발견했다.[75] 해당 연구가 모든 트랜스젠더를 대변하는 것은 아니겠지만 말이다.

미국에서 경제적 비교가 가능하도록 성별 정체성을 질문하는 조사는 정부의 대규모 인구 조사인 국가보건조사 하나뿐이다. 이 조사에서 트랜스젠더 데이터를 추출한 연구가 두 개 있는데, 이 연구들 또한 트랜스젠더의 경제력이 좋지 않다는 것을 발견했다.[76] 경제학자 크리스토퍼 카펜터와 동료들은 2014년부터 2017년까지의 조사를 이용해 가구 내 성인의 수와 개인적 건강, 교육, 연령, 인종, 가구 규모 특성의 차이를 감안해도 시스젠더와 트랜스젠더의 가계 소득 격차가 크다는 것을 발견했다. 트랜스젠더의 가구 소득은 시스젠더 남성의 가구 소득보다 17퍼센트 낮았다. 트랜스젠더 여성과 트랜스젠더 남성을 분리해서 봐도 소득 양상은 유사했다. 다만 트랜스젠더 젠더비순응자는 시스젠더 남성에 비해 소득 격차가 덜했다.

소득과 임금에 관한 연구를 보면 노동 시장에서 LGBT를 대우하는 방식이 그들의 경제적 후생에 영향을 미친다는 점을 알 수 있다. LGBT 정체성으로 인해 생기는 차이는 성적 지향과 성별 정체성만큼이나 지정 성별과도 관련 있다. 트랜지션 전에 트랜스젠더 여성은 남성 지정 성별로서 (시스젠더 여성에 비해) 소득 증진을 경험했다. 그러나 트랜지션 이후 이들의 소득은 시스젠더 여성의 수준만큼이나 감소한다. 트랜스젠더 남성의 임금은 트랜지션 이전이나 이후나 시스젠더 여성의 수준에 머문다. 대부분의 연구는 게이와 양성애자가 이성애자보다 적게 번다는 것을 보여준다. 레즈비언과 양성애자 여성은 이성애자 남성과 게이 남성보다 적게 벌지만, 일부 연구에서는 이성애자 여성보다 더 많이 번다. 레즈비언과 양성애자 여성이 이성애자 여성보다 경험을 더 많이 쌓고 더 높은 수준의 기술을 갖추었기 때문일 가능성이 크다. 이러한 요인은 측정이 불가능하므로, 연구에서는 두 집단을 동일한 조건 하에서 비교하지 못했다. 만일 경험과 기술 수준이 같은 집단을 동일 선상에서 비교했다면 어떤 결과가 나왔을지 모른다.

우리 모두의 비용

전반적으로 상황은 그다지 좋지 않다. LGBT는 잘 맞지 않는 직업 쪽으로 자신을 밀어 넣는 벽, 울타리, 깔때기로 인해 저임금을 받는 불이익을 당한다. 게이는 유복하다는 오해가 있는데, 이들은 실제로는 특권층의 모습을 하고 있지 않다. 저임금으로 인해 LGBT는 충분한 식품과 주택에 대한 접근성, 소비재 구매 능력, 자녀 양육비, 저축 능력 등과 같이 일생에서 소득과 관련된 여러 결정의 순간에서 영향을 받는다.

벽, 울타리, 깔때기, 임금 격차에 대한 또 다른 관점이 있다. 우리 모두가 차별로 시간과 노력을 낭비한 대가를 치른다는 것이다. 인적 자원 손실을 생각해보라. 벽장이 유지되면 LGBT는 모든 것을 온전히 발휘하지 못하고 직무에 활용할 수 있었을 에너지를 소모한다. 가장 자격 있는 사람이 우연히 LGBT라는 이유로 고용되거나 승진하지 못하다면, 우리는 이들의 기여분 일부를 잃는다. 직장 내 괴롭힘으로 인해 LGBT는 직무를 제대로 수행하기 어려워진다. 고정관념 때문에 자기 기술과 관심에 가장 잘 들어맞는 직무를 추구하지 못할 수도 있다. 비용은 이렇게 계속 추가된다.

누군가는 이렇게 물을 수 있다. 앞서 논의된 실험과 같이 LGBT 대신 비LGBT가 고용되더라도 자격에는 차이가 없다면? 실업률이 높은 경기 침체기나 개발도상국에서 이런 상황을 잘 볼 수 있다. 자격을 갖춘 사람은 많은데 일자리는 부족한 경우다. 이 경우 차별적 채용으로 고용주가 손해를 보지 않겠고, 사업에 경제적 영향이 미치지도 않을 것이다. 괴롭힘과 여타 부당한 대우로 인해 해당 산업에서 LGBT 직원의 생산성은 떨어지겠지만 말이다. 더 넓은 사회적 차원에서 차별적 대우는 건강 문제로 귀결되어, 젊은 LGBT가 훈련과 교육을 적게 받겠다고 결심하는 계기가 될 수도 있다. 불행한 피드백 효과다. 누가 어떤 종류의 일을 해야 하는지를 규정하는 성별 고정관념도 강화된다. 이는 LGBT 보다 훨씬 더 큰 근로자 집단인 시스젠더 여성에게도 피해를 입힌다.

그러나 많은 경우에 LGBT를 차별한 채용 담당관은 자격이 부족한 사람을 채용하게 될 것이다. 이 시나리오는 매우 다른 영향을 미친다. 예컨대 '프리티Pretty'라는 필명으로 레즈비언의 삶에 관해 쓴 우간다 축구 코치의 사례가 있다.[77] 그는 레즈비언이라는 사실을 밝히지 않았지만 우간다 축구계에서 자신의 성에 대한 소문이 돈다는 사실을 알고 있다. 프리티에 따르면 그의 상사는 이러한 소문으로 인해 프리티 대신 자격이 모자란 사람에게 새로운 기회를 주었다. 축구계에서 이러한 차별은 자격을 더 많이 갖춘 프리티와 같은 코치를 잃음으로써 팀이 더 성공할 기회를 놓치는 것을 의미한다.

경제학자들은 이러한 차별이 분명하게 비효율을 초래한다고 해석한다. 직무에 가장 적합한 사람이 채용되지 않아서 대신 채용된 사람이 그만큼 성과를 올리지 못하거나 고용주 혹은 경제를 위해 그만큼 기여하지 못하는 것이다. 경제학자 게리 베커는 인종차별이 정확히 이 이유로 인해 기업에 피해를 준다고 주장했다. 근로자가 생산성을 다 발휘하지 못하면 고용주는 필요 이상으로 지출해야 한다. 이는 비용 증가로 이어져 차별이 덜한 기업과의 경쟁에서 취약해지는 결과를 낳는다.[78]

왜 기업들은 수익에 미치는 악영향을 인지하고 종결하지 못하는 것일까. 기업이 차별을 줄일 필요성을 알아차릴 때도 있다. 고숙련 근로자를 채용하고 유지하기 힘들 때가 특히 그렇다(4장에서 사업가가 들려주는 관련 이야기를 더 다룰 예정이다). 그러나 연구에 따르면 편견을 가진 상사나 동료의 차별적인 행동을 근절하는 것은 조직과 기업에 간단한 일이 아니다. 다양성 훈련과 같은 일반적인 접근 방식만으로는 효과를 거두기 어렵다.[79] 상사가 신념에 근거한 편견이나 남녀에 관한 편협한 고정관념에 따라 행동하는 경우도 있다. 이러한 관념이나 믿음은 다른 고용 동기들을 덮어버릴 수 있다. 특히 본인이 유발하는 경제적 비용을 고용주가 인지하지 못한다면 말이다. 차별적 행동을 막는 명확한 공공 정책과 내부 규칙이 중요한 이유다.

회복탄력성: 가장 좋은 시나리오?

마지막으로, 최선의 시나리오가 무엇일지 생각해보자. 편견과 관련해 그런 긍정적인 상황이 존재할 수나 있다면 말이다. LGBT가 차별로 직업을 잃거나 편견을 마주할까 두려워 특정 직업을 추구하지 않다가, 능력과 선호도에 부합하거나 그 이상의 아주 적합한 일을 얻는 상황이 아마 이에 해당할 것이다. 심리학자들은 낙인 찍힌 집단의 일부는 회복탄력성이 높고 억압적인 상황에서도 좋은 삶을 만들어낼 수 있다고 설명한다. 나 또한 여러 지역을 방문하면서 이런 사람들을 만나본 경험이 있다.

몇 년 전, 중동 어느 국가의 살만 누리(가명)는 미칠 듯이 그만두고 싶은 따분한 직업을 가지고 있었다.[80] 그러던 그는 정체성을 스스로 인정하고 커밍아웃하기 시작하면서 성적 자유와 신체적 자주권을 홍보하는 블로그를 만들었다. 이후 블로그를 통해 쌓은 인맥과 작가로서의 대외 이미지를 토대로 성공적인 소설을 집필했다. 그의 초기작은 전통적 성별 역할과 결혼에 대한 사회적 기대로 고생하는 여성과 게이의 이야기를 아름답게 탐구했다. 책이 베스트셀러로 등극하면서 그는 석사

학위를 취득하러 유학을 갈 수 있었다. 그 결과 그는 고향으로 돌아와 훨씬 나은 직장에 취업했다.

호모포비아는 누리 본인과 그의 경력에 어떤 영향을 미쳤을까? 그는 "결국 우리가 어떻게 반응하는지에 따라 모든 것이 결정된다고 생각한다"면서 "우리의 문화적 유산이 얼마나 가혹하든지 간에 피해자성에 집중하지 않고 이득을 얻을 방법을 어떻게든 찾을 수 있다"고 말했다. 성공적인 소설가가 되고 매력적인 직장에 안착하는 과정은 LGBT가 겪는 경험의 다양한 범주를 보여준다.

영국의 작은 마을에서 자란 브래들리 세커는 괴롭힘을 당했다. 이를 통해 세커는 고난을 이겨낼 원동력을 얻었다. 그는 현재 유년기의 고충을 뒤로하고 성공적인 사진가로 지내면서 타국에 거주하고 있다. 그러나 게이 정체성이 그의 성공을 방해한다. "사진가 활동에 가장 두드러지게 영향을 미치는 것은 아마도 사람들이 나를 중동에서 유일무이한 '게이 사진기자'로 인식하는 것이다. 사람들은 내가 작업할 법한 주제를 한정 짓고, 특정 주제에 대해서만 작업을 제안한다."

여러 면에서 둘의 이야기는 해피 엔딩으로 끝난다. 두 사람 모두 힘겹게 시작한 끝에 경제적 성취와 만족스러운 직업을 얻었다. 사람들은 충분히 이렇게 이야기를 포장할 수 있고, 나 또한 현실을 부인하지 않는다. 특히 관용이 부족하고 외부와 거의 단절된 곳에서 인권을 침해당할 때 낙인과 폭력에 대한 회복탄력성, 공동체와 삶을 구축하는 끈기가 LGBT의 주무기로 자리잡았을 것이다.

그러나 이는 호모포비아와 트랜스포비아가 LGBT의 삶을 좌우하는 방식의 일부 단면만을 보여줄 뿐이다. 호모포비아와 트랜스포비아가 없는 평행우주가 비교군으로 존재하지 않는 이상, 이들이 다른 세상에서는 어떤 삶을 살았을지 알 수 없다. 호모포비아를 가진 상사가 이들의 회복탄력성을 시험해보려고 기다리고 있을지도 알 수 없다. 회복탄력성은 또한 마법처럼 편견과 혐오를 해소하지도 않는다. 회복탄력성은 거저 주어지는 전략이 아니며, 계속해서 자원을 필요로 한다.

따라서 회복탄력성은 개인을 돕는 과정이자 존재 방식이지만, 호모포비아와 트랜스포비아를 없애야 하는 사회의 책무를 개인의 능력이 면해주지는 않는다. 호모포비아와 트랜스포비아는 포용에 잠재된 이익의 실현을 늦추면서 사회적 비용을 더하는 등 다른 방식으로도 비용을 초래한다. 다음 장에서는 낙인, 차별, 폭력의 경험이 정신과 신체에 어떻게 각인되는지 탐구할 것이다.

제3장
건강: 낙인 찍힌 이의 진단서

잉신은 중국 중부의 작은 도시 샹양에서 자랐다. 어릴 적 꿈은 UN 사무총장이었다. 대학원 진학 이후 잉신은 꿈을 향한 첫걸음이 될지도 모를 활동가의 길을 택했다. 그는 인터넷에서 다른 레즈비언들과 연결되었고, 그들과 함께 2010년 LGBT 조직 우한레인보Wuhan Rainbow를 설립했다. 졸업 이후 베이징LGBT센터에 취직했고 1년 만에 센터장이 되었다. 센터는 2018년 설립 10주년을 맞았다.

LGBT라는 이유로 낙인 찍히지 않았더라면 그를 비롯해 중국인 LGBT의 삶이 어땠을지 질문했다. 그는 "더 많은 사람이 사회에 더 많이 기여했을 것"이라 답했다. "우울증도 덜했겠죠. 수많은 LGBT가 우울에 시달리면서도 도움을 받지 못합니다. 지역사회에서 일하다 보면 도움을 받지 못하는 정신적 (건강) 문제가 있는 사람들을 많이 만납니다."

잉신의 분석을 고려하면 베이징LGBT센터가 행사 및 연구와 더불어 지역사회에 서비스를 제공하는 데 주력하는 것은 놀라운 일이 아니다. 센터에서 가장 인기 많은 서비스는 대면 및 비대면 정신과 상담이다. 센터는 치료사들을 교육하고 정신 건강 등 LGBT가 직면한 문제를 연구하기도 한다.

LGBT 포용을 위한 세계적 투쟁의 또 다른 리더인 패브리스 후다는 프랑스에서 미국으로 건너가 경영전문대학원 석사학위를 취득했다. 그는 LGBT에게 더욱 관대한 사회적 분위기에 이끌려 미국에 남기로 결심했지만, 많은 것을 포기해야 했다. 가족과 네트워크를 뒤로해야 했고 프랑스에서 경력을 시작하는 데 도움이 됐을 안전망과 사회적 자본을 잃었다. 그럼에도 그는 세계은행에 LGBT 이슈를 소개하고 호모포비아의 비용에 관한 논의를 시작하는 등 전문적으로 매우 뛰어난 성과를 거두었으며, 기업이 LGBTI를 대우하는 기준을 도입하도록 독려하는 UN 캠페인을 기획하고 실행했다. 그의 페이스북 친구들을 매료시킨 쌍둥이 남자아이들을 양육하면서 말이다.

페이스북은 그가 게이들의 삶의 이면을 보는 곳이기도 하다. 그는 페이스북에서 간 질환, 자살, 중독, 사고로 세상을 떠난 친구들의 소식을 접하고, 호모포비아 환경에서 자란 친구들과 상처를 공유했다. 하지만 동시에 자신은 그러한 상처를 이해하고 극복할 자원이 있는 특권층이라는 사실도 인지하고 있었다. (그가 만든) LGBTI를 위한 기업 행동 표준에 낙인과 차별에 따른 건강 비용은 명시되어 있지 않다. 하지만 후다는 호모포비아의 비용에 대해 얘기할 때면 가장 먼저 건강을 언급하곤 한다.

잉신과 패브리스 후다가 만난 LGBT들은 전 세계 많은 LGBT가 공유하는 경험을 잘 보여준다. 바로 호모포비아와 트랜스포비아가 LGBT를 병들게 한다는 것이다. 수백 개의 연구가 뒷받침하는 이러한 결론을 LGBT 자체가 질병이라는 또 다른 주장으로 오해해서는 안 된다. 이 장에서는 동성에게 끌리거나 성별과 불일치하는 젠더 표현 혹은 정체성을 지니는 것이 인류의 성 및 젠더의 지극히 정상적인 변이라는 점을 설명하는 것으로 시작하겠다. 이는 정신 건강 전문가들이 전 세계적으로 합의하는 바이기도 하다.

낙인, 폭력, 차별, 거부로 인한 삶의 난관은 LGBT의 정신적·신체적 건강에 타격을 준다. LGBT의 건강을 해치는 것은 이들의 경제적 잠재력을 저해하는 것과 같다. LGBT는 다른 모든 이와 마찬가지로 경제적 역할을 수행하는 데 인적 자본을 투입하며, 건강은 그 인적 자본의 일부다. 그런 맥락에서 건강 문제는 경제에 해를 입힌다.[1] 정신적·신체적으로 건강하지 않은 청소년은 일반적으로 시험 점수가 낮고, 학교를 다니는 햇수가 적으며, 성인이 되었을 때의 미래 소득과 채용 기회를 잃는다. 건강이 나쁘거나 장애가 있는 성인은 적게 벌고, 적게 일하고, 낮은 생산성을 발휘할 가능성이 높다. 건강 수준이 높은 국가는 1인당 GDP도 높으며, 국가 간 건강 격차는 일부 국가가 다른 국가보다 부유한 이유를 설명하는 요소 가운데 하나다.

건강은 그 자체로서 목표이자 교육과 번영을 위한 수단이다. UN의 SDGs(국제개발활동의 주요 기조)에 양질의 교육과 일자리뿐만 아니라 모든 사람의 건강이 포함된 것도 그래서다.[2] 이러한 이유로, 건강은 LGBT 포용과 경제를 잇는 핵심 연결고리다.

LGBT 정체성은 질병이 아니다

건강과 동성애(또는 젠더비순응성)의 연관성을 찾는 일은 오래전부터 시작됐다. 19세기 후반 유럽의 정신과 의사와 초기 성性과학자는 동성애와 젠더횡단자gender-crossing people를 진지하게 연구한 최초의 과학자들이었다. 당시 많은 정신과 의사는 동성애를 이전의 관점처럼 죄스러운 변태 행위로 보기보다 치료해야 하는 질병으로 규정했다. 그러나 해브록 엘리스, 에드워드 카펜터, 마그누스 히르슈펠트, 심지어 지그문트 프로이트 같은 선구적인 심리학자들은 동성애가 질병이라는 생각에 저항했다.[3]

앨프리드 킨제이와 에벌린 후커 같은 후기 연구자들은 동성과의 성 행동과 동성에 대한 끌림이 얼마나 보편적인지(킨제이), 이성애자 남성이 보편적인 심리 건강 검사에서 동성애자 남성과 얼마나 구별되지 않는지(후커) 보여주는 혁신적인 방법론을 이용했다.[4] 이러한 다수의 연구 결과는 1973년 미국정신의학회가 『정신질환 진단 및 통계 편람 Diagnostic and Statistical Manual of Mental Disorders』(DSM) 질병 목록에서 동성애를 삭제하기로 결정하는 데 영향을 미쳤다. 연구는 현장 안팎의 활동가들이 동성애를 비병리화해야 한다는 주장을 펼치기 위해 필요한 데이터를 제공했다.

1973년의 변화가 비병리화 시대의 시작점이었다. 2013년에 이르러 DSM 제5판의 목록에서 성적 지향에 기반한 질병의 마지막 흔적이 사라졌다.[5] 트랜스젠더 또한 더 이상 질병으로 간주되지 않지만, 트랜지션 관련 보험을 적용받으려면 진단명이 중요하므로 성별 정체성에 대한 언급을 삭제하는 일은 더욱 복잡한 문제였다. 이러한 필요성과 낙인을 줄일 필요성 사이의 균형을 맞추고자 '성별 불쾌감gender dysphoria'이라는 병명이 DSM 제5판에 남아, 지정 성별과 다른 성별 정체성 및 표현으로 인한 '임상적으로 유의미한 고통'을 포착한다.[6]

전 세계적으로 무엇이 질병인지 판단하는 업무는 세계보건기구WHO
의 손에 달려 있다. WHO도 유사한 결론에 도달했다. 레즈비언, 게이,
양성애자, 트랜스젠더, 젠더비순응과 같이 WHO가 '성별 불일치gender
incongruence'라고 일컫는 것들은 질병이나 장애가 아니다. WHO는 전
세계적으로 질병 퇴치, 건강 개선, 의료 서비스 접근성 확대를 위한 활
동을 조정하는 UN 기구다. 이러한 소임의 일환으로 WHO는 194개 회
원국이 비준하는 국제질병분류ICD를 발행하고 있다. 국제질병분류는
전 세계적으로 인정되는 질병과 건강 상태의 목록으로, 의료 종사자를
안내하고 질병과 사망에 관한 건강 통계를 표준화하는 데 사용된다.
WHO는 1990년 성적 지향을 장애 목록에서 삭제했으며 2018년에는
성별 불일치를 삭제했다.[7]

세계적으로 LGBT가 질병이 아니라는 판단이 내려졌음에도 일부
LGBT는 성적 지향과 성별 정체성을 바꾸도록 강요받는다. 잉신에 의
하면 이는 중국에서 흔히 볼 수 있는 관행이다.[8] 중국에서 동성애는
1997년에 비범죄화됐고 2001년 정신 장애 목록에서 삭제됐지만, 일부
의료계에서는 여전히 개인의 성적 지향과 성별 정체성을 바꾸기 위한
소위 전환 치료conversion therapy를 제공하거나 추천한다. 중국 LGBT
800명을 조사한 베이징LGBT센터의 2014년 연구에 따르면 대부분의
응답자가 전환 치료에 대해 들어봤으며, 특히 웹사이트 광고를 통해서
이를 접했다. 10명 중 1명은 가족이나 사회로부터 전환 치료를 고려하
라는 압력을 받은 적이 있다고 답했다. 가족들은 때로는 LGBT 자녀를
'치료'하고자 위협이나 강압적인 방법을 이용했다. 미국에서는 LGBT
성인 약 70만 명이 일생 동안 한 번 이상 이러한 경험을 한 것으로 추정

된다.[9] LGBT 청소년 수만 명이 여전히 성별 정체성이나 성적 지향을 바꾸려는 시도에 묶여 있을 것이다.

많은 경우 종교적 성향을 띠는 제공자가 '치료'를 행하는데, 치료보다는 고문에 가까워 보인다. 일부 국가에서 강제로 '치료'받은 사람들이 보고한 내용에는 납치, 감금, 강제 약물 투여, 굴욕, 위협, 고립, 식량 제한, 전기 충격, 강간 등이 있었다.[10] 에콰도르의 레즈비언 소라야는 자기 연인이 납치된 이야기를 인권운동가에게 들려줬다.

이웃이 말해주기를, 비비아나는 소리를 지르며 도움을 요청하다가 강제로 차에 태워졌대요. 범죄자를 대하는 것보다 더 가혹했다더군요. 집을 나서자마자 그에게 수갑이 채워졌다는 것을 저는 그렇게 알게 됐죠. (…) 그들은 비비아나를 강제로 붙잡은 거예요. (…) 수갑이 채워진 채 택시로 끌려 들어가는 장면을 모든 이웃이 다 봤어요. 야자이라, 그 치료사는 비비아나를 때렸어요![11]

도덕적·윤리적 반대를 차치하더라도 전환 치료는 효과도 입증되지 않았다.[12] 한때 성적 지향 전환을 홍보하던 대표적인 단체였던 엑소더스인터내셔널Exodus International은 그들의 실패를 매우 강렬하게 설명한다.[13] 공동창립자 마이클 버시는 조직의 다른 남성 리더와 관계를 맺으면서 탈퇴했다. 조직의 남성 이사는 워싱턴의 게이바에서 성적 파트너를 찾다가 이혼당했다. 마지막 단체장이었던 앨런 챔버스는 10대 시절 프로그램을 이수하고 여성과 결혼했다. 그러나 시간이 지나며 전환 치료가 남성을 향한 끌림을 근절하지 못했다는 것을 깨달았다. 치료는 다른 사람들에게도 그다지 효과적이지 않아 보였다. 2013년 챔버스는 엑소더스인터내셔널 프로그램이 LGBT에게 초래한 고통에 대해 공개적으로 사과하고 조직을 폐쇄했다. 엑소더스글로벌얼라이언스는 계속 존속하고 있지만 말이다.

LGBT의 성별 정체성과 성적 지향을 바꾸려는 시도가 지속되는 가운데서도 이 해로운 관행을 근절하려는 노력이 전 세계적으로 확대되고 있다. 브라질, 에콰도르, 말타는 전환 치료를 금지했다. 캐나다, 스페인, 미국에서도 이를 금지하는 주 정부가 늘어나고 있다.[14] 호주, 브라질, 캐나다, 코스타리카, 홍콩, 이스라엘, 레바논, 파라과이, 필리핀, 남아프리카공화국, 태국, 튀르키예, 미국 등에 소속된 전 세계 수많은 전문 조직이 치료를 비판하고 사람들이 치료받지 않도록 권고하고 있다.[15] 인도네시아와 말레이시아만이 LGBT를 정신질환자 혹은 치료가 필요한 사람으로 분류하고 있다.[16]

전환 치료는 LGBT를 향한 낙인을 나타내는 지표이며 LGBT의 완전한 사회적 포용에 대한 반발의 상징이다. 의료 전문가가 더 이상 동성애나 트랜스젠더를 질환이라고 간주하지 않는 지금도, 네덜란드와 미국같이 LGBT를 포용하는 공공 정책을 갖춘 국가에서조차 전환 치료가 시행되고 있다. 차별, 괴롭힘, 폭력과 마찬가지로 LGBT 정체성을 근절하자는 압력은 LGBT에게 찍히는 낙인의 근간들 중 하나다.

성적 지향과 성별 정체성에 따른 건강 격차

의료 전문가들이 LGBT를 질병으로 여기지 않는다는 점은 긍정적인 소식이다. 그러나 현존하는 (LGBT 차별적인) 공공 정책이나 사회적 여건이 질병을 유발할 수 있다. 호모포비아와 트랜스포비아로 인해 LGBT가 신체적·정신적 건강 질환에 취약하다는 점을 이 장의 나머지 부분에서 서술하고자 한다.

2000년부터 수없이 많은 연구가 LGBT와 비LGBT의 건강을 비교했으며, 그중 상당수가 LGBT에 대한 양질의 데이터(개인들의 무작위 표본 데이터)가 있는 유럽과 북아메리카 등의 지역에서 수행되었다. 남아메리카와 동남아시아 같은 다른 지역에서도 LGBT와 시스젠더 이성애자 사이 건강 격차가 얼마나 보편적인지 보여주는 연구가 더 많아지기 시작했으며, 트랜스젠더에 관한 연구도 점진적으로 나타나고 있다. 많은 연구가 인구 기반의 무작위 표본을 활용한 대규모 설문 조사가 아닌 커뮤니티 기반의 표본을 활용한 데이터를 사용하고 있다. 하지만 인구 기반의 확률 표집 자료를 활용한 연구들과 함께 LGBT의 삶에 대한 중요한 통찰력을 제공한다.

그 양이 방대하기에 연구 결과를 하나씩 살펴보기는 어렵다. 다행히도 명성 높은 보건학자들이 이 작업을 맡아 결과를 깔끔하게 정리했다. 학술지에 게재된 연구 리뷰 외에도 명망 있는 미국의학원Institute of Medicine, IOM(전미과학공학의학한림원의 일부로, 현재 미국의학한림원 National Academy of Medicine으로 알려져 있다)의 보고서가 있다.[17] 2011년 의학원은 LGBT 건강 연구를 평가하고자 저명한 연구자들로 패널을 구성했다. 패널은 대부분의 LGBT가 정신 건강 문제를 보고하지 않는 한편 LGBT가 비LGBT보다 정신 건강 문제와 일부 신체적 건강 문제를 경험할 확률이 높다는 증거가 명확히 존재한다고 결론지었다. 이 모든 리뷰를 통해 근거가 매우 탄탄하다고 여겨지는 공통 영역이 식별되

었으며, 그 대부분은 미국 이외 지역의 데이터도 충분히 포함하고
있다.

자살

비LGBT보다 LGBT 중에서 자살을 시도하거나 고려하는 성인이 더 많
다는 점이 여러 연구에서 밝혀졌다. 7개국의 연구를 검토한 결과 성인
LGB는 성인 이성애자보다 자살을 시도한 경험이 2배 많았고, 한국 데
이터에서도 유사한 양상이 발견됐다.[18] 호주와 벨기에, 캐나다, 괌, 홍
콩, 뉴질랜드, 노르웨이, 스위스, 튀르키예, 미국에서 수행된 연구에 따
르면 청소년 LGB도 자살을 시도하거나 고려할 위험에 노출되어 있
다.[19]

트랜스젠더는 LGB만큼 데이터가 흔하지 않지만, 의학원은 트랜스
젠더의 자살 시도율 및 생각률이 LGB보다 높다는 증거를 찾았다. 최근
한 연구에서 트랜스젠더의 자살 시도 데이터를 검토한 결과 아르헨티
나, 벨기에, 브라질, 캐나다, 독일, 이탈리아, 일본, 네덜란드, 노르웨이,
영국, 미국에서 매우 높은 자살시도율이 관찰됐다.[20]

몇 가지 예시를 통해 이러한 격차가 얼마나 심각한지 알 수 있다. 미
국에서 트랜스젠더 6000명을 조사한 결과, 전체 인구의 자살시도율은
4.6퍼센트인 반면 트랜스젠더의 자살시도율은 41퍼센트에 달했다.[21]
차별이나 폭력을 경험한 트랜스젠더는 자살시도율이 더 높았다. 아르
헨티나에서는 여성 트랜스젠더 482명 가운데 3분의 1이 일생에서 한
번은 자살을 시도한 경험이 있으며, 직전 해에만 시도율이 3퍼센트에
달했다. 이는 해당 연구에서 인용한 전체 자살시도율의 10배가 넘는 수

준이다.[22]

　자살 통계에는 가슴 아픈 사연이 숨어 있다. 락스미 갈란과 미라 바이라차랴의 사연을 예로 들 수 있다.[23] 락스미와 미라는 네팔에서 사랑에 빠졌지만 가족이 이들을 떨어뜨려놓았다. 미라의 가족은 그가 락스미와 도망가지 못하도록 감금했다. 이 상황에서 충격을 받은 미라는 음독자살을 시도했고 17일 동안 무의식 상태로 입원했다. 락스미는 미라가 병원에서 도망치도록 도왔지만 결국 락스미의 아버지가 이들을 찾아내 구타했다. 락스미의 아버지로부터 가까스로 탈출한 두 여성은 카트만두로 돌아와 LBT 여성을 위한 봉사 단체를 설립했다.

　LGBT 자살에 대한 양질의 통계는 없지만, 인권 연구자들은 일본인 트랜스젠더 남성 다카의 이야기를 보고서에 담았다. 의료 종사자인 그의 가족과 고용주는 모두 다카를 남성으로 받아들이길 거부했다. 채용 차별은 다카에게 특히나 심각한 타격을 주었고, 그는 결국 입사 지원서에 자신이 여성이라고 기록했다. 다카는 우울에 시달리며 수년 동안 자살을 고려했다. 살 이유가 없다는 것이었다. 결국 그는 온몸에 휘발유를 붓고 불을 질렀다. 그 후 회복했지만 연구원들과의 마지막 인터뷰로부터 6개월 후 다시 자살을 시도하고 사망했다.[24]

우울증과 불안감

미국의학원은 비LGBT보다 LGBT가 우울증과 불안감을 보고하는 비율이 높다고 결론지었다. 전염병학자 마이클 킹 등의 연구자들이 인용한 리뷰 논문에 따르면 LBT는 이성애자보다 1.5배 높은 확률로 우울증과 불안감을 겪을 위험에 노출돼 있었다.[25] 최근 미국 무작위 표본 데이

터를 분석한 연구 결과 트랜스젠더는 시스젠더보다 우울증의 위험이 2~3배 높다.[26]

약물 사용 substance use

LGBT가 비LGBT보다 흡연, 음주, 마약 이용 비율이 높다는 점이 많은 연구에서 드러났다. 미국의학원은 레즈비언이나 양성애자 여성이 이성애자 여성보다 이러한 비율이 확실히 높다고 결론지었다. 호주와 캐나다, 중국, 멕시코, 한국, 스위스, 대만, 미국을 조사한 다른 리뷰 논문들 또한 성인 레즈비언, 게이, 양성애자가 성인 이성애자보다 흡연할 가능성이 높다는 것을 발견했다.[27] 호주, 캐나다, 뉴질랜드, 태국, 미국의 청소년 연구 또한 흡연, 음주, 마약 이용 비율이 더 높다는 점을 보여준다.[28] 레즈비언, 게이, 양성애자 청년의 약물 이용률이 이성애자 청소년보다 3배 높았다.

인간면역결핍바이러스HIV와 함께 살아가기

신체 건강에 관련해서도 LGBT와 비LGBT 간 격차는 존재한다. HIV 신규 감염률은 전 세계적으로 줄어들고 있지만 트랜스젠더 여성, 게이, 양성애자 남성의 신규 감염률이 인구 평균보다 높다. UN 에이즈계획 UNAIDS은 2017년 모든 지역에서 신규 감염인 가운데 성적 지향에 관계없이 남성과 성관계를 갖는 남성men who have sex with men, MSM이나 게이 남성의 비율이 높았다고 밝혔다. 북아메리카, 서유럽, 중유럽에서는 57퍼센트, 라틴아메리카에서는 41퍼센트, 아시아, 태평양, 캐리비안에서는 25퍼센트, 동유럽, 중앙아시아, 중동, 북아프리카에서는 20퍼센트, 서

아프리카, 중앙아프리카에서는 12퍼센트를 게이와 MSM이 차지했다.[29]

미국의학원과 여타 연구진의 보고서가 LGBT의 HIV 유병률이 일반 평균보다 더 높다는 강력한 증거를 찾아낸 것은 놀랍지 않다. 특히 게이 남성, 흑인 MSM, 트랜스젠더 여성은 유병률이 더 높았다. 2000년부터 2006년까지의 데이터는 중저소득국LMIC에서 MSM의 HIV 감염 가능성이 일반 인구에 비해 19배 높았다는 점을 보여준다.[30] 최근 데이터에서 게이 남성이나 MSM의 HIV 유병률은 카리브해의 경우 25.4퍼센트에 달하며 중동과 북아프리카 국가에서는 매우 낮게 나타난다.[31]

많은 국가에서 트랜스젠더 여성의 상당수가 HIV를 보유하고 있다. 한 연구진이 여러 연구를 조사한 결과 미국에서 트랜스젠더 여성의 28퍼센트가 HIV 양성인 것으로 추정됐으며, 양성임을 보고한 비율은 12퍼센트였다는 연구도 있다.[32] 15개국에서 수행된 한 연구에 따르면 중저소득국에서는 트랜스젠더 여성의 18퍼센트가, 고소득국에서는 22퍼센트가 HIV에 감염되어 있었다. 15~49세 총인구의 HIV 유병률보다 훨씬 높은 수치다.[33]

암

미국의학원은 이성애자 남성보다 MSM에게 항문암의 위험이 더 높다는 설득력 있는 증거를 발견했다.[34] MSM의 높은 인유두종바이러스HPV 감염률이 영향을 미치는데, HPV는 성관계로 전파되며 항문암과 연관돼 있기 때문이다.

레즈비언이 이성애자 여성보다 유방암에 걸릴 확률이 높은지에 대한 의문도 오랜 기간 제기되어왔다. 보건학자들이 이런 가능성을 우려한 이유는 자녀가 없고 약물 사용률이 높다는 점 등 유방암의 위험 요인을 보유한 비율이 레즈비언 사이에서 더 높기 때문이다. 그러나 의학원은 레즈비언, 양성애자 여성, 트랜스젠더의 암 발생률이 다르다는 결론을 도출하기엔 연구 기반이 충분하지 않다고 결론지었다.

폭력

신체적이든 성적이든 심리적이든 폭력은 전 세계 모든 국가에서 LGBT의 건강을 위협하는 요소다. LGBT는 주먹질, 발길질, 침 뱉기, 협박을 당할 수 있다. 이들을 상대로 물건을 던지거나 무기를 사용하는 일이 벌어질 수도 있다. 폭력 가해자는 낯선 사람일 수도 있지만 가족이나 경찰일 수도 있다. 반LGBT 폭력은 신체적 상처 이상의 결과를 초래한다는 점이 중요하다. 폭력은 장기적으로 우울증, 분노, 불안, 외상 후 스트레스와 같은 영향을 미친다.[35]

미국의학원은 미국에서 LGB에 대한 폭력 발생률이 높으며 트랜스젠더에 대한 폭력 발생률은 훨씬 더 높다는 점을 지적했다. 예컨대 2005년 LGB 무작위 표본을 대상으로 진행한 설문 조사에서 13퍼센트가 성적 지향으로 인해 구타, 폭행, 성폭력을 당한 적이 있다고 답했다.[36] 절반가량(49퍼센트)은 폭력 위협을 받았다. 2013년 한 설문 조사는 LGBT의 30퍼센트가 성적 지향이나 성별 정체성으로 인해 위협을 받거나 신체적으로 공격받은 적이 있다고 답했다.[37]

트랜스젠더를 향한 폭력은 만연하고 특히나 가혹하다. 미국에서 진행된 2015년 설문 조사에 따르면 트랜스젠더의 47퍼센트가 성폭력을 당한 적이 있다고 답했다. 10퍼센트는 직전 해에 성폭력을 당한 경험이 있었다.[38] 신체적 공격도 직전 해에 13퍼센트가 경험했을 만큼 만연했다.

전 세계 모든 지역에서 LGBT는 폭력의 위험에 노출돼 있다. 미주인 권위원회Inter-American Commission on Human Rights, IACHR는 아메리카대륙의 LGBT를 향한 폭력과 편견을 추적하기 위해 2014년 폭력 데이터베이스를 구축했다.[39] 15개월 만에 아르헨티나, 브라질, 캐나다, 쿠바, 아이티, 자메이카, 미국 등 25개국에서 770개의 행위가 등록됐으며, 이 중 594건이 LGBT 살인이었다. IACHR은 눈에 보이는 범죄는 빙산의 일각일 뿐이며, LGBT가 신고하지 못한 공격과 강간은 더 많을 것이라고 추정했다. 트랜스젠더나 양성애자가 주로 겪는 폭력은 사적인 공간에서 일어나며 신고되지 않는 경우가 많다. 살인은 고문, 돌팔매질, 참수와 같은 행위를 수반할 정도로 끔찍하게도 잔인하다. IACHR에 등록된 살인 사건의 피해자 중 약 절반은 게이 남성이고 절반은 트랜스젠더 여성이다. 레즈비언과 양성애자 여성은 가해자들이 '진짜 여성'이 되는 길이라고 주장하는 소위 교정 강간의 위험에 놓여 있다. 이들은 가족 구성원의 눈에 띄지 않는 폭력에도 노출된다. 개발학자 에이미 린드는 특히 레즈비언이 공적인 공간보다 사적인 공간에서 폭력을 당한다고 지적한다.[40]

다른 대륙에서 진행된 설문 조사도 유사한 결과를 보였다. EU에서 LGBT의 4분의 1은 신체적·성적 공격 및 위협을 조사 직전 5년간 경험했고, 10분의 1은 직전 해에 경험했으며, 특히 트랜스젠더가 폭력을 경험한 비율이 더 높았다.[41] 동유럽 국가에서는 다른 곳보다 폭력 사건이 더욱 만연했다. 한 단체가 2008~2018년에 발생한 트랜스젠더 살인 사건 2982건을 추적한 결과 88퍼센트가 아프리카, 아시아, 라틴아메리카, 카리브해 지역 등 식민 지배를 경험한 중저소득국(북반구 서구권을 제외한 지역)에서 발생했다.[42]

UNAIDS의 데이터에 따르면 아시아에서는 충격적인 수준의 성폭력이 발생하고 있다. 조사 직전 연도에 인도 트랜스젠더 여성의 5분의 1이 성폭력을 경험했고,[43] 방글라데시 트랜스젠더 여성의 4분의 1이 강간당했다.

왜 격차가 존재하는가: 소수자 스트레스

LGBT 폭력 발생률이 높은 이유는 호모포비아 및 트랜스포비아와 연관지어 해석하기 쉽다. 혐오 범죄가 발생할 때 기저에 깔려 있는 편견은 매우 선명하다. 누군가 게이를 구타하면서, 혹은 레즈비언의 가족이 그의 애인에게 폭력적으로 반응하면서 LGBT 혐오 발언을 내뱉곤 한다. 이러한 발언은 호모포비아와 트랜스포비아의 명백한 증거다.

하지만 폭력이 발생하지 않는 상황에서 발생하는 건강 격차는 설명하기가 비교적 어렵다. 특히 대부분 국가에서는 LGBT를 질병으로 취급하지 않는 상황을 고려하면 말이다. LGBT가 아픈 사람이 아니라면, 이들과 이성애자 시스젠더의 정신적·신체적 건강 격차를 유발하는 것은 무엇일까? 한마디로 정리하면 LGBT를 향한 사회의 부정적 시선인 '낙인'이 영향을 미친다. 설령 전환 치료가 효과를 보인다 해도(물론 효과는 없지만), LGBT의 상태를 '개선'하지는 못한다. 문제는 LGBT가 아닌 그들이 속한 사회에 있다.

낙인은 여러 면에서 건강 악화로 이어진다. 첫째로 LGBT는 낙인으로 추가적인 스트레스를 받는다. 사실 모든 사람이 일상에서 스트레스를 받는다. 누구든지 간에 교통 체증, 불쾌한 이와의 만남, 실연, 해고와 같은 사건을 겪으면 건강에 영향을 받는다. 하지만 LGBT는 낙인과 편견으로 인해 스트레스 상황에 직면하는 일이 비LGBT보다 더 잦다. 공중보건 심리학자 일런 마이어는 이렇게 추가적으로 유발되는 스트레스를 '소수자 스트레스minority stress'라고 명명했다.⁴⁴ 마이어의 설명에 따르면 소수자 스트레스는 △스트레스를 주는 사건과 상황 △내재화된 호모포비아와 트랜스포비아 △거절과 차별에 대한 예상 △성별 정체성 숨김 등 네 가지로 구분된다.

LGBT가 성적 지향이나 성별 정체성으로 인해 차별당한다고 느끼는 주요 상황에는 직장에서의 차별, 학교에서의 괴롭힘, 가족의 거부, 변화해야 한다는 압박 등이 있다. 타인에게 직접 받는 스트레스만 있는 것이 아니다. 법과 관습에 뿌리내린 불평등한 대우도 LGBT가 열등한 존재로 취급되고 있다는 메시지를 던진다. 트랜스젠더가 잘못된 젠더로 지칭되거나(누군가 잘못된 대명사를 사용한다거나), 레즈비언이 지나가던 자동차 차창 너머로 비하 발언을 듣는 경우, 게이 커플이 식당이나 가게에서 무시당하는 경우와 같이 사소해 보이는 사건도 스트레스를 가중시킨다.

여성이나 유색인종처럼 다른 낙인이 찍히는 정체성을 가진 사람들도 스트레스를 경험한다. 이러한 교차적 정체성intersectional identities은 그들을 다양한 스트레스 위험에 노출시키며, 그 결과 소수자 스트레스는 가중된다. 유색인종 LGBT 여성은 복수의 원인에서 유발된 스트레스를 경험할 가능성이 높다는 의미다.

단순히 LGBT가 비LGBT보다 스트레스를 더 많이 받아서 문제인 것이 아니다. 문화와 경제 속에 자리잡은 호모포비아와 트랜스포비아는 LGBT에게도 뿌리를 내린다. 여기서 낙인과 건강의 두 번째 연관성이 나타난다. 만성적인 스트레스로 인해 LGBT는 거절당할 것을 예상하며 산다. 거절, 폭력, 모욕이 언제 닥칠지 모른다는 경계심으로 항시 무장하는 것이다. 이러한 대비 태세로 인해 LGBT는 과도하게 불안감을 느끼며, 스트레스는 더해진다. 또한 LGBT는 자신이 받는 메시지를 내재화해 스스로를 부정적으로 생각하기 시작한다(이런 현상을 내재화된 호모포비아라고 부른다). 항존하는 호모포비아와 트랜스포비아의 위험에 개인적으로 대처하는 또 다른 흔한 방법은 LGBT 정체성을 숨기거나 감추는 것이다. 경계심, 내재화된 호모포비아, 숨김과 같은 모든 반응은 호모포비아와 트랜스포비아로 인해 겪는 스트레스의 영향력을 강화한다.

낙인의 피해가 심화되면 LGBT의 뇌가 낙인 관련 스트레스를 처리하는 방식에 변화를 가져올 가능성이 있다. 심리학자들은 개인이 결정을 내리고 자제력을 발휘할 수 있게끔 만드는 정신적 에너지에 한계가 있다고 지적한다.[45] 컬럼비아대학 심리학자 마크 하첸빌러는 LGBT가 낙인에 대처하는 과정에서 정신적 에너지 자원을 소진하고, 그 결과 우울증과 불안에 더 취약해진다고 주장했다.[46] 예컨대 위협적인 상황을 경계하거나, 정체성이 발각될까봐 걱정하거나, 낙인을 생각하지 않으려고 노력하는 것조차 '반추rumination'로 이어진다. 심리학 용어인 반추는 자신에 반복적으로 집중하는 현상이며 심리적 고통을 유발한다.

사회적 지지는 스트레스에 대처하는 데 긍정적으로 이용되는 자원인데, 설상가상으로 어떤 LGBT는 남들만큼 사회적 지지를 받지 못한다. 성적 지향과 성별 정체성을 감추고자 사회적 관계를 기피하는 LGBT는 호모포비아와 트랜스포비아 속에서 살아가는 데 필요한 힘이 되는 친구나 가족 구성원을 곁에 두지 못할 가능성이 있다. 같은 LGBT들과 함께 있으면 낙인이 정신 건강에 미치는 영향을 줄일 수 있지만, 이들은 정체성을 숨기면서 다른 LGBT를 찾기 어려운 상황에 놓인다.[47]

이는 LGBT가 정체성을 그렇게도 중시하는 이유 중 하나다. 정체성은 성 행동과 끌림이 동성을 향하는 여러 개인을 하나의 집단으로 묶어준다. 그런 행동과 끌림을 레즈비언, 게이, 양성애자, 트랜스젠더와 같이(혹은 문화적으로 다르게 표현하기도 한다) 하나의 개인적 특성으로 분류하면 같은 특성을 가진 다른 이들을 찾기 수월해진다. 정체성 공유는 많은 이점을 갖는다. 예컨대 낙인이 찍힌 상황에서 사회적 지지를 제공하는 타인과 관계를 형성할 수 있다. 정체성의 범주 아래 낙인과 불평등에 맞서 정치적 조직화가 가능해지고 LGBT에 대한 공동체적 지지 기반도 마련된다.[48] 소수자 스트레스와 관련된 건강 문제를 겉으로 드러내지 않는 게 대다수인 LGBT들은 LGBT 공동체와 연결되면서 회복력의 원천을 얻는다.

개인의 낙인 경험은 격차를 적어도 일부분 설명한다

2011년 미국의학원은 낙인과 차별의 경험이 건강 악화와 강력하게 연관되어 있다고 결론지었다.[49] LGBT 청소년과 성인이 폭력, 차별, 가족의 거부 등 편견에 기반한 사건을 경험하는 경우 우울증, 불안, 심리적 고통, 자살, 약물 사용, 위험한 성적 행동과 같은 건강 문제를 겪을 위험이 높아진다.[50]

　대부분의 연관성은 통계로 드러났지만 개별적인 이야기도 연결고리를 보여준다. 일본의 레즈비언 나나는 소수자 스트레스를 유발한 부정적 경험의 목록을 인권 연구자에게 전했다. 학교에서 정학당한 경험, 강제로 정신과 의사에게 진찰받은 경험, 레즈비언 '치료' 명목으로 강간당한 경험이 이에 해당했다. 대학 졸업 이후 나나는 직장에서 여성에 끌림을 느낀다는 사실을 공개했다가 매일같이 괴롭힘당하고 고립되었으며, 이는 우울증으로 이어졌다. 결국 직장을 관두고 차별에 따른 정신적 건강 문제에 더해 경제적 스트레스까지 생겼다.[51]

　가족이 LGBT 자녀를 거부하는 행위는 특히 청소년의 건강에 큰 영향을 미친다.[52] 가족의 거부는 자살 시도, 우울증, 불법 약물 사용, 무방비 성 행동의 위험도를 높인다. 반대로 가족의 포용은 LGBT 청소년의 자신감을 높이고 건강을 증진한다.

반LGBT 법안과 정책에 따른 건강 악화

LGBT를 범죄화하거나 소외하는 법 및 제도 또한 낙인을 유발해 건강 부담을 더한다. 비LGBT로 살았다면 경험하지 않았을 문제다. LGBT에게는 의료체계 자체가 종종 노골적인 장벽으로 작용한다. 미국에서 고용주가 근로자에게 보상의 형태로 제공하는 건강보험을 이용하는 경우가 이에 해당한다. 고용주는 LGBT 근로자의 보험을 보장하지만 일부 트랜스젠더에게 필수적인 트랜지션 비용은 보장 범위에서 배제한다. 트랜지션은 비용이 낮은데도 말이다.[53] 또한 최근까지 고용주가 이성 배우자는 보험으로 보장하지만 LGBT의 동성 동거동반자는 배제하는 경우가 많았다. 동성혼이 가능해질 때까지 일부 동거동반자는 건강 보험이 일절 없었다는 뜻이다.[54]

LGBT가 법과 관련해 직접적인 차별을 겪지 않더라도, 배제적인 법의 존재 자체가 소수자 스트레스를 유발할 수 있다. 법적 불평등은 LGBT가 법체계하에서 열등하게 대우받는다는 점을 지속적으로 상기시킨다. LGBT는 범죄자로 간주되고 고용 안정성이 보장되지 않으며 결혼할 권리를 가질 가치가 없다는 관념이 이들의 태도에 내재화되면서 건강에 악영향을 미친다. 이것이 바로 소수자 스트레스 관점에서 바라본 현상들이다.

여러 국가에서 진행된 연구들이 이러한 상관관계가 실재한다는 것을 입증했다. 동성 간 성관계를 범죄시하는 법은 LGBT의 사회적 포용도가 얼마나 떨어지는지 보여주는 상징과도 같다. 인도의 대법원은 2018년 영국 식민 잔재였던 동성 간 성적 관계를 범죄화하는 법안을 폐기했다. 법원 판결이 이뤄지기 몇 년 전 인도에서 진행된 연구 결과에 따르면 성소수자들은 법안으로 인해 자신을 감추게 됐으며, 우울해지고 사회적 소속감이 줄어드는 영향을 받았다.[55] 법원의 비범죄화 판결이 인도 LGBT의 건강에 긍정적인 영향을 미치는 결과로 이어졌는지 후속 연구를 기대해본다.

인도와 달리 나이지리아는 정반대의 방향으로 법적 판단이 이뤄졌다. 2014년 '동성혼 금지법'을 통해 동성애를 범죄화하는 기존 법을 강화한 것이다. 사실 이곳에서 동성혼과 동성애 관계는 이미 불법이었지만, 새 법은 동성애 단체 및 회의에 참여하거나 동성애자에게 서비스를 제공하거나 동성애 관계를 공표하는 행위를 모두 금지하는 방향으로 더 나아갔다. 2014년 법 제정 전후로 HIV 연구에 참여한 MSM의 응답을 비교한 결과 법이 미친 영향이 나타났다. 연구에 따르면 법률 제정으로 인해 이들이 심리적으로 부정적인 영향을 받았다는 증거가 뚜렷했다.[56] 제정 이후 연구에 참여한 이들은 의료 서비스를 물색하는 데 두려움을 느꼈으며, 의료 서비스를 받지 않고 회피하는 사람도 늘었다. 이들은 또한 다른 MSM과 교류할 안전한 공간이 없다고 보고했다. 이는 사회적 지지의 결여로 이어질 수 있는 문제다. 이후 나이지리아 LGBT를 조사해보니 타국으로 이주한 사람들보다 나이지리아에 아직 살고 있는 사람들이 더 많은 심리적 고통을 겪고 있었다.[57]

낙인을 유발하는 법은 HIV 대응, 예방, 모니터링의 역량을 저해하기도 한다. 동성애를 범죄시하는 국가는 HIV 감염인을 추적할 때 MSM의 비율을 현저하게 과소평가하며, 뻔하게도 MSM에게 HIV 서비스가 얼마나 잘 제공되고 있는지는 과대평가한다.[58] 호모포비아 법률이 존재하고 동성애에 대한 사회적 태도가 부정적일수록 국가 내에서 HIV 보유 남성이 에이즈로 사망하는 비율이 높다는 상관관계가 밝혀졌다.[59] 또한 일부 유럽 국가에서는 LGBT를 낙인 찍는 법과 사회적 태도로 인해 MSM을 대상으로 HIV에 관해 교육할 여지가 줄어들고 효과적인 치료 역량이 저해되며, 이는 전반적으로 LGBT의 건강에 해를 끼친다.[60] 존 파찬키스 등이 수행한 연구에 따르면 낙인은 LGBT가 성적으로 위험한 행동을 하고, 성적 지향을 숨기고, HIV 검사 시 성 행동 관련 논의를 피하게 만든다.

정책이 미치는 해로운 영향의 대표적인 예로는 2004~2005년 미국에서 동성혼을 금지하는 주 헌법 개정안을 두고 벌어진 투표 파동이 있다.[61] 당시 16개 주는 투표를 시행한 반면, 34개 주는 현행을 유지했다. 이는 유권자가 새로운 법적 낙인을 부여할 때 LGB(조사에서 성적 지향만을 질문한 관계로 트랜스젠더가 빠졌다)의 건강이 어떤 영향을 받는지 자연실험의 형태로 관찰할 여건을 조성했다. 투표가 시행된 주에서는 투표 이후 LGBT의 (우울증과 같은) 기분 장애, 불안감, 알코올 사용 장애 비율이 증가했다. 그러나 투표가 시행되지 않은 34개 주에서는 비율에 변화가 없었다.[62] 더욱 중요한 것은 투표가 시행된 주에서 이성애자의 장애 비율 또한 증가했지만 그 정도가 LGB보다 덜했다는 점이다. 이러한 양상을 토대로, 이 사건은 모든 사람의 건강에 악영향을 미쳤지만 특히 LGB에게 더 심각한 피해를 입혔다고 해석할 수 있다. 투표하지 않은 주라 해도 투표를 독려하는 홍보를 보는 것만으로 LGBT의 스트레스가 더욱 증가하는 파급효과가 발생할 수 있다.[63]

(법 자체가 아닌 여론에 따른) 대중의 동성혼 수용은 LGBT의 건강에 영향을 미치는 것으로 보인다. 호주와 미국의 연구에 따르면 LGBT를 지지하는 지역은 그러지 않는 지역에 비해 LGBT와 비LGBT의 건강 격차가 작았다.[64] 동성혼 지지율이 높을수록 LGBT의 전반적인 건강 상태가 좋았으며 이성애자와의 격차가 작았다. LGBT가 지역의 사회적 지지를 토대로 건강하게 낙인에 대처하고 있다는 해석이 가능하다.

미국에서는 포용적인 법률 및 태도와 LGBT 건강의 상관관계가 더 많이 발견되고 있다.[65] 차별금지법이 있고 여론의 수용도가 높은 주에서 레즈비언과 게이는 더 건강하며 의료서비스에도 더 쉽게 접근할 수 있다. 매사추세츠에서 게이 집단은 싱글이든 아니든 혼인 권리를 쟁취한 이후 의료기관 방문 횟수와 의료비 지출이 줄었다. 일리노이에서는 2011년 동성혼을 위한 시민 연합이 생긴 이후 레즈비언과 양성애자 여성이 낙인에 대한 의식, 우울증, 음주로부터 받는 부정적 영향이 감소했다. 오리건에서는 괴롭힘 금지와 차별로부터의 보호책이 있는 카운티에서 LGB 청년이 자살을 시도할 가능성이 낮았으며, LGBT 친화적인 종교 공동체가 있는 카운티에서는 LGB 음주 비율의 격차가 작았다. 미국 전역에 걸쳐 혼인 평등을 일찍이 도입한 주에서는 학생들의 자살 시도율이 감소했고, 특히 성소수자 청년의 자살시도율이 더 크게 떨어졌다. 아직은 후속 연구가 이뤄져야 전체적인 그림을 파악할 수 있겠지만 말이다.

또 다른 연구는 2005년부터 2015년까지 스웨덴의 LGB와 이성애자가 겪는 심리적 고통의 격차를 추적했다.[66] 시간이 흐르면서 LGB를 향한 여론은 긍정적으로 변했으며, 혼인 권리가 평등화되고 차별과 혐오 범죄로부터 보호가 강화되고 레즈비언의 가임 치료가 허용되는 등 법률 개정이 이뤄졌다. 2015년에 이르러서는 구조적 차별이 줄어들면서 스웨덴의 레즈비언 및 게이와 이성애자가 경험하는 심리적 고충의 격차가 사라졌다. 다만 양성애자에게는 변화가 없었다.

전반적으로, 지금까지 다룬 연구들은 비관적으로 바라보자면 우울하기 짝이 없다. 소수자 스트레스가 만연해 수많은 LGBT의 건강에 미친 악영향을 잘 보여주고 있기에 그렇다. 그러나 낙관적으로 해석하면 연구 결과는 무척이나 도움이 된다. 유권자와 정책 입안자가 LGBT의 건강을 개선하는 행동을 취할 계기로 작용하기 때문이다. LGBT를 억압하고 낙인 찍는 법률을 폐지하고, LGBT의 존엄성을 존중하고 완전한 사회적 참여를 보장하는 법률은 통과시킬 수 있다. 사람들이 LGBT와 이들의 이슈에 긍정적인 태도를 가지도록 요구하기는 어렵지만, 국가는 LGBT 활동가나 조직이 LGBT의 삶을 대중에게 공개하고 알리기 쉽도록 법을 통과시킬 수 있다. 몇몇 연구에 따르면 포용적인 법은 LGBT를 향한 태도를 개선한다(해당 연구들은 7장에서 더 다룰 예정이다). 제도화된 낙인이 포용성을 강화하는 법안으로 전환되는 과정에서 LGBT의 스트레스를 가중시키는 캠페인과 백래시가 수반될 수 있다. 그러나 LGBT 공동체는 고비를 겪으며 장기적으로 더욱 효과적인 변화를 도모하는 강인함을 갖추게 된다.

의료체계에서의 낙인

의료체계는 질병을 예방하고 대응하는 서비스와 치료를 제공해야 마땅하지만 LGBT는 사각지대에 놓여 있다. LGBT가 경험하는 의료체계는 해결책이 필요한 개선 대상인 것이다. 의료체계상 LGBT에게 필요한 치료를 가로막는 장벽이 존재한다. 의료체계 자체가 건강 격차의 잠재적 원인이다.[67]

HIV 유행은 어떤 일이 벌어질 수 있는지 보여주는 좋은 사례다. 수많은 국가의 MSM 연구에 따르면 호모포비아에 의한 낙인은 의료 서비스 접근성을 줄이고 HIV 위험도를 높인다.[68] 예컨대 120개국의 MSM을 조사한 결과 호모포비아 낙인이 적은 국가에 거주할수록 바이러스 감염 수준이 낮고 의료 서비스 접근성이 높았다. 또 다른 연구에서 165개국의 참여자를 조사한 결과 호모포비아는 낮은 콘돔 접근성, HIV 검사, HIV 치료와 관련이 있는 것으로 나타났다. 나이지리아에서는 거부, 두려움, 괴롭힘, 폭력 등과 같은 낙인을 경험한 MSM일수록 HIV를 보유할 확률이 높았다.

의료체계를 좀더 면밀히 분석해보면 문제의 원인을 알 수 있다. 노골적인 차별이 치료 거부로 이어지기도 한다. 2016년 남아프리카공화국에서 설문 조사에 참여한 LGBT는 앞선 나이지리아인들과 유사하게 의료체계상 차별을 경험한 적이 있다.[69] 2017년 설문 조사 결과에 따르면 미국 LGBT의 16퍼센트가 병원이나 보건소에서 차별을 경험한 적이 있다고 답했다.[70]

우간다에서 한 게이 남성이 겪은 일이 이러한 차별의 대표적인 예시다. "상담실에서 성관계 이력을 묻기에 남성과 잠자리를 같이했던 경험을 이야기했습니다. 상담사가 저를 쳐다보며 '우리는 그런 사람들(동성애자)에게는 서비스를 제공하지 않습니다'라고 말하더군요."[71]

트랜지션 관련 치료에 대한 접근성 개선은 거의 모든 트랜스젠더의 보편적인 과제다. 미국에서 진행된 2015년 연구에 따르면 55퍼센트의 트랜스젠더가 트랜지션 관련 수술의 보험 적용을, 25퍼센트가 호르몬 요법에 대한 보험 적용을 거절당했다.[72] 2012년부터 2014년까지 8개국에서 진행된 공동체 기반 설문 조사 결과 수많은 트랜스젠더가 치료를 거부당했다. 치료 거부율은 인도에서 60퍼센트, 필리핀에서 46퍼센트, 세르비아에서 38퍼센트, 태국에서 17퍼센트, 튀르키예에서 68퍼센트, 베네수엘라에서는 6퍼센트로 나타났다.[73] 한국에서 수행된 연구에 따르면 치료 비용 또한 주요 장벽이다.[74]

차별이 발생하는 유력한 이유는 의료계 종사자 또한 대중처럼 LGBT를 향한 편견을 가지고 있어서다.[75] 남아프리카공화국의 한 설문 조사에 따르면 의료진의 40퍼센트가 게이, 레즈비언, '여자처럼 입는 남자나 남자처럼 입는 여자'에게 혐오감을 느낀다고 답했다.[76] 미국의 의료진은 이성애자에게 명시적인 호감을 표현하는 것을 넘어 레즈비언과 게이에게 무의식적 편견을 보여왔다.[77] 인도, 인도네시아, 세르비아, 영국에서 동성애에 대한 의대생의 태도를 조사해보니 지지적인 태도부터 매우 부정적인 태도까지 다양한 범주가 나타났다. LGBT가 존중을 느끼면서 치료받을 수 있을지 확신하기 어려운 상황이다.[78]

의료진이 편견을 가지면 LGBT 환자에게 수치심을 주고 꾸짖거나 전향을 권하게 된다.[79] 이에 더해 LGBT의 삶에 대한 문화적 이해와 지식 부족으로 인해 치료의 질이 열악할 수도 있다. 미국의 한 트랜스젠더는 물리적으로 치료가 어떤 느낌이었는지 생생한 이야기를 전했다. "입원 기간 동안 지속적으로 잘못된 이름과 젠더로 불렸어요. 당시 신장 결석이 생겼고, 고통 척도로 치면 1~10 가운데 9 정도로 아팠습니다. 하지만 정체성을 존중받지 못했던 게 훨씬 더 고통스러웠습니다."[80]

LGBT가 이러한 경험에 기반해 치료를 회피하면 치명적인 건강 상태가 야기될 수 있다. 2017년 미국 LGBT의 18퍼센트가 차별에서 벗어나고자 치료를 피한다고 답했다.[81] 미국의 트랜스젠더 4분의 1가량(23퍼센트)은 홀대당하거나 존중받지 못할 두려움으로 인해 의료진과 만나기를 꺼린다고 답했다. 세네갈에서는 MSM이 정체성이 밝혀지는 것을 두려워해 HIV 치료를 받지 못한다.[82] UNAIDS에 따르면 게이와 MSM 중 높은 비율이 의료 서비스 탐색을 좌절시킬 만할 낙인을 경험했다고 보고했다. 알제리에서는 66퍼센트, 코트디부아르 22퍼센트, 피지 36퍼센트, 라오스에서는 75퍼센트가 이런 경우에 해당했다.

아직 연구 초기 단계이긴 하지만, 치료를 단념하면 추후 건강 상태도 나빠질 수 있다. 예컨대 미국에서의 한 연구에 따르면 동성 파트너가 있는 여성은 이성 파트너가 있는 여성보다 상대적으로 필요한 만큼 치료받지 못했으며 자궁경부암 검사나 유방 촬영 검사를 한 비율이 낮았다.[83]

이들이 의료 서비스를 찾더라도 항상 의료진과 좋은 관계를 유지하면서 치료받는 것도 아니다. 영국에서 2만7000명 이상의 LGB를 조사한 결과 의료진에게 높은 수준의 불신을 표했으며, 같은 조사에서 이성애자 응답자에 비해 의사 및 간호사와의 의사소통이 원활하지 않다고 보고했다.[84] 이러한 종류의 불신으로 인해 LGBT가 의료진에게 성적 지향이나 성별 정체성을 공개하지 않는다는 공통적인 결과가 도출된다. 예컨대 미국에서 진행된 한 설문 조사에서 트랜스젠더 응답자의 31퍼센트가 의료진 중 누구에게도 정체성을 공개하지 않았다고 답했다. HIV 보유자가 정체성을 드러내지 않는다면 오진, 치료 지연, 건강 악화로 이어질 수 있다.[85]

조각을 한데 맞춰보면

의료체계에서 LGBT를 대우하는 방식은 건강을 개선하는 대신 소수자 스트레스를 심화하고 그 결과에 대처하기 더욱 어렵게 만든다. 차별적인 법부터 내재적인 대응기제*에 이르기까지, 전 세계 LGBT가 겪는 다

---

* internal coping mechanism. 개인이 스트레스나 부정적인 감정을 처리하거나 대응하는 방법을 의미한다. (옮긴이)

양한 형태의 스트레스를 여기에 더해보면 이성애자 시스젠더보다 이들의 건강이 나쁜 것이 놀라운 일도 아니다. 이는 LGBT가 예상보다 건강이 안 좋다는 점을 분명히 보여준다. LGBT가 직장, 가족, 지역사회에 기여할 수 있는 만큼 기여하지 못하고 있다는 의미이기도 하다.

LGBT의 교육, 고용, 건강 불평등이 어떻게 연결되어 위험한 순환 고리를 만들어내는지 살펴봤다. 교육과 고용 과정에서 괴롭힘과 차별은 LGBT의 신체적·정신적 건강을 악화하는 소수자 스트레스의 한 형태다. 건강 악화로 학교나 직장을 가기 어려워지면 교육, 소득, 고용이 감소한다. 열악한 곳에 취직하거나 실직하면 건강을 개선할 자원을 충분히 확보하지 못한다. 모든 LGBT가 벗어나기 어려운 슬럼프에 빠지는 것은 아니지만, 이러한 위협은 일부 LGBT의 삶에 어두운 그림자를 드리운다. 개인적으로 막대한 재정적 손실이 초래되며, 사회적으로도 이들의 경제적 기여도가 줄어든다. LGBT를 가로막는 법, 제도, 태도, 낙인은 중단되어야 한다. 여기에 해답이 있다.

제4장
LGBT를 포용하는 사업적 논리

LGBT에 대한 편견이 기승을 부리면 피해를 입는 사람은 누구일까. 이전 장에서는 교육, 직업, 건강 방면의 피해를 직격으로 받는 LGBT에 초점을 뒀다. 하지만 사실 LGBT에 대한 편견은 모두에게 피해를 입힌다. 노스캐롤라이나에서는 이성애자 수천 명이 LGBT 차별로 인해 신규 고소득 일자리를 잃었다. 2016년 노스캐롤라이나 주지사 팻 매크로리는 샬럿을 비롯한 여러 도시에서 SOGI 차별금지법이 통과되지 못하도록 막는 법안을 추진했다. 주 의회에 발의된 하원 법안House Bill 2, HB2을 지지한 것이다. 해당 법안은 '화장실 법안'이라는 별칭을 얻기도 했다. 설상가상으로 (차별금지법 저지뿐만 아니라) 트랜스젠더가 성별 정체성에 기반해 화장실을 이용하지 못하도록 금지한 것이다. 사실상 차별을 정당화하는 법안이었다.

미국 전역의 LGBT 활동가가 분노한 것은 놀라운 일이 아니다. 그런데 주목할 만한 점은 언론에서 가장 눈에 띄게 HB2를 비판한 이들이 기업가였다는 것이다. 많은 기업가가 언행일치로 투자 방향을 결정했다.

- 도이치방크와 레드벤처스가 노스캐롤라이나에서 일자리 확대 계획을 철회했다.[1]
- 두 유명 기업이 샬럿에 신규 설비를 짓겠다는 계획을 철회했다. 부동산 리서치 회사 코스타그룹은 계획되어 있던 신규 일자리 730개를 리치먼드와 버지니아로 옮겼고, 페이팔은 기존에 발표했던 360만 달러 규모의 확장 계획을 취소했다. 페이팔이 떠나면서 약 3200제곱미터의 사무실이 공실이 됐고 400개의 일자리가 다른 주로 날아갔다.[2]
- 미국농구협회가 2017년 올스타전 개최지를 샬럿에서 뉴올리언스로 옮겼다. 미국대학스포츠협회NCAA는 노스캐롤라이나에서 열리기로 되어 있던 선수권대회를 취소했는데, 이해는 노스캐롤라이나대학 남자 농구팀이 전국 챔피언십을 차지한 해였다.

2017년 경제적 영향을 합산한 결과 노스캐롤라이나는 반LGBT 법안으로 12년 동안 37억6000만 달러 규모의 일자리 및 사업 손실을 입을 것으로 추산됐다.[3]

LGBT를 차별하는 결정들이 지역 경제에 미치는 영향은 명확하다. LGBT 외에도 모든 주민이 손해를 본다는 것이다. 그러나 이유는 다소 명확하지 않다. 왜 노스캐롤라이나 법안에 기업들이 이렇게까지 부정적으로 반응했을까. 당시 페이팔 CEO였던 댄 슐먼은 페이팔이 그런 입장을 취한 이유를 이렇게 설명했다.

이번 법안은 차별을 영구화하며, 페이팔의 사명과 문화에 핵심적인 가치 및 원칙을 위배한다. (…) 우리 결정은 모든 사람이 존엄과 존중을 기반으로 평등하게 대우받을 권리가 있다는 페이팔의 깊은 가치와 강한 믿음을 반영한다.[4]

기업이 추구하는 가치에 LGBT를 포함시키고 이를 사업상 당연한 일로 여기며 그 가치에 따라 행동하면서 페이팔은 놀라운 성과를 거뒀다. 2장에서 다뤘듯 미국 기업이 퀴어를 항상 반기는 것은 아니었으며, 전 세계 LGBT는 여전히 직장 내 차별과 괴롭힘을 겪고 있다. 다만 지난 30년 동안 미국과 EU를 비롯한 여러 지역에서 LGBT를 공정하게 대우하면 사업에 도움이 된다는 것을 깨달은 기업이 많아지면서 변화가 일었다. 이번 장은 어떻게 사업적 논리가 등장해 미국의 직장을 LGBT에게 친화적인 곳으로 재구성했는지 살펴본다. 기업은 여러 주州都와 워싱턴의 변화에 기여하기 시작했고, 사업적 논리는 이제 전 세계로 확산되고 있다.

사업적 논리를 확립하다

LGBT 평등을 뒷받침하는 사업적 논리는 평등한 대우가 기업 이윤에도 도움이 된다고 주장한다. 기업이 원하는 바는 간단하다. 높은 이익이다. 기업은 수익 개선을 위해 두 가지 전략을 세운다. 먼저 임금을 줄이거나 재화 및 서비스를 생산할 공간 등을 매입하면서 사업 비용을 줄일 수 있다. 재화나 서비스를 판매해 얻는 매출을 늘리는 방법도 있다. 기업은 LGBT 직원을 더 공정하게 대우함으로써 두 목표를 달성하는 방법을 발견하기 시작했다.

첫째로, 기업은 게이 소비자를 발견했다.[5] 1990년 미국 시장은 게이 커플이 식탁을 파는 이케아 광고, 캘빈클라인 속옷을 입고 대도시 광고판에 나타난 섹시한 남성 모델, 부유한 동성 커플을 위한 재무 설계 서비스 광고를 접하기 시작했다. 기업들은 게이와 레즈비언 간행물의 광고 지면을 사들이고, LGBT 조직의 행사를 후원하고, 프라이드 퍼레이드*에서 행진했다.

기업들은 아직 발굴되지 않았으나 부유하리라 추정되는 틈새시장을 공략하려 했고, 그들을 고객 삼아 게이 기업가들이 새로운 마케팅 회사들을 창업했다. 그러면서 LGBT 소비자를 향한 관심이 증가했다. LGBT는 전반적으로 부유한 엘리트가 아니라는 불편한 진실이 (2장에서 언급됐듯) 후속 연구를 통해 밝혀졌지만, 미국 등 여러 국가에는 고정관념을 강화할 만큼 부유한 LGBT들이 존재했다. 핑크 달러 (이후엔 핑크 파운드, 핑크 유로, 핑크 위안으로 확산)가 등장한 배경이다.

게이 소비자는 LGBT 직원 조직이 고용주들 앞에서 살살 흔들던 매력적인 당근이었다. 어떤 추산에 따르면 미국 내 LGBT 소비자의 구매력은 2018년에만 약 1조 달러에 달했다.[6] 차별을 금지하는 명시적인 정책을 수립하고 직원의 동성 동거동반자를 위해 의료 혜택을 제공해달라는 요청을 접한 기업 관계자들은 게이 소비자라는 당근에 이목이 끌렸다. 페이팔의 사례처럼, 새로운 시장에 진입하기 위해서는 평등을 기업 가치와 브랜드의 일부로 삼아야 했다.

* 한국의 경우 퀴어 퍼레이드라 불리며 서울, 대구, 인천 등의 도시에서 개최되고 있다. (옮긴이)

오늘날 LGBT 이미지는 일상용품 광고에 등장한다.[7] 미국에서 버거킹은 '프라우드 와퍼'에 무지개 포장지를 씌워 팔면서 샌프란시스코 프라이드 퍼레이드를 축하했다. 허니메이드는 그레이엄 크래커 광고에 게이 아버지 한 쌍과 자녀를 등장시켰다. 브라질인들은 넷플릭스가 상파울루 프라이드 퍼레이드에 후원하는 것을 목격했다. 중국에서는 알리바바가 자사 홈페이지를 통해 당첨된 동성 커플들을 캘리포니아에서 결혼시키는 밸런타인데이 행사를 개최했다.

모든 기업이 소비자에게 재화를 직접 판매하는 것은 아니므로 LGBT의 구매력은 미국 기업과 다국적 기업에 평등 혁명을 일으키기에는 모자랐다. 장기적인 관점에서 고용주들은 점차 등식의 반대편에 주목하기 시작했다. 평등이 어떻게 사업 비용을 줄여줄지 자문한 것이다.

성공적으로 기업을 운영하려면 유능한 인재를 고용하고 유지해야 한다. 대체 인력을 구하고 교육하는 데는 많은 시간과 비용이 소요되므로 기업들은 유능한 직원을 잃는 것을 우려한다. 직원을 새로 고용하면 훈련 비용과 적응 시간이 투입될 것이다. 경제학자들은 직원이 바뀌면 일반적으로 연봉의 20퍼센트가 비용으로 투입된다는 것을 발견했다.[8] 고위 경영진이나 연봉이 높은 직원은 연봉의 200퍼센트 이상이 투입된다. 기업이 피하고 싶어하는 비용이다.

특히 기업들은 유능한 직원을 경쟁사에 빼앗기기 싫어한다. 직원의 이직이라는 생생한 위협이 존재하기에 기업은 최소한 경쟁사가 갖춘 보상과 정책만큼은 따라잡아야 한다는 압박을 받는다. 보수를 높이는 것 이외에는 어떤 방법으로 LGBT 직원을 붙잡을 수 있을까? 한 가지 논리적인 전략은 공정하고 평등한 대우를 보장하는 사내 정책과 환경을 만드는 것이다.

고용주는 LGBT 직원을 유지하는 것에 더해 이들이 좋은 성과를 낼 만한 환경을 조성할 필요도 있다. 물론 LGBT 직원들은 소중한 기술력과 지식, 네트워크를 직무에 활용하겠지만, 이들이 인적 자본을 최대한 활용할 능력을 갖추려면 직장 환경이 뒷받침되어야 한다. 이러한 방식으로 기존 직원의 생산성을 높일 수 있다면 고용주는 사업 비용을 낮출 수 있을 것이다. 같은 인건비로 더 많은 가치를 창출할 수 있기 때문이다.

수많은 증거에 따르면 고용주가 LGBT에 친화적인 정책을 시행하기로 결심할 때 주로 고려하는 사항은 생산성, 고용, 직원 유지다. 실제로 기업들은 종종 친LGBT 정책을 공표하는 가장 큰 동기로 수익성을 꼽는다.[9] 예컨대 록히드마틴의 고위 임원은 "긍정적이고 존중하는 일터를 확립하고 모든 직원에게 강력한 혜택을 제공하는 것은 직원을 유지하고 잠재력을 극대화하도록 돕는 데 매우 중요하다"라면서 차별금지 정책과 동거동반자 혜택*을 도입한 이유로 고용 유지와 생산성을 꼽았다.[10]

유나이티드테크놀로지스는 이러한 논리를 바탕으로 다양성 관련 목표를 폭넓게 정당화했다. "다양한 인력을 유지하는 것은 글로벌 사업의 수요를 충족하는 우리 능력의 핵심 요소다. 전 세계에서 최고의 인재를 채용, 개발, 승진, 유지하기 위해 우리는 문화적 장벽을 비롯한 모

---

* 직원의 동거동반자domestic partner에게도 혼인관계의 배우자와 유사한 혜택을 주는 정책. (옮긴이)

든 장벽을 제거하려 노력한다"고 공표한 것이다.

이러한 사업적 논리는 미국의 LGBT 직원이 직장에서 평등을 추구하는 데 매우 유용한 도구로 작용했다. LGBT 친화적인 직장 조성의 가치를 인식하는 데 더딘 기업들은 선진적인 기업들을 보고 경쟁에 따른 압박을 받았다. 사업적 논리가 평등을 확산시키는 데 성공적이었다는 점은 분명하다. 2019년까지 『포천』 500대 기업의 93퍼센트가 차별금지정책의 대상에 성적 지향을, 85퍼센트가 성별 정체성을 추가했다.[11] 이들 대기업 가운데 49퍼센트가 동거동반자 혜택을, 62퍼센트가 트랜스젠더를 포용하는 의료 혜택을 제공했다.[12] 또한 미국 전역에서 직원 건강 보험의 가입자 중 54퍼센트가 동성 동거동반자도 피부양자로 등록할 수 있게 됐다.[13]

LGBT 포용은 기업 성과를 개선하는가

몇 년 전 나와 동료들은 기업들이 앞서 주장한 성과 개선이 단순히 주주와 소비자를 달래고자 내세운 사업적 명분인지, 실제 연구로 증명되는 사실인지 궁금했다. 데이터베이스를 살펴보니 기업이 내세우는 사업적 동기를 뒷받침하는 연구가 점점 더 많아지고 있었다.

처음에는 심리, 경영, 경제 분야에서 사업 문제와 LGBT 친화적 정책 간 연관성을 분석한 연구 36개를 찾았고 이후 최신 연구를 추가했다.[14] 신중하게 설계되고 학계 표준대로 동료 심사를 거쳐 학술지와 서적에 출판된 연구들이었다. 학술 연구에 초점을 맞추는 것은 매우 중요하다. 사람과 기업은 (LGBT 정책 여부뿐만 아니라) 여러 이유로 상이한 결과를 보인다. 그러므로 사업의 성과가 LGBT 직원이나 친LGBT 정책에서 기인했는지, 사람이나 기업 간 차이점에서 기인했는지 구분할 필요가 있다. 이를 정밀하게 분리해 해석하려면 학술 연구의 방법론에 따라 차이점을 고려해야 한다.

연구자들의 첫 번째 방법론은 LGBT를 대상으로(LGB만 조사한 경우가 대다수였긴 하지만) 설문을 진행하는 것이었다. LGBT에 친화적인 환경에서 근무하는 사람들의 응답은 LGBT에 친화적이지 않거나 적대적인 환경에서 근무하는 이들의 응답과 비교됐다. 대다수의 연구는 직장에 친LGBT 정책과 좋은 근무 환경이 마련돼 있을 때 LGBT 근로자들이 더 나은 성과를 보였다는 점을 발견했다. 이들은 직무에 더 많이 헌신하고(16개 연구), 정신적·신체적으로 더 좋은 건강 상태를 보이고(14개 연구), 직무 만족도가 높고(11개 연구), LGBT 정체성을 공개했다(8개 연구).

이처럼 LGBT 직원들이 좋은 성과를 내면 고용주에게도 좋다. LGBT는 자신을 드러낼수록 건강 상태가 개선되며, 건강 상태가 좋아야 결근이 줄고 생산적으로 근무할 수 있다. 연구 결과는 고용주의 금전적 성과로 연결될 수도 있다. LGBT만을 다룬 것은 아니지만, 다른 연구에 따르면 직업 헌신도와 만족도가 높을수록 이직 및 의료 비용이 낮다는 연결 고리가 있다. 따라서 LGBT 직원의 헌신도와 만족도가 높을수록 고용주는 그 직원이 이탈해 발생하는 대체 비용을 치를 가능성이 낮아진다. 이는 결국 기업이 더 높은 이윤을 얻는다는 의미다.

연구들을 종합하면 고용주가 LGBT 평등과 포용을 독려할 때 LGBT 직원은 긍정적 영향을 받는다. 다른 연구에 의하면 이러한 직원의 긍정적 성과와 기업의 긍정적 성과 사이에는 상관관계가 있다.

두 번째 방식에서는 이보다 더욱 설득력 있는 논리를 찾아볼 수 있다. 좋은 LGBT 정책을 시행하는 고용주와 그렇지 않은 고용주를 비교해 어느 곳이 더 좋은 재무적 성과를 내는지 묻는 방식이다. 기업과 투자자들은 수익성과 장기적 재무 건전성을 측정해 기업의 건전성을 판단한다. 미국 소재 기업을 분석한 최신 연구들은 이러한 전통적인 측정 방식을 활용해 LGBT 포용을 위한 사업적 논리를 매우 명확하게 뒷받침한다. 이들 연구의 대부분이 채택하는 연구 방법론은 단순히 한 시점을 특정해 정책과 성과의 통계적 상관관계를 측정하는 것 이상이다. 이로써 우리는 LGBT 포용이 기업 성과에 기여한다는 것을 확신할 수 있다.[15]

기업의 성공을 가늠하는 가장 보편적인 척도는 주가다. 몇몇 연구는 LGBT에게 친화적인 정책을 도입한 기업의 주가가 오르는지 질문한다.[16] 기업들은 주가에 많은 관심을 쏟는다. 자본 조달과 경영진의 보수에 영향을 미치기 때문이다. 또한 주가 상승은 기업의 재무 실적이 개선됐다는 투자자의 시각을 반영한다.

주식 시장과 관련된 모든 연구에서 LGBT 포용 정책이 주가에 긍정적 영향을 미친다는 점이 발견됐다.[17] 2008년에 수행된 초기 연구에 따르면 LGBT 단체 휴먼라이츠캠페인이 만든 기업평등지수Corporate Equality Index, CEI가 높은 기업의 주가가 급등했다. 이 연구에서는 상승세가 단기간에 그쳤지만 후속 연구는 장기적 관점에서도 지속적인 연관성을 발견했다. 직전 연도보다 CEI가 오른 기업의 연간 주가 상승률이 높았던 것이다. 즉, 1년 동안 더 나은 정책을 도입한 기업은 유사한 기업과 비교해 다음 해에 주가가 더 큰 폭으로 상승했다. 직원의 동성 동거동반자에게 혜택을 제공한 기업이 그러지 않은 기업에 비해 더 높은 주가를 기록하기도 했다. 또 다른 연구에 따르면 이러한 주가 상승 효과는 연구개발R&D을 많이 하는 기업에서 특히 강하게 나타났다. 연관성은 일견 당연하다. 연구개발에는 고숙련 직원이 필요하기 때문이다. 크레디스위스의 자체 연구 결과에 따르면 LGBT 고위 경영진이 있는 (또는 LGBT 평등에 대한 기타 기준에 부합하는) 270개 기업은 유사업종의 다른 기업보다 더 높은 주가를 보였다.

주가를 넘어 수익성과 직원 생산성을 살펴본 네 개의 연구가 있다. 모두 사업적 논리의 중요한 기반을 다지는 연구다. 리펑李峰과 벵키 나가는 기업이 동거동반자 혜택을 제공하는 경우 수익성의 일반적인 척도인 자산 수익률이 상승한다는 사실을 발견했다. 산리웨이山立威, 푸시허傅十和, 정뤼鄭路는 CEI 점수가 높은 기업일수록 생산성의 척도 가운데 하나인 직원 1인당 평균 소득도 높다는 사실을 발견했다. 모하메드 호사인의 연구진은 CEI 점수가 높을수록 특허, 상표, 저작권이 더 많다는 사실을 발견했다.[18] 숀 피클러 등에 따르면 연구개발에 상당한 금액을 투자하는 기업은 LGBT에 친화적일수록 생산성이 높았다. 성적 지향 관련 차별금지법이 없는 주에 있으면서 LGBT에 친화적인 기업도 생산성이 높았다.* 피클러에 따르면 연구개발에 투자하면서 선진적인 LGBT 정책까지 갖춘 기업은 심지어 더 높은 이윤을 창출하는 것으로

---

* 법이 있는 주에서는 사내 정책 유무에 관계없이 LGBT 차별이 금지되고 있으므로 기업 간 생산성에 차이가 없다는 해석이 가능하다. 법이 없는 주에서는 LGBT를 지지하는 정책을 자발적으로 펼치는 기업에서 권익 보호의 효과를 보고 있는 셈이다. (옮긴이)

나타났다.

이렇듯 LGBT 지지도와 사업적 성과 사이 양의 상관관계는 명확하다. LGBT 지지도를 측정하는 척도, 기업 표본, 시기를 달리해도 상관관계는 일관되게 나타난다. 일관된 결과는 해석에 확신을 더한다. 양의 상관관계가 단지 단일 연구에서 나타난 특수한 결과값이 아니라는 것이다. 앞선 연구들에서 주목할 만한 점은 정책이 도입되면 재무적 성과가 뒤따른다는 것이다. 기업의 재무적 여건이 좋아서 정책을 시행할 여유가 있었던 것이라고 해석할 가능성을 차단하는 대목이다.

아마 LGBT 포용 정책의 효과를 가장 잘 검증할 수 있는 상황은 기업의 선택권이 없을 때일 것이다. 주에서 차별금지법의 대상에 성적 지향과 성별 정체성을 추가하면 자발적으로 정책을 시행하던 기업 이외에도 모든 기업이 정책을 따라야 한다. 만약 이러한 상황에서 긍정적인 사업 성과가 발견된다면 평등을 위한 사업적 논리가 더욱 강력해진다.

2016년 『경영과학Management Science』 학술지에 실린 가오화성高華聲과 장웨이의 연구는 주법에 따른 자연실험을 활용했다.[19] 이들이 특히 알고 싶어했던 것은 LGBT 평등 정책이 직원들의 창의성과 혁신을 촉진하는지의 여부였다. 기업 혁신의 과학적 척도로는 기업이 생산한 특허의 수가 이용됐다. 특허가 다른 특허 출원에 인용된 횟수를 계산해 그 품질을 측정한 것이다. 가오화성과 장웨이는 LGBT 차별금지법을 제정한 주에 본사를 둔 기업에서 특허의 수와 인용 횟수가 증가했다는 점을 발견했다. 자발적으로 정책을 시행하지 않고 있던 기업에서 이런 효과가 더욱 강하게 나타났다.

자발적으로 자체적인 차별금지정책을 시행하고 있는 기업에서는 이미 LGBT가 포용에 따른 혜택을 누리는 중일 가능성이 높다. 하지만 앞서 언급한 마지막 지점은 차별금지법의 더욱 광범위한 경제적 효과를 암시하고 있다. 차별금지법은 LGBT 근로자를 더욱 기민하게 보호할 뿐만 아니라, 기업이 일사천리로 정책을 개선시키게끔 유도한다. 이렇게 정책이 개선되면 기업의 이익에도 도움이 된다. LGBT 직원을 공정하게 대우해야 한다고 천명하면 노동 시장에서 유능한 발명가를 끌어들일 경쟁력이 높아진다.

가오화성과 장웨이는 LGBT의 권익을 보호하는 주에서 기업의 창의력을 증진한 주 요인이 인력 변화라는 점을 발견했다. 법이 제정된 이후 기업과 주 전역에 속한 발명가 개인을 추적한 결과, 법이 바뀌는 시점에 발명가들이 회사로 유입되거나 유출되는 건수가 증가했다. LGBT에 관용적인 발명가는 들어오고 비관용적인 발명가는 빠져나갔을 가능성이 있다. 결국 LGBT 평등을 추구하는 주의 기업들은 가장 생산적인 발명가들을 끌어들인 것으로 나타났다. 이 발명가들은 그 주의 기업을 빠져나간 발명가들보다 특허를 많이 냈으며 인용 수도 더 많았다.

이 연구에서 발명가들의 성적 지향이나 성별 정체성을 알 수는 없었다. LGBT가 상대적으로 소수라는 점을 고려하면 대부분은 아마도 LGBT가 아닐 가능성이 높다. 고도로 생산적인 이성애자 시스젠더 발명가도 관용적인 지역의 기업을 선호한다고 해석할 수 있다는 것이다.

물론 포용적인 정책의 효과를 이해하기 위해서는 연구가 더 많이 필요하다. 직장을 옮기지 않아도 정책만으로 직원의 창의력과 생산성이 개선될까? 정책이 강화되면 고객 기반과 제품 생산이 확대될까? 일부 조사에 따르면 소비자는 구매 단계 전에 기업의 LGBT 정책을 중시하고 고려하는 것으로 나타났다. 한 국제 연구에 따르면 LGBT의 71퍼센트와 비LGBT 지지자의 82퍼센트가 LGBT를 지지하는 기업을 선호한다고 답했다.[20] 그러나 고용주의 정책이 변화할 때 소비자의 소비 행태가 실제로 변화하는지 자세하게 관찰한 연구는 아직 없다.

다만 지금까지의 연구들은 사업적 논리를 일관적으로 강력하게 뒷받침하고 있다. LGBT 직원에게 좋은 것은 고용주에게도 좋다는 것이다. 기업 성과에 관한 직접적 연구와 LGBT 직원의 성과에 관한 간접적 연구 모두에서 LGBT 포용 정책이 이익을 가져다준다는 결과가 나왔다. 직장 내 LGBT 평등과 포용을 증진하는 정책은 기업 수준에서든 국가 수준에서든 고용주와 사업에 긍정적인 결과를 창출한다. LGBT 친화적 정책은 기업이 최고의 직원을 고용하고 유지하도록 돕고, LGBT 직원이 건강하고 성실하게 최선을 다하도록 기반을 마련해준다.

피드백 루프의 실현: 기업 정책에서 공공 정책까지

미국 기업들이 사업적 논리를 내부적으로 이해하고 실행에 옮기면서 이들의 세계관도 변화한 것으로 보인다. 2000년대와 2010년대 미국에서는 활동가와 기업가의 관심이 혼인 평등에 더욱 집중됐다. 사업적 논리가 공유되면서 기업 내 정책 변화와 사회적·법적 변화 간 연결 고리가 생겼고, 이는 기업들이 동성 커플의 혼인 권리를 옹호하는 기반을 마련했다.

어떻게 이런 일이 일어났을까? 우선 기업가들이 하루아침에 갑자기 LGBT에 대한 사업적 정당성을 회사의 비전에 결합한 것은 아니라는 점을 기억해야 한다. 애플과 AT&T, IBM과 같이 LGBT 평등을 일찍이 옹호하던 기업들도 마찬가지다. 당초 기업가들은 LGBT가 어떤 손해를 입고 있는지 알 수 없었다. 다른 누군가가 알려준 것이다. 게이 기업가들은 마케팅 회사를 설립해 기업이 LGBT 시장에 진입하도록 도왔다. 스테퍼니 블랙우드, 하워드 버포드, 토드 에번스, 스콧 사이츠, 숀 스트럽, 밥 위텍과 같은 선구자들은 기업에 게이 공동체에 관한 것을 가르치고 게이들이 원하는 바와 선호하는 브랜드가 무엇인지 알려줬다. 전미서비스노동조합과 전미자동차노동조합 같은 조직에서는 단체교섭을 통해 동등한 혜택을 보장하는 등 LGBT 근로자들을 지원하곤 했다. 현재 미국에서 배우자 대상 의료 서비스에 대한 접근성은 노동조합원이 63퍼센트, 미가입자는 38퍼센트로 노동조합원 쪽이 더 높다.[21]

거의 같은 시기에 LGBT 직원들은 여성이나 유색인종이 그러했듯 지지 집단(자발적 직원 모임Employee Resource Groups, ERG이라고 부르기도 한다)을 형성하기 시작했다.[22] 이들의 초기 목표는 성적 지향과 성별 정체성을 기업의 차별금지정책 대상에 추가하고 동거동반자 혜택을 얻는 것이었다. 지지 그룹들은 사업적 논리의 뼈대를 구성해 인사 부서부터 CEO에 이르기까지 들어줄 사람이라면 누구든 찾아가 제시했다. 고용주들은 의료비 인상에 대한 우려로 동거동반자 혜택 도입을 주저하곤 했다. 그럴 때면 지지 단체는 나와 같은 연구자들과 협력해, 동거동반자 혜택에 가입하는 사람의 수가 적고 관리 가능할 것이라는 추정치를 보여줬다. 이들은 동종 기업과 산업계에서 다른 이들을 교육할 새로운 동지들을 모집했다.

집단 행동, 인지도 증진, 권리 기반 전략, 사업 기반 주장, 강력한 연대. 기업 차원에서 동성 동거동반자의 권리를 쟁취하는 데 도움이 됐던

이 모든 전략은 혼인 평등 캠페인에서도 익숙한 부분이 됐다. 기업들은 LGBT 활동가에게 훈련의 장을, 비LGBT 동료에게는 LGBT 동료와 이들의 동성 동거동반자를 만나고 배우는 장을 제공했다.

결혼식과 관련된 사업적 논리에는 그리 특별한 해석을 가미할 필요가 없다는 게 드러났다. 결혼식은 커플에게 매우 특별한 날이다. 이들은 축하해줄 친구와 가족을 초대한다. 마법 같은 날을 연출하고자 기꺼이 많은 돈을 소비한다. 한 업계 소식통에 따르면 2018년 미국인 결혼식 평균 비용은 2만4723달러였다.[23] 동성 커플의 결혼식은 2016년 기준 평균 1만1000달러로 더 검소한 편에 속한다.[24] 크리스티 맬러리와 브래드 시어스는 대법원의 결혼 허용 판결 이후 12만3000명의 커플이 결혼해 1년 만에 15억 달러를 소비했다고 추정했다. 호텔, 케이터링 업체, 식당, 밴드, 사진사, 보석상, 꽃집 등 웨딩업계에게는 동성혼이 신사업에 해당하며, 이들은 새로운 시장에 적극적으로 진출하고 있다.

다른 나라 사람들도 결혼식에 비용을 많이 지출하므로, 이러한 주장은 광범위한 호소력을 가지고 있다. 2012년 호주에 초청받아 정책 입안자, 사업가, 대중 앞에서 혼인 평등에 관해 이야기한 적이 있다. 이야기를 전했던 장소들 중 가장 아름다웠던 곳은 태즈메이니아의 호바트였다. 론리플래닛 여행가이드에서 태즈메이니아는 10대 허니문 섬으로 선정된 곳이다. 그런 맥락이 있었기에 태즈메이니아 주지사와 직원 등 연구 결과를 열심히 들어줄 청중을 찾을 수 있었다. 나는 호주에서 동성혼을 가장 먼저 허용하는 주에서는 결혼을 위해 몰려들 동성 커플들로 1억6100만 달러 이상의 경기 진작 효과를 기대할 수 있다는 연구 결과를 공유했다.[25]

다음으로 태즈메이니아 중소기업협회 관계자 로버트 맬릿과 제프 페이더 앞에서 연구 결과를 발표했다. 이들은 내가 내놓은 수치를 정중하지만 무덤덤하게 들었다. 실제 사업가들은 어떻게 생각할지에 대한 발표를 마치고 그들의 판단을 기다렸다. 이들은 혼인 평등과 중소기업의 관련성은 생각해본 적 없다고 인정했지만, 수치를 통해 그 이해관계를 확신하게 됐다. 주지사가 이후 혼인 평등 법안을 태즈메이니아 의회에 발의했을 때(결과적으로 실패했지만), 맬릿은 공개적으로 법안을 칭찬하면서 1억 달러의 효과와 사업적 이익을 언급했다. "발의안은 타당해 보이며, 대다수 태즈메이니아 중소기업의 목표를 달성하는 데 도움이 될 것입니다. (…) 우리는 더 많은 고객이 필요합니다."26

하지만 CEO, 중소기업 소유주, 직장 동료 사이에 잠재적 동맹이 많았음에도 이런 논란 많은 사회적 이슈에 목소리를 내도록 설득하는 데는 오랜 시간이 걸렸다. 어떤 기업들은 일찍이 친LGBT 정책에 대한 압력을 관리한 경험이 있다. 1990년대 초반 텍사스주의 윌리엄슨 마을에서는 애플의 동거동반자 혜택 때문에 신규 애플 컴퓨터 공장이 누리던 세금 감면 혜택이 철회됐다. 애플은 반발했고, 애플에 대한 폭넓은 지지와 애플이 창출하는 일자리로 인해 이 마을은 결국 한 발 물러났다.27

비슷한 시기에 디즈니는 사내의 동거동반자 혜택 정책과 LGBT 직원에 대한 지지에 반발해 디즈니랜드를 보이콧하는 침례교도들과 맞섰다. 디즈니랜드는 보이콧에도 끄떡없었다. 두 일화 모두 LGBT 직원을 지지한다고 해서 기업이 피해를 입지 않는다는 것을 보여줬다.

외부적 위협이 줄어들면서 직원의 내부 로비가 증가했다. 2005년 마이크로소프트는 워싱턴주의 차별금지법 대상에 성적 지향을 추가하는 것에 대해 회사 차원에서 입장을 취하지 않겠다고 발표했다. 1700명의 직원이 공개적 입장을 취하라는 청원에 서명하면서 마이크로소프트는 법안을 지지하는 것으로 입장을 바꾸었다. 현지 교회의 로비에도 불구하고 직원의 의견과 이익을 중시한 결과다.[28]

혼인 평등에 대한 지지를 얻는 데는 시간이 좀더 걸렸다. 2011년 뉴욕주에서 월스트리트의 CEO들이 혼인 평등 법안을 지지하면서 더 많은 기업이 지지 의사를 밝히기 시작했다. 2012년 아마존, 마이크로소프트, 나이키 등 다른 기업들도 공개적으로 지지 의사를 표명했다. 2013년과 2015년 미국 대법원에서 혼인 평등에 관한 대형 소송이 제기됐을 때, 수백 개의 기업이 법정 의견서를 제출해 혼인 평등을 위한 사업적 논리를 판사들에게 교육했다. 이들 기업 가운데 에트나, 애플, 구글, 휼렛패커드, 나이키, 버라이즌, 제록스 등은 주별로 제각각인 법률이 급여체계에 영향을 주는 것을 반기지 않았다. 이들 기업은 LGBT 직원을 2등 시민으로 대하도록 강제하는 혼인 불평등을 불편하게 여겼다. 결과적으로 평등을 지향하는 기업 문화를 저해했기 때문이다. 이에 따라 이들 기업은 2013년에 동성 커플을 불평등하게 대하는 법은 '최고의 성과를 낼 수 있는 환경에서 최고의 직원을 모집, 고용, 유지하려는 기업의 노력을 방해한다'는 사업적 논리를 대법원에 제시했다.[29]

미국에서 처음으로 동성 커플의 관계를 공식적으로 인정한 제도권 주체는 기업이다. 그리고 기업들은 그 움직임이 국가 전반에 확산되도록 도왔다. 오버게펠 대 호지스 판결(2015년 미국 대법원에서 혼인 평등을 요구한 판결)에서 법원은 기업들의 준비서면에 주목했다. 미국에서 혼인 문제가 사회적으로 광범위하게 논의되고 있다는 증거로 본 것이다.[30] 기업은 LGBT 불평등을 둘러싼 갈등의 현장에서 LGBT 평등을 선도하는 헌신적인 파트너가 됐다. 혼인 평등을 지지하는 것이 옳은 일일 뿐만 아니라 기업으로서도 합리적인 일이라고 판단했던 것이 큰 영향을 미쳤다.[31]

이때부터 기업들은 이 사업적 논리를 토대로 여러 지역에 걸쳐 LGBT 평등을 주장하기 시작했다. 2017년에는 에어비앤비, 아마존, 애플, IBM, 인텔, 매스뮤추얼 등 53개 기업이 버지니아고등학교에서 남자 화장실 이용을 금지당한 트랜스젠더 소년 개빈 그림을 지지하는 법정 의견서를 제출했다.[32]

내가 태즈메이니아에서 경험했던 것처럼, 혼인 평등을 지지하는 기업은 미국 바깥에도 존재한다. 호주에서는 다국적 기업과 현지 기업 양측이 혼인 평등을 지지했다. 어시홈론스와 호주미식축구리그, 멜버른은행, 베스트텔레콤 오스트레일리아, ING, 러시, 콴타스항공, 텔스트라, 트위터, 보다폰이 이에 해당했다.[33] 페이스북과 구글, 마이크로소프트, 트위터는 2015년 아일랜드에서 혼인 평등 지지에 동참했다.[34] 대만에서는 2019년 에어비앤비와 EY, 구글이 다양성이 사업에 미치는 가치를 주요 논거로 들면서 12개의 다국적 및 현지 기업과 함께 동성혼법안 제정을 지지했다.[35]

기업의 지지활동이 탄력을 받고 이를 실현할 수많은 기회가 펼쳐지는 가운데, 앞으로도 기업들은 LGBT 평등을 논하는 자리에서 더욱 중요한 국제적 참여자로 부상할 가능성이 높다.

사업적 논리를 바깥으로 확장하다

그간의 증거와 기업의 입장을 참고하면 LGBT 평등을 뒷받침하는 사업적 논리에는 발이 달려 있다는 점을 알 수 있다. 아일랜드와 호주의 혼인 평등 캠페인에서 확인한 것처럼 국경을 넘는 잠재력이 있으니, 날개도 달려 있다.

그러나 기업은 상대적으로 LGBT에 친화적이지 않은 국가에서는 다른 국가에서만큼 입장을 선명하게 드러내지 않는다. 페이팔은 노스캐롤라이나주 의회가 '화장실 법안'을 통과시키자 시설 투자 계획을 철회할 정도로 단호한 입장을 취했지만, 동성애자를 범죄시하는 말레이시아와 싱가포르에 운영 센터를 두고 있기도 하다. 이렇게 대비되는 현상이 중요한 의문을 품게 한다. 글로벌 기업들은 한 국가에서는 LGBT 권리를 우선시하면서 다른 국가에서는 그러지 않는 걸까? 왜 다른 국가에서도 사업적 논리가 적용되지 않는 걸까?'

다국적 대기업은 하나의 차별금지정책이 어느 국가에서든 모든 직원에게 적용된다고 공언한다. 앞서 언급했듯 휴먼라이츠캠페인은 매년 1000개 이상 기업의 LGBT 정책을 평가한다. 2018년 평가 기업 가운데 절반 이상(59퍼센트)이 미국 밖에 소재하며 대부분(98퍼센트)이 운영하는 곳 어디서든 SOGI 차별금지정책을 적용한다고 보고했다.[36] 같은 해『이코노미스트』의 조사에서는 더 놀랄 만한 점을 발견할 수 있다. 이코노미스트 인텔리전스유닛의 조사에 따르면 세계 기업계의 오피니언 리더 3분의 2가 LGBT를 차별하는 정부 정책에 기업들이 반대 의사를 밝혀야 한다는 데 동의했다.[37] 그러나 실제로 기업들은 그러고 있는가.

항상 그렇지만은 않다. 반LGBT적인 법률과 태도가 흔한 국가에서는 활동가들이 기업 지도자와 대화 자리를 만드는 것조차 어렵다고 토로하는 것을 익히 들었다. 예컨대 대만에서도 기업의 입장을 돌리기까지 꽤 시간이 걸렸다. 입법위원 린징이에 따르면 2019년 혼인권을 쟁취하기 불과 몇 년 전인 2017년 기업 공동체는 혼인 평등 지지에 앞장서지 않았다.[38] 또한 설문에 따르면 다국적 기업의 수많은 직원(미국인 제외)이 고용주가 LGBT를 포용하는 기업을 만드는 데 충분히 노력을 기울이지 않고 있다고 답했다.[39]

실비아 앤 휴렛과 켄지 요시노의 연구에 따르면 기업의 행동은 공식 정책과 상응하지 않을 수 있다.[40] 이들은 상대적으로 보수적이고 반LGBT 정서를 드러내는 국가에서 다국적 기업이 다른 전략을 펼친다는 점을 발견했다. 휴렛과 요시노에 따르면 일부 기업은 단순히 현지 법을 따르고 자체적인 LGBT 정책에 예외를 두는, '로마에서는 로마의 법을 따르라'는 접근 방식을 취했다. 다른 기업들은 상대적으로 적대적인 정서 속에서 '대사관'처럼 행동한다. 기업의 울타리 내에서만 LGBT 직원을 지지하고 보호 정책을 펼치는 것이다. '옹호'하는 기업들은 담장을 넘어서도 현지 LGBT 활동가를 지지하고 정부의 정책 변화를 압박하는 식으로 가장 적극적인 접근 방식을 취한다. 휴렛과 요시노에 따르면 이는 기업이 국가의 법과 문화가 부여한 한계를 고려하고, 회사와 LGBT 직원들에게 무엇이 안전하고 합리적인지 판단한 결과다.

다만 많은 국가에서 반LGBT 법안이 제정되기 시작하면서 행동에 나서야 한다고 믿는 기업이 많아지고 있다. 이코노미스트 인텔리전스 유닛이 2018년 다국적 기업의 지도자들에게 물은 결과, 기업이 근미래에 LGBT 문제의 '진보를 주도하는 주체'로 부상할 것이라고 예측한 이가 절반가량이었다.[41] 그러나 잠재적으로 지형이 불안정하다는 점은 자명하다. 조사에서 본인의 기업이 대중전을 펼치리라 예상한 비율은 3분의 1뿐이었다.

오픈포비즈니스Open for Business는 전 세계의 반LGBT 법안 및 정책에 공동으로 맞서기로 결심한 다국적 대기업 연합으로, 아메리칸익스프레스, AT&T, EY, 구글, IBM, 버진 등이 소속되어 있다. 이들은 사업적 논리에 기반해 다음과 같은 논거를 명문화했다. "성공적이고 진취적인 기업들은 다양하고 포용적인 사회에서 번성하며, 반동성애적 정책의 확산은 기업과 경제 발전의 이익에 역행한다."[42] 오픈포비즈니스는 휴렛과 요시노가 지적한 것처럼 반LGBT법이 직원과 기업의 리스크라는 점을 인지한다. 그러나 이 새로운 연합은 해당 법안에 입장을 취하지 않는 것 또한 국제적인 브랜드 가치와 명성에 리스크라는 점을 인지한다. 반LGBT 국가에서 영업하는 것만으로도 세계의 신흥 중산층과 밀레니얼 세대(1980년~1996년생)를 포함한 잠재적 고객과 직원 집단이 떠나갈 수 있다.

오픈포비즈니스가 의뢰한 여론 조사는 이러한 우려를 뒷받침한다. 영국의 응답자 중 절반 이상(53퍼센트)과 미국의 응답자 중 절반 이상(51퍼센트)은 반동성애 국가에서 활동하는 기업에서 일하고 싶지 않다고 답했다.[43] 또한 기업들은 활동가나 직원으로부터 위선적이라거나 '핑크 워싱'을 한다고 비판받을 수도 있다. 다른 곳에서 LGBT 권리(혹은 다른 인권)를 제대로 지지하지 않는 것을 숨기려고 LGBT에 친화적인 국가에서 활동하며 긍정적 이미지를 만드는 경우가 이에 해당한다.

평판 및 브랜드 리스크에 대응하기 위해 사업적 논리를 확산하는 것 역시 LGBT 평등과 수익이 연결되어 있다는 점을 보여준다. 오픈포비즈니스 소속 기업들도 견고한 경제를 구축하고자 관용과 포용의 중요성에 주목한다(다음 장에서 확장된 관점으로 더욱 자세히 다룰 예정이다). 집단적으로 한목소리를 내면서 사업적 논리를 제시하면, LGBT 평등을 향한 메시지가 증폭될 뿐만 아니라 개별 기업을 백래시로부터 보호할 수 있다.

UN 인권최고대표사무소OHCHR는 2017년 전 세계 기업이 동일선상에 서도록 돕는 활동을 시작해, LGBTI에 관한 기업 행동 표준을 만들어 기업들의 서명을 요청해오고 있다.[44] 이 표준은 LGBTI 인권을 존중할 기업의 책임을 담고 있으며, 직장, 시장, 지역사회에서 차별과 낙인을 종식하고 예방할 것을 촉구한다. 표준의 한 가지 지침은 기업이 사업장 주변에서 발생하는 인권침해를 중단하는 데 앞장설 것을 요청한다. UN은 오픈포비즈니스와 파트너십을 맺고 기업이 자체적인 담장을 넘어 사회에서 결과를 이끌어낼 수 있는 다양한 '영향력 수단channels of influence'을 소개하고 있다. 공급업체부터 유통업체까지 아우르는 공급망에 LGBT를 포용하는 체계가 보장되도록 확실시하는 것, 공개적으로든 비공개적으로든 정책 이슈에 힘쓰는 것 등이 그런 수단에 속한다. 여기서 한 가지 중요한 기업 원칙은 '우리를 제외하고 우리에 관해 논하는 것은 의미 없다nothing about us without us'*이다. LGBT의 삶을 개선하고 싶어하는 사람이라면 활동 과정에서 LGBT 단체와 직접 함께 일해

---

* 당사자 관점의 중요성을 강조하는 범세계적 구호. (옮긴이)

야 한다는 개념이다. 기업뿐만 아니라 다른 분야에서도 모두 적용되는 원칙으로, 6장에서 다시 자세히 다룰 것이다.

국제 환경에서는 LGBT 정책의 다양성이 확대되기 때문에 사업적 논리가 더욱 복잡해지고 있다는 점은 분명하다. 하지만 오픈포비즈니스의 선언과 UN의 노력 이전에도 사업적 논리는 확산되고 있었다. 다국적 대기업은 임원들을 (해외로) 발령 내는데, 이로써 사업적 논리를 옹호하는 사람들이 여러 경제권으로 퍼져나간다. 많은 다국적 기업이 거래처에 차별금지정책을 갖출 것을 요구하며, 다국적 기업의 정책으로 인해 경쟁사들도 고숙련 노동력을 유치하고 유지하기 위해 포용적인 정책을 도입해야 한다는 압박을 받는다.

경쟁적이고 문화적인 압박의 효과는 미국과 유럽에서 가능성을 넘어 현실로 드러나고 있다. 오픈포비즈니스는 2017년 기준으로 100대 신흥 시장 다국적 기업 중 29개 기업이 성적 성향과 성별 정체성을 차별금지정책 대상에 추가했다고 밝혔다.[45] 인도의 고드레지인더스트리스와 철강 제조업체 아르셀로미탈, 중국의 컴퓨터 제조업체 레노버, 브라질의 항공우주 기업 엠브라에르도 자국에서 업계를 선도하고 있다.[46]

사업적 논리의 수용도가 향상될 여지도 여전히 남아 있다. 이코노미스트가 조사한 세계 기업계의 오피니언 리더들은 대부분 LGBT를 매우 지지하는 입장을 취했다. 그러나 LGBT 포용으로 투자 수익이 발생하리라 생각한 이는 29퍼센트, 재무적 이익의 가능성을 예상한 이는 18퍼센트에 불과했다. 이코노미스트 인텔리전스유닛은 "기업들이 LGBT 직원을 위해 최선을 다하고 있더라도 LGBT 다양성 및 포용성

과 수익성을 연결하는 논리 구조를 찾지는 못한 것으로 보인다"고 적었다.[47]

사업적 논리가 확산되면 남반구 개발도상국의 현지 기업에서 LGBT를 포용하는 일터를 만들거나 심지어 그런 움직임을 주도할 수 있다. 이코노미스트 인텔리전스유닛의 아시아 편집장 찰스 고더드는 다국적 기업과 현지 기업의 간극을 보면 아직 해야 할 일이 남아 있다고 말하며 특히 아시아를 지목했다. 이코노미스트가 매년 프라이드 앤 프레주디스Pride and Prejudice 행사 가운데 하나를 아시아에서 개최하는 이유다.

사업적 논리를 현장에서 사용하다

2015년 필리핀에서 순회 연설을 하면서 다국적 기업과 현지 기업의 간극이 큰 국가라는 것을 알게 됐다. 어느 아침, 필리핀의 금융 산업 프라이드 네트워크에서 LGBT 배제 비용에 관해 발언했다. 회의실은 호주뉴질랜드은행, 톰슨로이터스, 웰스파고 등 다국적 기업 직원들로 가득 찼고, 이들은 동거동반자 혜택, 트랜스젠더 직원 포용, 차별금지정책, LGBT 직원 단체와 같은 사내 정책을 이야기했다. 주최자는 지지의 의미로 커피와 차, 무지개색 케이크를 제공했다.

오후에는 필리핀에 기반을 둔 현지 기업의 인사팀 관리자들 앞에서 호모포비아 비용에 관해 유사한 내용으로 연설했다. 이들 대부분은 사업적 논리를 처음 접했다. 참석자 중 한 명은 호모포비아라는 말을 인터넷에서 검색해봐야 했다고 말했다. 주최자였던 필리핀인사관리협회는 표적집단조사를 실시한 결과 현지 기업보다 다국적 기업이 훨씬 선진적이라는 점을 발견했다. 현지 기업은 LGBT를 고용했지만 평등한 고용 기회 정책을 시행하고 있지 않았다. 이유는 무엇일까. 이들은 정책을 시행하면 경험하게 될 긍정적인 결과를 깨닫지 못하고 있었으며, 사업적 논리가 부재한 상황에서 LGBT 지지에 소극적인 국가적 문화가 기업 정책에 영향을 미치고 있었다.

사업적 논리의 확산은 많은 국가의 기업에 도움이 될 수 있다. 후안 피호트는 LGBT 포용을 옹호하는 수리남의 LGBT 전문가 조직 파레아 수리남Parea Suriname의 의장이다. 그는 가족 소유 기업의 전무이사이기도 하며, 직장 내 LGBT 평등을 논의할 때 현지 기업가의 언어를 이용한다. 그는 나와의 인터뷰에서 포용은 옳은 일이라 얘기하며 "회사의 관점으로 접근하려 노력합니다"라고 덧붙였다. "회사 입장에서도 직원들의 생산성이 떨어지므로 손해를 본다고 말합니다. 직장에서 직원들이 본모습으로 있기 어려우니까요."[48] 그는 더 포용적인 경쟁사가 유능한 LGBT 직원을 빼앗아갈 거라고 기업들에 경고한다. 피호트와 파레아수리남은 많은 현지 기업이 성인지적 인사 정책과 차별 철폐를 위한 서약에 서명하도록 설득했다.

호모포비아와 트랜스포비아가 심한 국가에서는 사업적 논리가 난관에 부딪힐 수 있다는 점을 인지하는 것이 중요하다. 우크라이나 활동가 이레네 페도로비치는 사업적 논리를 완전히 활용하지는 못했다. 그는 키이우에 있는 한 스포츠클럽 체인의 매니저들과 함께 다양성 문제를 담당했다. 그 매니저들은 어떤 라커룸을 배정해야 할지 '확실하지 않은' LGBT 고객의 입장이나 멤버십을 거절하기도 했다. 이레네는 클럽의 주장을 이렇게 요약했다. "게이나 레즈비언 고객 한 명을 위해 호모포비아 고객 열 명을 잃고 싶지 않다."[49]

다만 그는 다른 우크라이나 도시에서는 사업적 논리가 다르게 작용한다는 점을 발견했다. 그곳의 LGBT 활동가들은 가게 주인, 술집, 식당을 설득해, 창문에 무지개 스티커를 붙여 LGBT에게 안전한 공간을 지지하도록 만들었다. 이 활동가들은 단기적으로는 가게가 일부 고객을 잃을 수 있다고 인정했지만, 중기적으로는 LGBT들이 단골이 되어 다른 사람들을 데려와 더 많은 것을 얻을 수 있다고 주장했다.

고용주가 LGBT 포용을 위한 사업적 논리를 알고 있다면, 그 힘은 실로 대단하다. 사업적 논리는 단순히 기업이 정의로운 일을 하는 이유를 정당화하려 시도하는 것 이상이다. 실제로 LGBT 직원이 평등하게 대우받을 때 직원과 기업의 성과가 향상된다는 점을 실증하는 신중하고 과학적인 연구들이 점차 많아지고 있다. 처음에는 직원과 활동가의 압력을 받은 기업들이 LGBT 직원의 '근무 환경'을 개선하는 방식으로 사업적 논리를 실행했다. 기업들은 이제 '시장', 더 나아가 '세계적인 공공정책의 공론장'으로 그 적용 범위를 확장시키고 있다.

다음 장에서는 지금까지 다룬 내용과 관련 있지만 좀더 광범위한 질문을 던진다. 평등이 LGBT 직원과 고용주에게 좋다면, 국가 경제에도 좋을까? 모두 합산해보자.

제5장
LGBT와 국가 경제

기업들은 LGBT 차별이 수익성에 영향을 미치지 않을까 우려한다. LGBT는 더욱 안전하고 건강하고 경제적으로 안정되기를 원한다. 두 관점에서 비롯된 통찰을 결합하면 거시 경제에 미치는 영향을 파악할 수 있다. 이는 정책 입안자에게 LGBT 배제에 맞서 싸울 새로운 동기와 도구를 제공한다.

한 국가의 경제는 LGBT 개인이나 개별 기업이 경험하는 사소한 사건들의 합으로도 막대한 비용을 치른다. 경제를 오케스트라에 비유하면 원리를 이해할 수 있다. 경제처럼 오케스트라도 다양한 섹션, 사람, 악기로 구성된 복잡한 체계다. 전반적인 지표를 통해 경제가 얼마나 잘 작동하는지 알 수 있는 것처럼, 오케스트라가 얼마나 잘 연주하고 있는지는 음악의 수준을 통해 가늠할 수 있다.

연주가 잘 진행되면 오케스트라의 모든 섹션이 각자 맡은 부분을 연주하고 다른 섹션들과 교류해 풍성하고 아름다운 음악을 만들어내는 것을 들을 수 있다. 만약 일부 연주자가 음을 틀리거나 연습을 제대로 하지 않았거나 피곤해서 연주에 쏟을 에너지가 충분하지 않으면, 음악의 질은 떨어진다. 듣기 어려운 정도로 급격히 전락할 수도 있다.

그러나 연주자들이 음정을 잘 맞추지 못하는 이유는 악기가 고장났거나 값싼 악기를 받았거나 필요한 훈련을 제대로 받지 못해서일 수도 있다. 이들이 음악에 온전히 집중하지 못하게 방해하는 요소가 있을 수도, 보면대에 잘못된 악보를 올려놨을 수도, 지휘자를 볼 수 없는 자리에 앉아 있을 수도 있다. 이러한 문제로 인해 일부 단원은 최선을 다해도 결과가 좋지 않은 상황에 처했던 것이다. 우리는 오케스트라가 아름답고 인상적인 음악을 만들어낼 수 있다는 것을 알지만, 이 오케스트라는 그 기대를 충족하지 못할 것이다.

LGBT가 능력에 맞는 훈련을 받지 못하거나 직장에서 괴롭힘을 당하거나 기술력을 충분히 발휘할 직종에 채용되지 못한다면, 결국 열악한 좌석에 앉아 허름한 악기로 엉뚱한 음악을 연주하라는 뜻과 같다. 그 결과 경제 전반의 생산성은 저하된다.

이번 장에서는 이러한 차별적 요소가 경제에 미치는 영향이 얼마나 큰지 살펴본다. 첫 번째 방법론으로는 개별 국가가 받는 영향을 측정하는 것이 있다. 캐나다, 인도, 케냐, 필리핀, 남아프리카공화국 등의 예시가 주로 활용된다. 기본 발상은 간단하다. 첫 단계는 얼마나 많은 사람이 성적 지향과 성별 정체성으로 인해 낙인 찍혀 차별에 직면하고 건강 문제를 겪는지 측정하는 것이다. 다음 단계는 이렇게 발생하는 문제들에 어떻게 경제적 가치를 매길지 판단하는 것이다. 마지막 단계에서는 국가 전체 차원에서 모든 것을 합산한다. 일반적으로, LGBT 인구가 전체의 3~5퍼센트로 추정될 만큼 상대적으로 적더라도 국가적 차원의 경제적 손실은 연간 수십억 달러로 상당하다.

두 번째 방법은 상공 수 킬로미터 높이에서 바라보듯 국경을 넘어 영향을 평가하는 것이다. 호모포비아와 트랜스포비아가 비용을 초래한다면 LGBT를 포용하는 국가일수록 경제적으로 더욱 견고할 것이다.

어떤 면에서 이는 호모포비아가 비용을 초래한다는 주장을 검증하는 궁극적인 시험대이며, 일부 회의론자들이 지목하는 명백한 취약점이기도 하다. 아시아 전역에서는 "싱가포르를 보라"는 반론이 제기되어 왔다. "싱가포르는 동성애를 여전히 범죄화하고 있지만 경제가 번영하고 있고, 세계에서 가장 부유한 나라들 가운데 하나다." 중국은 어떠한가. 중국 정부는 2017년 동성애 콘텐츠 금지 대상을 TV 매체에서 온라인 영상·음성 매체로 확대하면서 LGBT에 여지를 주지 않는다는 것을 여실히 드러냈지만, 중국 경제는 급속 성장을 지속하고 있다.[1]

LGBT에 친화적이지 않은 일부 국가의 경제적 성공은 강력한 반론으로 보인다. 그러나 이는 반론으로 유효하지 않다. 이 책의 첫 장에서 얻은 교훈은 배제의 비용들이 감춰질 수 있다는 것이었다. 이 장에서는 이러한 비용들이 숨겨져 있음에도 그 규모가 크다는 점을 보여준다. 경제적 성장을 이룬 국가나 신흥국일지라도, LGBT를 좀더 포용했다면 더욱 많이 성장했으리라는 사실을 그 성공에 가려 간과할 수 있다.

전체 경제 수준에서 주장하기 위해서는 본격적으로 같은 조건의 국가끼리 정밀하게 비교할 필요가 있다. 오케스트라의 비유를 빌려보자면, 악기의 질은 유사하지만 연주자를 대우하는 방식이 각기 다른 오케스트라끼리 비교해 대우 방식이 실제로 중요한지 알아보는 것이다. 경제성장과 평균 국가 소득에는 여러 요인이 영향을 미치기에, LGBT 포용 수준이 각기 다른 국가들을 비교할 때 이런 요인들을 고려하는 것이 중요하다. 다른 모든 요인을 통제한 상태에서 국가별 LGBT 포용과 경제적 지표 사이에 양의 관계(통계 용어로는 상관관계)가 나타나는지 알아볼 것이다.

국가 경제 측정하기

먼저 LGBT 배제가 미치는 영향을 파악하려면 한 경제 집단의 생산량을 측정할 방법이 필요하다. 경제학자, 정책 입안자, 개발기구가 만들어 사용하는 가장 일반적인 국가 경제 관련 지표는 GDP다. GDP는 한 국가에서 생산된 상품과 서비스의 가치를 합산하고 시장에서 사고팔린 모든 것을 포착한다. GDP를 측정하기 위해 정부 통계기관은 설문 조사와 행정 기록을 통해 기업과 근로자로부터 데이터를 수집한다.[2] 큰 국가는 작은 국가보다 경제 규모가 크기에, 경제 발전과 평균적 삶의 질을 평가할 때는 인구수를 기준으로 평균을 내 1인당 GDP를 구한다.

　1인당 GDP가 완벽한 척도는 아니다. 중요한 무급 노동(여성이 주로 담당하는 자녀 돌봄, 집안일, 음식 준비)은 시장에서 사고팔리지 않아서 GDP에 포함되지 않는다. GDP는 상품과 서비스를 생산하는 과정에서 발생하는 환경 파괴도 고려하지 않는다. 또 다른 단점은 GDP가 빈부 격차를 고려하지 않기에 평균 GDP도 많은 이의 삶의 질을 제대로 반영하지 못한다는 것이다. 이러한 불완전성에도 불구하고 GDP는 경제학자와 정책 입안자가 널리 수용하는 개발 척도로, 여러 국가를 연도별로 비교해볼 수 있는 양질의 데이터가 마련되어 있다. 국가별 GDP와 함께 기대수명, 교육 성취도 등을 살펴보는 UN 인간개발지수UN Human Development Index처럼 삶의 질을 폭넓게 측정하는 다른 척도도 있다.

책에서는 1인당 GDP에 초점을 맞춘다. 여러 국가에서 수년에 걸친 데이터를 보유하고 있기 때문이다. 다만 LGBT 포용의 경제적 이익은 다른 전반적인 경제 지표에도 적용될 수 있다. 이 장의 첫 번째 부분에서는 1인당 GDP를 기준선으로 삼아 여러 비용의 추정치를 비교한다. 두 번째 부분에서는 포용도와 1인당 GDP의 관계를 살펴볼 계획이다.

LGBT 배제와 잃어버린 생산성

경제학자들은 경제개발과 GDP 증가의 핵심이 근로자의 생산성이라고 본다. 개인의 생산성 개념은 유형의 재화를 생산하든 서비스를 제공하든 일정 시간 동안 생산 가능한 양으로 측정한다.

예컨대 작가로서 나의 생산성은 시간당 작성하는 단어 수로 측정할 수 있다. 글쓰기가 순조로울 때는 한 시간에 더 많은 단어를 쏟아내면서 더 빨리 글을 쓴다. 달리 말하면 (빠른 덕분에 더 써내는 단어들의 품질이 동일하며 추후 편집되지 않는다고 가정할 때) 필자는 종종 평상시보다 생산적일 때가 있다. 생산성이 높아지면 책을 예상보다 빨리, 더 저렴하게 쓸 수 있으므로 사업의 관점에서 볼 때 출판사와 필자 모두 더욱 행복해질 것이다.

고용주는 근로자의 생산성을 높여 동일한 인건비로 유형의 재화나 서비스를 더 많이 생산하고 싶어한다. 무엇을 판매하든 제품의 단위당 비용을 낮출 수 있기 때문이다. 정책 입안자는 국가 경제의 생산성을 높여 더 많은 사람에게 재화와 서비스가 제공되길 원한다. 놀랍지 않게도 생산성은 한 국가의 삶의 질과 밀접하게 연관돼 있다. 근로자의 생산성이 향상돼 경제의 '파이'가 커지면 적어도 일부 사람들이(바라건대 모든 사람이) 더 큰 조각을 얻을 수 있다.

생산성은 중요한 경제적 개념이지만 대부분의 고용 환경에서는 이를 측정하기 어렵다. 임금이 생산성과 밀접하게 연관되어 있다는 경제학자들의 견해를 바탕으로, 이 책에서는 생산성을 측정할 도구로 임금을 차용한다. 한 고용주가 동일 업종의 다른 고용주보다 5퍼센트 더 많은 임금을 지급할 의향이 있다면, 근로자가 그만큼 생산성을 높여야 고용주의 경쟁력이 유지될 수 있다. 만약 고용주가 차별 때문에 일부 직원에게 더 많은 임금을 지급한다면, 편견으로 인해 수입이 줄어든 직원들은 본래보다 생산성이 떨어질 수밖에 없다.

생산성과 임금이 완벽히 연결되지는 않는다. 임금에는 고용주를 설득해 임금을 인상하는 노동자의 협상력(노동조합 가입 여부와 관계없이)이 반영되기 때문이다. 그리고 때로는 고용주가 불쾌한 근무 조건이나 부족한 혜택을 보상하는 차원에서 노동자에게 더 많은 임금을 지불하기도 한다. 연구자들이 집단 간 임금 격차를 추정할 때 관련 요인을 가능한 한 많이 통제하는 이유다.

성별 임금 격차를 예로 설명해보자. 동일한 자격을 갖추고 유사한 직종에 종사하는 남성보다 여성이 평균적으로 20퍼센트 적은 임금을 받는다면, 차별이 없었다는 가정하에 여성의 생산성이 대략 20퍼센트 낮았다고 추정할 수 있다. 어쩌면 생산성 높은 기업이 여성을 차별하고 있어서 여성이 생산성 낮은 직장에서 근무하게 되는 것일 수도 있다. 아니면 여성의 기술력이 충분히 활용되지 못하거나 그 가치를 인정받지 못해 저임금 직종으로 유도될 수 있다. 근무 가능 시간이 짧고 경험이나 직무 교육이 부족해 낮은 수입을 얻을 수도 있다.

여성이 남성만큼 생산적인데 20퍼센트 적게 벌고 있다면 이는 차별일 뿐만 아니라, 차별이 덜한 다른 고용주에게 여성 인력을 빼앗기는 결과까지 낳는다.[3] 임금에 관한 일부 경제학 이론의 주장에 따르면, 이러한 상황에서 임금을 적게 받는 사람들은 자신이 불공정한 대우를 받고 있다고 생각하면 생산성이 떨어진다. 따라서 여성의 상대적 저임금은 여성 본인뿐만 아니라 경제 전체에도 피해를 입힌다.[4]

임금을 생산성의 대체 지표로 생각하면 몇 가지 장점이 있다. 정부 통계기관이 삶의 질을 추적하는 방법으로 흔히 임금을 측정한다는 것이 주된 이유다. 많은 연구가 임금 관련 통계 데이터를 사용해 노동 시장에서 특정 근로자 집단을 배제하는 데 따르는 비용을 추정하고 있다:

교육 젠더 불평등 비용: 인도에서 젊은 여성은 교육과 일자리 접근성에 관련된 불평등을 경험한다. 여성의 교육 성취도를 한 단계 높이면 생산성과 임금이 증가해 GDP가 0.5퍼센트 상승할 것이다. 청년 실업률의 성별 격차를 줄이면 인도의 GDP가 4.4퍼센트 증가할 것이다.[5]

친밀한 파트너 폭력 비용: 친밀한 파트너로부터 폭력을 겪는 여성은 결근과 생산성 저하 등으로 경제 참여도가 떨어진다. 탄자니아에서 친밀한 파트너 폭력으로 인한 소득 감소는 국가 경제에 1.2퍼센트의 손실을 안긴다. 베트남에서는 결근으로 인해 2011년 GDP의 1.6퍼센트만큼 비용이 발생했다.[6]

로마인 배제의 비용: 로마인은 중앙 유럽과 동유럽에 집중된 소수

민족이다. 로마인과 비로마인의 임금 격차는 매년 34억~99억 유로의 생산성 손실을 유발한다.[7]

이렇게 임금 및 생산성 격차가 경제에 얼마나 영향을 미치는지 계산할 수 있다. 이는 낙인 찍힌 집단이 (차별을 받지 않았더라면) 얼마나 더 많이 일하고 생산할 수 있었는지를 보여준다. 집단의 개개인이 평균 임금만큼 번다고 가정하는 방식이다. 그러면 추가적인 노동으로 경제의 생산량이 얼마나 증가할지 산출할 수 있다.

2장에서 직장 내 LGBT 차별이 세계적 현상이라는 증거를 제시한 바 있다. 인도에서도 많은 LGBT가 차별을 보고했다. 예컨대 2013년 조사에서는 300명 이상의 대졸 화이트칼라 LGB 근로자 가운데 56퍼센트가 성적 지향으로 인해 직장 내 차별을 경험했다.[8] 필리핀에서는 2018년 설문에 참여한 LGBT 540명 가운데 30퍼센트가 직장에서 차별과 괴롭힘을 경험했다고 진술했다.[9]

안타깝게도 성적 지향이나 성별 정체성 차별에 따른 임금 격차의 단서를 제공하는 통계기관은 전 세계적으로 소수에 불과하다. 호주, 프랑스, 그리스, 네덜란드, 스웨덴, 영국, 미국과 같이 LGBT에 대한 관용과 법적 평등이 어느 정도 보장된 부유한 국가들이다. 2장에서 설명한 것처럼 마리카 클라위터는 이 국가들의 데이터를 사용한 여러 연구를 종합해, 게이와 양성애자 남성의 소득이 이성애자 남성보다 11퍼센트 적다는 사실을 발견했다. 이 11퍼센트가 바로 고용 차별 등의 배제로 인해 게이와 양성애자 남성이 경험하는 생산성 저하의 근사치다.

다만 같은 연구에서 레즈비언과 양성애자 여성은 평균적으로 이성애자 여성보다 9퍼센트 더 많은 수입을 올리는 것으로 나타났다. 2장에서 논의했듯 레즈비언과 양성애자 여성이 명백하게 이익을 보는 것은 노동 시장에서 다른 여성들이 겪는 제약으로부터 상대적으로 자유롭고 이성애자 여성보다 유급 노동을 하는 경우가 많다는 점이 반영된 것으로 보인다. 이 국가들에서 레즈비언은 연인이 있든 없든 남성과 결혼하지 않고도 스스로를 부양할 경제력이 있는 것처럼 보인다. 레즈비언과 양성애자 여성은 이성애자 여성보다 (인적 자원의 한 형태로) 직장 경험이 더 많고 고소득 직업을 추구하는 데 있어 자유로울 가능성이 존재한다.

하지만 이 '레즈비언 우위'가 게이와 양성애자 남성의 생산성 손실을 상쇄하지는 못한다. 남녀가 노동 시장에서 경험하는 제약은 매우 다르기 때문이다. 레즈비언이 남성과 결혼해 무급 가사 노동을 수행하라는 압력을 받는다면 미국이나 유럽에서처럼 자유나 경제적 독립을 누리지 못할 가능성이 있다. 노동 시장에서 여성이 전반적으로 제약에 부딪히는 경우도 마찬가지다. 레즈비언더러 남성과 결혼하라고 강제하는 것은 유급 노동 시장에서 이들의 기여를 잃겠다는 것과 같다. 여성에 관해 올바른 계산을 하려면, LGBT를 배제하는 국가의 레즈비언과 양성애자 여성이 배제 없는 국가에서 살았다면 얼마를 벌었을지 추정해야 한다. 이 경우 레즈비언은 높은 생산성 덕분에 이성애자 여성보다 9퍼센트 높은 소득을 올릴 것이다.* 마지막으로, 이 또한 레즈비언이

---

* 본래 삶의 양식대로 살지 못해 취득 가능했던 9퍼센트의 소득을 상실했다고 가정하는 것이다. (옮긴이)

경험한 생산성 저하를 보수적으로 측정한 방식이다. 성적 지향과 관계 없이 모든 여성이 경험하고 있는 성별 임금 격차를 반영하지 않았기 때문이다. 전반적으로 LGBT 남성과 여성은 배제가 없다면 더 높은 소득을 올리고 더 큰 생산성을 발휘할 것이다. 상대적으로 관용적인 국가의 연구를 인용하면, 배제 효과는 남성이 평균 11퍼센트, 여성은 9퍼센트로 약 10퍼센트에 해당한다. 유럽이나 미국보다 LGBT를 수용하지 않는 국가에서는 격차가 더 커질 수 있다. 다만 더 나은 데이터가 없으면 확실히 알 수 없다. 따라서 LGBT의 손실 규모를 보수적으로 10퍼센트로 추정하고, 가상으로 LGBT의 임금을 10퍼센트씩 인상했을 때의 결과를 파악할 계획이다.

마지막 단계는 약간의 산술을 요한다.[10] LGBT가 얼마나 많이 있는지 알아야 하는데, 현존 데이터로는 정확히 알기가 어렵다.

인도부터 시작해보자. UNAIDS는 2012년 인도 남성 중 0.6퍼센트가 MSM이라고 추정했다. 여타 학술 연구들의 추정치에 비하면 낮은 축에 속하지만, LGBT 인구의 하한선을 추정할 수 있는 좋은 자료다. LGBT 비율이 미국만큼 높을 가능성도 있다. 한 연구에서는 (인도의 LGBT를) 3.8퍼센트로 추정한다. 이 경우 상한선을 상정할 수 있다. 두 수치에 기반하면 LGBT는 최소 270만 명에서 1690만 명으로 추산된다.

동성 연인과의 성 행동이나 동성에 대한 끌림에 초점을 맞추는 LGBT 정체성을 기준으로 측정하면 더 높은 추정치를 얻을 수 있다. 젠더 표현을 기준으로 전통적 개념의 남성 및 여성상에 순응하지 않는 모든 사람을 측정해도 마찬가지다. 그러므로 0.6~3.8퍼센트는 낙인과 차별에 맞닥뜨리는 광의의 LGBT의 규모 추정치로는 꽤나 보수적인 편이다.

2011~2012년 평균 인도 근로자 수입은 약 5만6000루피였다. LGBT 근로자가 차별로 10퍼센트의 수익을 잃는다면 1인당 약 5600루피의 손실이 발생한다. 이를 달러로 환산한 다음 인도의 LGBT 고용 인구에 곱해보자. 2억4000만 달러에서 15억 달러까지 소득이 줄어든다는 결과가 나온다. 근로자가 평소보다 생산적인 시간도 있다는 점, 노동 이외의 다른 생산요소도 투입된다는 점을 고려하면 전체 비용은 매년 5억~30억 달러로 두 배 늘어난다.*[11]

필리핀에서도 유사하게 비용을 추정할 수 있다. 정밀하게 설계된 조사에 따르면 젊은 필리핀 남성의 3퍼센트가 동성에게 끌림을 느꼈고, 여기서 LGBT 근로자 추정치를 구하면 된다.[12] 필리핀 전체 남녀 근로자는 110만 명으로 추정된다. 이들 근로자의 평균 임금이 10퍼센트 상승하면 연간 2억5500만 달러를 더 벌게 된다. 근로자가 다른 투입 요소도 이용한다는 사실을 고려하면 경제적 손실은 7억3000만 달러에 달할 것이다.**[13]

오픈포비즈니스의 연구자가 케냐에서 유사한 방식으로 추정한 결과 4200만~1억500만 달러의 소득 손실이 예상됐다. 남아프리카공화국에

* 기존 연구에 따르면 인도에서 GDP에 임금(노동)이 기여하는 비율은 50퍼센트 정도다. 재화와 서비스 생산 과정에서 노동이 추가적으로 1만큼 투입될 때 다른 요소도 함께 1만큼 투입되므로 결과적으로는 그 두 배인 2만큼의 산출물이 발생한다. 자세한 내용은 미주 참조. (옮긴이)

** 필리핀의 임금 기여분은 34.9퍼센트에 해당한다. 자세한 내용은 미주 참조. (옮긴이)

대한 보고서는 LGBT의 노동 시장 현황에 관해 더 나은 데이터를 사용했다. 동성 커플과 이성 커플, 그리고 LGB 및 젠더비순응자와 이성애자 간 임금과 고용 수준을 직접 비교해볼 수 있는 데이터였다. 계산 결과 임금 차별과 불완전 고용으로 인해 남아프리카공화국 경제는 연간 3억1700만 달러의 손실을 입는 것으로 추정된다.[14]

차별 감소는 소득 증가를 의미한다. 이는 LGBT 근로자의 가처분소득이 증가하고 재화와 서비스가 더욱 많이 생산된다는 뜻이다. 이로 인해 경제 규모의 파이가 커진다. LGBT 근로자도 공정하게 몫을 분배받고 다른 모든 근로자도 상응하는 혜택을 누린다.

건강 악화가 경제에 미치는 영향

건강은 인적 자원의 핵심 요소로, 경제, 가족, 공동체에 대한 개인의 기여도에 영향을 크게 미친다.[15] 정신적 혹은 신체적 손상은 사람들의 활동 속도를 늦추고 생산성을 떨어뜨릴 수 있다. 감기나 열이 있는 와중에도 끙끙거리며 출근한 적이 있다면 질병이 업무의 생산성과 질에 미치는 여파를 경험했을 것이다. 사람들을 건강하게 유지시키는 데도 의료체계의 자원이 필요하다. 질병을 예방할 수 있다면 사후 치료에 드는 비용을 줄일 수 있다. 이렇게 절약한 비용으로 다른 치료에 자원을 투입할 수 있다.

3장에서 살펴봤듯 낙인, 차별, 폭력은 LGBT 건강에 악영향을 미치며, 정신적·신체적 유병률을 높인다. 배제가 내재되어 있는 경제 구조에서 건강 격차는 또 다른 걸림돌로 작용한다.

LGBT의 심각한 건강 문제가 경제를 저해하는 양상을 살펴보자. 두

줄로 선 사람들이 직장으로 걸어 들어가는 광경을 상상해보라. 한 줄은 비LGBT로 여겨지는 이성애자와 시스젠더 100명으로, 다른 한 줄은 LGBT 100명으로 이뤄져 있다. 심각한 건강 문제로 이 중 5퍼센트가 일하지 못하게 된다면, 각 줄에서 5명씩 손실이 발생한다. 그런데 만약 낙인에 따른 스트레스 혹은 예방적 치료에 대한 낮은 접근성으로 인해 LGBT의 건강이 더 심각하게 영향을 받는다면? 5퍼센트를 넘어 10퍼센트의 LGBT가 영향을 받는다면 낙인으로 인한 손실은 5명만큼 추가로 발생한다.

물론 비LGBT의 수는 LGBT의 수를 압도하지만, 이렇게 추가적으로 일하지 못하는 LGBT가 발생하면 국가 경제에 변화가 생긴다. 일부 연구는 입원, 근로손실일수, 조기 사망과 같은 구체적인 데이터를 이용해, 미국에서 일반 인구보다 소수 인종 및 민족의 유병률이 높은 경우 생기는 인적 자원 손실로 인한 비용을 추정했다.[16]

보건학자 크리스토퍼 뱅크스는 최초로 LGB(트랜스젠더의 데이터는 없었다)의 건강 격차 비용을 추정했다(캐나다에 초점을 둔 연구였다).[17] 연구 결과 LGB는 자살, 살인, 흡연, 음주, HIV, 에이즈, 우울증, 약물 사용의 비율이 비LGB보다 높았다. 그의 주장에 따르면 이러한 차이는 호모포비아로 인한 만성적 스트레스와 관련 있다.[18]

사회적·경제적 비용을 계산하는 것은 두 가지 단계를 요한다. 첫 번째로 얼마나 많은 LGB가 비LGB에 비해 '추가적으로' 사망하는지 질문했다. 예컨대 그가 찾은 연구에 따르면 캐나다 전체 인구 흡연율은 25퍼센트인 반면 LGB 캐나다인의 경우 40퍼센트에 달했으며, 이는 사회적 편견 때문인 것으로 추정된다. 따라서 일부 LGB 흡연자는 배제가 없었다면 담배를 피우지 않았을 것이다. 그들 중 누군가는 담배로 인해 매년 질병에 걸리거나 사망한다. 뱅크스는 2350~5500명의 LGB가 매년 자살, 흡연, 우울증, 음주, 약물 남용으로 인해 추가적으로 사망한다고 추정했다.

두 번째 단계는 이러한 추가적인 사망으로 인한 금전적 손실을 추정하는 것이다. 뱅크스는 생산성 손실과 직접적 의료 비용, 기타 비용을 추정하고자 다양한 경제 연구를 활용했다. 건강 격차로 인한 총 비용 추정치는 연간 5억 달러에서 23억 달러 사이였다.

캐나다만큼 데이터가 광범위하고 정확하지는 않지만, 인도에도 유사한 방법론을 적용할 수 있다. 우울증과 같은 특정 문제를 경험하는 LGBT와 비LGBT의 비율을 비교하는 데이터로 시작한다. 이후 LGBT의 유병률이 비LGBT의 유병률만큼 낮다면 환자 수가 얼마나 많이 줄어들지 묻는다. 인도의 LGBT 연구에 따르면 인도 인구 전반과 LGBT 사이 건강 격차는 크다:

- 이들의 우울증 비율은 전체 인도인 평균보다 2~6배 높으며, 그중 4.5퍼센트는 주요 우울증major depression을 경험한다.[19]
- LGBT 사이에서 자살 시도와 고려는 흔한 일이다. 여러 연구에 따르면 인도 LGBT의 15~45퍼센트가 자살을 생각한 반면 개발도상국 전반에서는 그 비율이 2.1퍼센트인 것으로 나타났다.[20]
- 인도 보건 당국에 따르면 MSM 및 트랜스젠더의 5.7퍼센트가 HIV에 감염된 반면 2011년 전체 인구 중에서는 0.3퍼센트가 감염됐다.

인도에서 이뤄진 연구들에 따르면 낙인과 차별이 이러한 건강 격차를 유발했다.[21] 호모포비아와 트랜스포비아가 감소하면 건강 격차도 줄어들거나 사라진다는 의미다. 따라서 다음 단계는 LGBT 인구의 높은 유병률이 경제에 미치는 영향을 산출하는 것이다.

다행히도 대부분의 국가에서 보건학자 수천 명이 세계질병부담global burden of disease을 주기적으로 추정하는 대규모 연구의 데이터를 이용할 수 있다.[22] 이 학자들은 각국의 수많은 신체적·정신적 질병의 사회적·개인적 부담을 장애보정생존연수disability adjusted life years, DALY라는 공통 척도로 측정했다. DALY는 HIV, 우울증, (자살 같은) 자해 문제를 겪는 사람이 조기 사망이나 열악한 삶의 질로 인해 잃어버리는 연수를 포착한다.

먼저 각 질병의 국가별 DALY 추정치와 함께 LGBT 비율과 건강 문제 발생률 추정치, DALY의 비용을 파악한다. 이후 한 질병의 DALY에 LGBT가 기여하는 비율을 계산한다. 이때 LGBT와 비LGBT 사이 건강 격차가 존재하는 경우와 존재하지 않는 경우를 각기 구한다. 두 경우를 비교하면 LGBT 배제로 인해 추가적으로 발생하는 총 DALY를 구할 수 있다. 마지막 단계는 이렇게 구한 추가적인 DALY에 이들이 (살아 있었다면) 만들었을 경제적 기여분을 곱하는 것이다. 이때 WHO 거시 경제 및 보건 위원회Commission on Macroeconomics and Health의 권고안을 따라 DALY의 가치를 인도 평균 1인당 GDP의 1~3배로 산정한다.

이러한 효과를 모두 합산하면 인도에서 호모포비아의 건강 측면 비용은 7억~230억 달러로 추산된다. 규모가 훨씬 작은 국가인 필리핀에서 HIV와 자살에 대해 유사하게 계산한 비용은 평균 GDP 기준 2억

9300만 달러에 달한다.

앞서 언급된 케냐와 남아프리카공화국의 두 연구도 유사한 방법론을 이용했다. 인도와 마찬가지로 두 국가에는 HIV, 우울증, 자살의 비율을 정확하게 비교한 데이터가 없다. 활용 가능한 연구를 통해 비용을 산출한 결과 LGBT의 건강 격차로 인해 케냐는 매년 10억 달러를, 남아프리카공화국은 30억~195억 달러를 잃어버린다.[23]

한편 질병 간 중복을 고려하면 이러한 추정치는 다소 과한 것일 수 있다. HIV가 있으면 우울증이나 자살의 위험도 있을 수 있기 때문이다. 그러나 해당 추정치는 인도에서 발생 가능한 수많은 건강 문제 가운데 단 세 가지만, 다른 국가에서는 더 적은 가짓수만 포함했다. LGBT가 겪을 기타 건강 격차에 대한 정보를 활용할 수 있다면 LGBT 배제의 대가는 훨씬 커질 것이다.

모두 합산하기

이러한 접근 방식의 가장 유용한 면은 앞서 언급된 사항들을 합산하면 경제적 손실을 추정할 수 있다는 것이다. 노동 생산성 손실과 건강 격차로 인한 비용을 합산하면 인도는 (LGBT 차별로) 최소 12억 달러, 최대 260억 달러의 손해를 보는 셈이다. 이는 인도 GDP의 0.1퍼센트에서 1.4퍼센트에 해당한다.

필리핀의 경우 건강 격차와 노동 생산성 손실로 10억 달러(GDP의 0.4퍼센트)의 손실이 발생한다는 점을 데이터를 통해 확인할 수 있다. 이는 인도 연구에서 산출한 범위에 부합한다.

케냐의 건강 격차와 노동 생산성 손실로 인한 비용 추정치는 총

11억 달러다. 해당 보고서는 또한 케냐가 연간 1억4000만 달러를 소비하는 11만9000명의 관광객을 잃을 수 있다고 추정한다. 영국과 미국에서 설문에 참여한 LGBT 여행자의 50퍼센트와 비LGBT의 10~20퍼센트가 (케냐처럼) 반LGBT 법안이 있는 국가로 여행하지 않겠다고 답변했다는 데 기반한 수치다. 이에 따라 건강, 고용, 관광 손실을 모두 합산하면 케냐는 연간 12억 달러 혹은 2017년 기준 GDP 750억 달러의 약 1.6퍼센트만큼 손실을 봤다.

남아프리카공화국에서는 연간 총 35억~200억 달러 혹은 2017년 GDP의 1~5.7퍼센트의 손실을 봤다. 케냐보다 추정치가 더 높은 이유는 LGBT의 임금 격차 추정치가 30퍼센트로 더 높기 때문이다. 트랜스젠더 인구를 가늠하는 좋은 척도가 없는 관계로 젠더비순응적인 사람을 모두 LGBT에 포함시켜서 전체 인구의 15퍼센트가 LGBT로 추산됐기 때문인 것도 있다.

달러로 표현하면 큰 숫자지만, GDP에서 차지하는 비중으로 환산하면 대부분 1퍼센트 안팎이라 처음에는 효과가 미미한 것처럼 보일 수도 있다. 하지만 이러한 첫인상은 오해다. 만약 정부 통계기구와 경제학자가 국가 경제활동에서 지속적인 1퍼센트 하락세를 관측한다면 경기 침체라 부를 것이다. 이렇게 본다면, 호모포비아와 트랜스포비아는 한 국가의 사람들이 생산할 수 있었을 양보다 더 낮은 수준의 경제적 산출량을 지속시키면서 경기를 영구적인 침체에 빠뜨린다.

측정이 어렵지만 실존하는 또 다른 비용

여기서 측정된 비용은 실제 호모포비아와 트랜스포비아 비용의 일부에 불과하다. 데이터가 허락했다면 다른 조각들이 계산식에 포함되었을 것이며, 지금까지의 추정치보다 비용은 더 늘어날 것이다.

인도, 케냐, 필리핀, 남아프리카공화국에서 잃어버린 한 조각은 LGBT가 교육 과정에서 난관에 부딪힐 가능성이다. 교육받지 못하면 직장에서 활용할 기술력과 경험이 줄어들며, 직무에 투입할 인적 자원이 부족해진다. 불행히도 낙인과 배제로 인해 얼마나 많은 교육 기회가 상실되는지 합리적으로 추정할 데이터가 부족했다.

교육 격차가 얼마나 큰지 엿볼 수 있는 한 가지 방법을 인도의 2011년 인구조사에서 찾을 수 있다. 이 조사는 트랜스젠더가 선택할 만한 '기타' 선택지를 처음으로 성별 문항에 포함했다. 인도 통계청에서 발표한 간단한 통계는 트랜스젠더 집단이 잠재적으로 큰 교육 격차를 겪고 있음을 시사했다. 전체 인구의 문해율은 74퍼센트인 데 반해, 기타를 선택한 사람들은 문해율이 46퍼센트에 불과했다. 트랜스젠더를 같은 수준으로 교육하고 문해력을 갖추도록 하면 경제에서 인적 자본의 규모가 늘어날 것이다.

LGBT 배제가 경제에 해를 입히는 요소는 많지만 현재 정부 통계 기구나 학계 연구자들이 이를 측정하고 있지는 않다. LGBT는 주택을 구하거나, 신용을 얻거나, 정부 서비스를 받거나, 재산권 보호를 위해 사법체계를 이용하는 데서 어려움을 겪는다. 그 결과 LGBT는 기초적 필요를 충족할 자원을 얻지 못하고 가치 있는 사업을 벌이거나 집에 투자하는 과정에서 장벽에 부딪힐 수 있다.

또한 LGBT 개인에 초점을 두면 가족 구성원이 감당할 비용을 간과하게 된다. LGBT의 소득이 적으면 가족 전체가 나눠 가질 생활비가 줄어든다. 또는 저축하거나 가족 경영에 투자할 자금이 부족할 것이다. 심리학자 에릭 마나라스타스는 젊은 필리핀 게이(15~24세) 남성이 젊은 이성애자 남성보다 일할 가능성이 더 높다는 점을 발견했으며, 일하는 게이 남성의 60퍼센트는 가족에게 소득의 절반 이상을 기여하고 있었다.[24] 차별로 이들의 소득이 줄어든다면 가족 모두에게 손해가 간다.

LGBT가 폭력을 피하거나 삶의 기회를 잡기 위해 자국을 떠나는 것도 최근 들어 가족과 관련해 떠오르는 문제로 자리잡았다. 인구 유출은 국가의 두뇌 유출을 야기한다. 한 통계 연구가 게이 남성들을 국가별로 비교하면서 그런 연관성을 발견했다. 연구에 따르면 국가가 LGBT를 법적으로 제대로 보호한다면 게이 남성이 성적 지향으로 인해 이주를 고려할 가능성이 줄어든다.[25] LGBT 조직 핑크아르메니아Pink Armenia는 경제적 동기를 비롯해 차별과 억압이 LGBT 아르메니아인으로 하여금 국가를 떠나도록 떠민다고 주장하는 전문가와 LGBT를 인터뷰했다. 인터뷰는 다음과 같은 내용을 꼬집었다. 이주한 LGBT들의 교육비와 양육비 같은 성장 과정 초기의 투자 비용은 아르메니아인이 지불했지만, 혜택은 이들이 이주한 국가에 돌아간다.[26] LGBT 이주민이 소득을 가족에게 송금하는지, 얼마나 송금하는지는 아직 밝혀지지 않은 대목이다. 송금 여부와 규모에 따라 고향에서 가족이 경험하는 손실이 어느 정도 상쇄될 수 있을 것이다.

마지막으로, 거대한 국제 산업인 관광에 있어서도 호모포비아와 트랜스포비아가 극심한 국가는 잠재적 LGBT 시장을 놓칠 수 있다. 몇몇 마케팅 데이터에 따르면 LGBT 여행자의 3분의 2는 방문하려는 장소에서 LGBT에게 주어지는 법적 권리를 고려한다.[27]

LGBT를 배제함으로써 한 국가의 산업이 감당하는 비용은 얼마나 될까? 이 또한 계산에 포함돼야 할까? 어느 정도까지는 LGBT들 본인이 저임금 및 여타 비용을 부담한다. 하지만 앞서 언급한 생산성 저하와 직장 내 교육 수준의 하락과 같은 비용은 기업에도 영향을 미친다. 지금껏 살펴본 추정치들은 생산성에 관해서라면 이러한 효과를 이론적으로라도 이미 고려한 것이다. 하지만 개별 기업의 명백한 비용 일부는 다른 기업에 이익이 될 것이다. 예컨대 LGBT 근로자가 차별이 있는 기업에서 없는 기업으로 이직한다면 전자는 손실을 보는 한편 후자는 이익을 본다. 따라서 이직이 기업에 미치는 순효과는 첫 번째 기업에 발생하는 비용보다 훨씬 작을 가능성이 있다.[28] 기업 성과에 중점을 두는 4장의 연구들은 기업에 미치는 영향을 가장 잘 측정한 사례에 해당한다.

마지막으로 많은 LGBT가 일정 수준의 경제적·사회적 성공을 위해 생존력을 발휘하며 반LGBT 장벽을 우회할 방법을 찾는다는 사실에 유념할 필요가 있다. 때로 이러한 성공은 계층, 인종, 카스트, 젠더와 같은 다른 종류의 특권과 연계될 수 있다. 2장에서 LGBT 정체성을 성공적인 경력으로 전환시킨 사람들의 예시를 살펴봤다. 미국에서 일부 LGBT 공동체가 다소 높은 교육 수준을 보인다는 것도 봤다. 이러한 생존력이 낙인과 배제의 비용을 상쇄할까? 배제로 인해 하늘이 무너진 이들에게 솟아날 구멍으로 작용할까?

아니다. LGBT가 큰 성공을 이루더라도, 경제적으로 더 많이 기여할 다른 길이 있었을지 없었을지 모르는 일이다. 게다가 낙인을 이겨내고자 이룬 경제적·교육적 성취는 건강 악화와 얼룩진 대인 관계 등 자체적인 비용을 수반했을 수 있다. 동성애자임을 (결국) 공개한 금융 작가 앤드루 터바이어스의 말대로, "세상에서 가장 우수한 작은 소년"이 되려고 과하게 애쓰는 것은 자신의 중요한 일부분을 해로운 방식으로 차단한다는 의미와도 같다.

국가별 비교를 통해 큰 그림을 파악하다

LGBT 배제로 인한 경제적 비용을 계산하는 과정에서 모든 손실을 합산하고 잠재적 편익을 상계하려면 너무 많은 개별 요소를 고려해야 한다. 이로 인해 인도, 케냐, 필리핀, 남아프리카공화국의 비용 추정치는 실제 규모보다 낮게 추산됐을 가능성이 있다. 다행히도 LGBT 배제 비용을 추정하는 두 번째 방법이 있다. LGBT 포용도가 높은 국가일수록 1인당 GDP로 측정한 경제 규모가 큰지 확인하는 것이다. 포용도가 높은 국가가 포용도가 낮은 국가보다 생산량이 크다면, 이 차이는 LGBT 포용에 따른 경제적 편익일 가능성이 있다. 반대로 생각해보면, 이 차이는 포용도가 낮은 국가에 발생하는 경제적 비용에 해당한다. 이 방법론은 모든 비용과 편익을 고려할 수 있다는 강점이 있다. 다만 경제 생산량과 LGBT 포용성 간의 복잡한 관계를 고려하면 추정치가 지나치게 높게 나올 수도 있다.

이 절에서는 국가 간 1인당 GDP를 비교해(앞서 얘기한 수 킬로미터 상공의 관점이다), LGBT가 어떤 대우를 받는지 국가 수준에서 측정하겠다. 1~3장에서 나타난 것처럼, 연구자들은 LGBT의 경험을 측정하기 위해 다양한 방법론을 사용했다. 차별과 폭력을 보고한 횟수나 교육 성취도는 삶의 다양한 측면에서 이들이 직접 겪은 경험을 보여준다. 그러나 2020년까지도 광범위하게 수집한 데이터에 기반해 널리 인정받는, LGBT의 삶의 질을 보여주고 국가 간 비교를 가능케 하는 척도가 없었다. 호주, 캐나다, 영국, 미국과 같이 일부 국가가 성적 지향에 따른 양질의 데이터를 수집했지만(성별 정체성 데이터는 드물다), 대부분의 국가는 타국과 비교 가능한 데이터가 전무하거나 미미하다. 마지막 장에서는 각국에서 LGBTI 포용성 지수를 개발하려는 UNDP의 계획을 다룰 예정이다. 그러나 이는 적어도 몇 년이 지나야 가능한 이야기다.

다행히도 여러 국가의 LGBT 관련 법률은 측정하고 비교할 수 있다. 법률은 (예컨대 행동을 범죄로 규정하는 방식으로) LGBT 사람들의 삶을 제한할 수도 있다. 또는 (차별금지법이나 트랜스젠더에게 법적 문서를 제공하는 법률과 같이) 일자리와 교육의 기회를 확대하는 데 도움을 준다. 사회 개방에 있어 법률이 갖는 가치는 차별금지법이나 동성애를 비범죄화하는 법률을 통과시키려고 활동가들이 막대한 노력을 기울이는 데서도 확인할 수 있다. 물론 법률이 효과적인지 여부는 또 다른 문제다. 그러나 심지어 부실하게 지켜지는 LGBT 보호법일지라도 상징적 가치를 지니며 이후 더 나은 집행을 요구할 근거를 제공한다. 국가 간 비교 분석에 따르면 법률은 중요하다. 여러 국가에서 게이들의 온라인 소셜 네트워크를 연구한 결과, LGB의 법적 권리가 보장된 국가에서는 게이가 차별과 위협, 모욕을 덜 받는 것으로 나타났다.[29]

법률의 실질적인 가치는 측정의 용이성에 있다. 네덜란드의 법률학자 케이스 발데이크는 132개국을 대상으로 8개 LGBT 관련 법률의 유무를 파악하는 지수를 만들었다. 비범죄화, 성 행동에 대한 동등한 동의 연령, 혼인이나 다른 형태의 파트너십에 대한 법적 접근성, 차별금지법 등을 1996년까지 거슬러 올라가 추적했다. 성별 정체성이 아닌 성적 지향에 초점을 맞췄으므로 글로벌동성애법적인정지수Global Index on Legal Recognition of Homosexual Orientation, GILRHO라는 이름이 붙었다.

GILRHO를 사용하면 친LGBT 정책과 경제 발전 사이에 상관관계가 있는지 평가할 수 있다. 나는 케이스 발데이크, 야나 로저스, 실라 네자드와 함께 빠르게 성장하는 신흥경제국 및 여타 저소득국가 38개국부터 조사하기 시작했다. 전 세계적으로 개발기구가 가장 주안점을 두고 있고 기업의 관심을 많이 받는 국가들이다.

하나의 예시로, 2011년 이들 국가의 GILRHO값과 GDP를 나타내는 방식으로 국가를 그래프 위에 표시할 수 있다. 그림 1은 국가당 GILRHO 값을 친화적 법률의 수(0~8개)에 따라 가로축에 표시했다. 가장 오른쪽에 위치한 남아프리카공화국은 2011년 기준 GILRHO 점수가 8로, 모든 권리를 갖추고 있다. 가장 왼쪽에 위치한 일부 국가는 보호망이 하나도 없거나(GILRHO 점수 0), 1개 법률을 부분적으로만 도입해서 0.5점을 받은 곳이다. 세로축은 2011년 기준 인플레이션, 환율, 국가 통화의 구매력 간 차이를 조정한 미국 달러 기준 1인당 GDP를 보여준다.[30]

그림 1: 1인당 GDP와 GILRHO의 비교(2011).

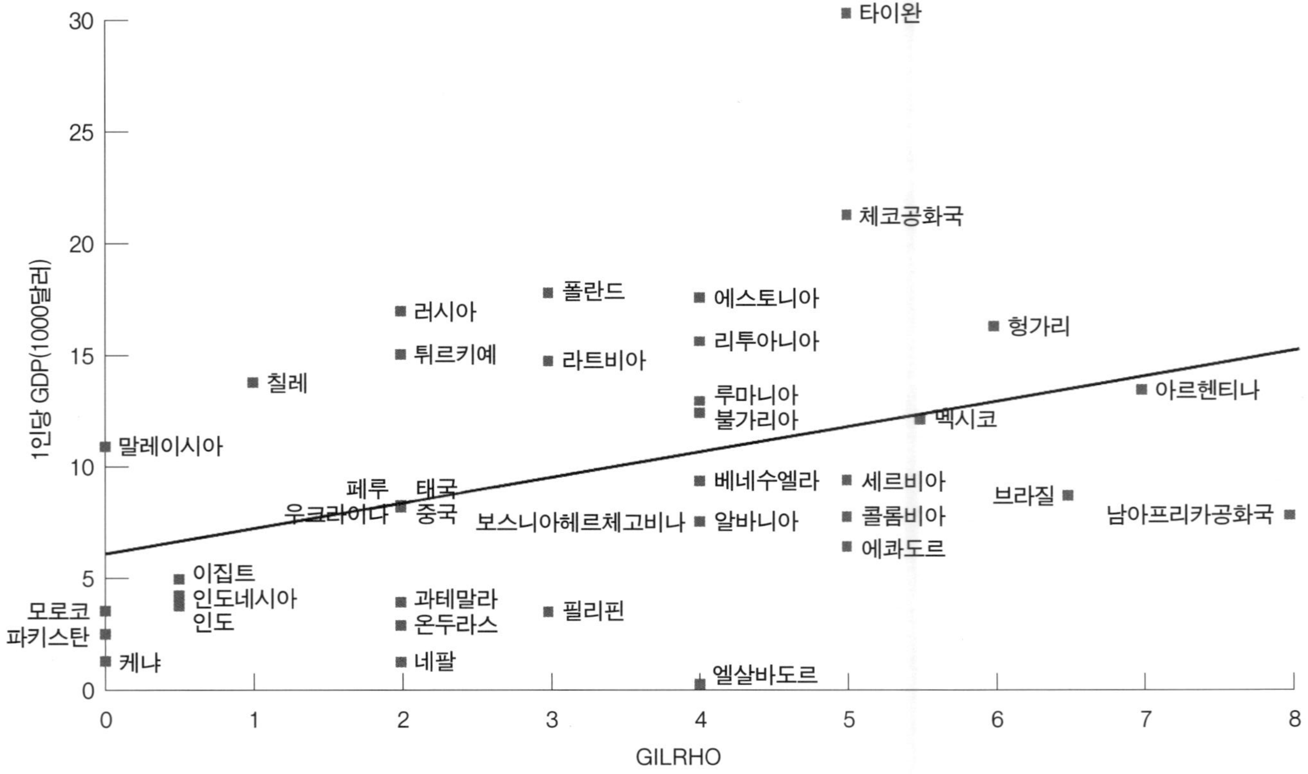

그림 2: 1인당 GDP와 트랜스젠더권리지수의 비교(2011).

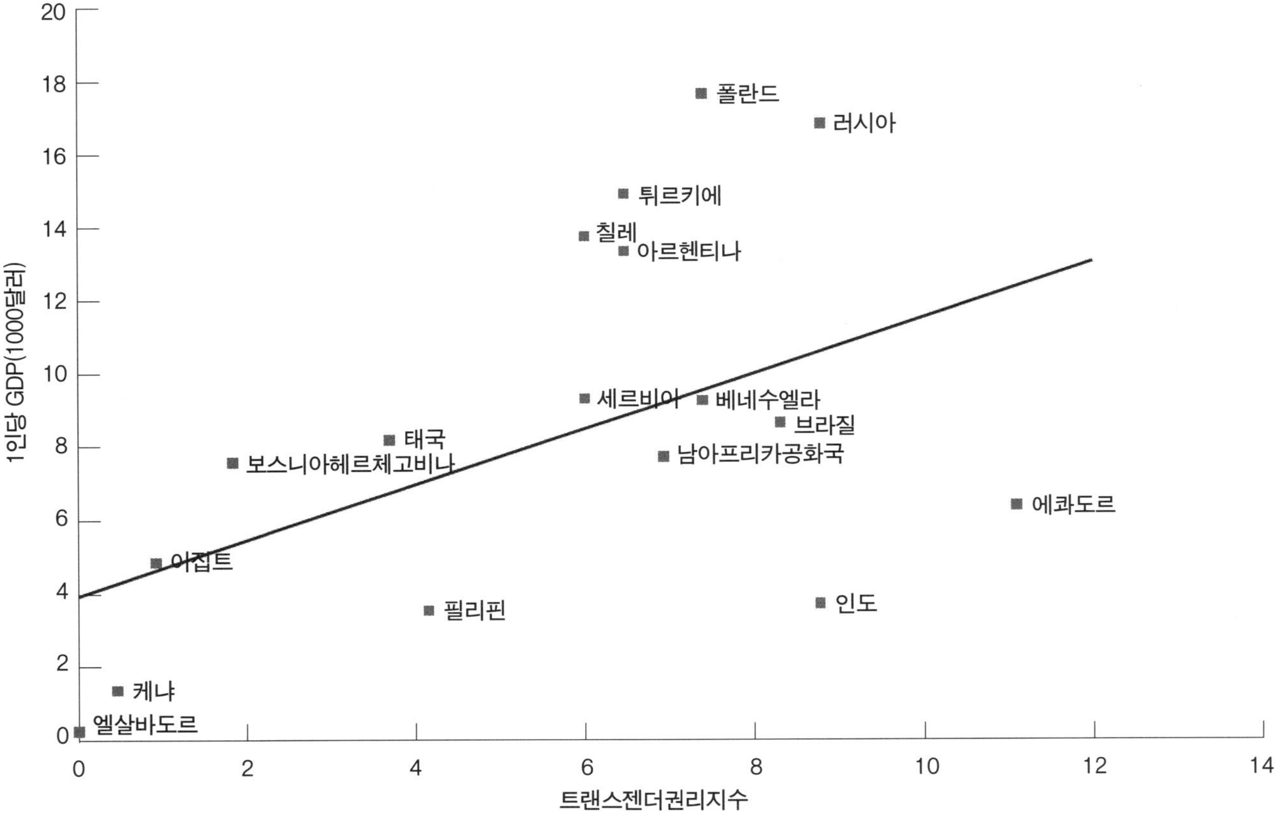

케냐는 GILRHO 점수가 0이고 1인당 GDP는 1318달러로, 왼쪽 아래 모서리에 위치해 있다. 아르헨티나는 GILRHO 점수가 7이고 1인당 GDP가 1만3323달러다. 두 국가의 예시는 아르헨티나가 케냐보다 상대적으로 소득과 GILRHO 점수가 높다는 점을 보여준다. 그래프에서 점들을 이은 선은 38개국에서 나타나는 1인당 GDP와 GILRHO 간 양의 상관관계를 보여준다. 법률상 LGBT를 포용하는 국가로 판명될수록 1인당 GDP가 높다는 의미다.[31]

2011년 기준 트랜스젠더 권리로 제한해 측정한 값을 통해서도 유사한 작업이 가능하다. 그림 2에서 볼 수 있듯, 트랜스젠더 권리와 1인당 GDP도 양의 상관관계를 나타낸다. 트랜스젠더가 많은 권리를 누리는 국가일수록 1인당 GDP가 높다는 것이다.

하지만 동일선상에서 제대로 비교된 것이라 보기엔 이르다. 더 정밀하게 분석하기 위해 우리는 통계적 도구를 사용해 경제성장에 영향을 미치는 여타 국가적 특징을 고려했다. 국내 노동력, 인구, 교육 수준, 국제무역 수준, 자본저량 등이 그런 요소다. 1990년 이전에는 대부분의 국가에서 성소수자 권리가 전무하거나 미미했기에, 이해부터 수집된 데이터를 썼다. (안타깝게도 트랜스젠더권리지수는 1개년치만 있던 때여서 이런 작업을 수행할 수 없었다.) 이러한 장기적 관점은 중요하다. 문화적·지리적·역사적 차이 같은, 20여 년 동안 크게 변하지 않았을 국가적 특성들까지 통제할 수 있기 때문이다. 우리가 택한 통계적 도구는 그런 측정 불가한 요소들을 고정 효과fixed effect로 여겨 제거함으로써 국가별 GDP가 평균 대비 얼마나 상승하고 하락하는지를 관찰할 수 있다.

다른 요소들이 고려되어도 LGBT 권리와 1인당 GDP 사이 양의 상관관계는 여전하다. 권리가 한 개씩 추가될 때마다(X축에서 오른쪽으로 한 칸씩 갈 때마다) 1인당 GDP가 320달러 증가한다. 이는 모든 국가의 평균으로 따지면 1인당 GDP의 3퍼센트 수준이다. 이 연구 결과가 의미하는 바는 단순히 LGBT 권리를 하나 추가한다고 GDP가 평균 3퍼센트 증가한다는 것이 아니다(아래에서 자세히 설명할 것이다). 그러나 강력한 양의 상관관계가 있다는 점은 명확하다.

나와 케이스 발데이크, 야나 로저스는 좀더 거시적인 관점에서 132개국을 1966년 자료까지 거슬러 올라가 분석했으며, 유사한 연구 결과가 도출됐다.[32] 전 세계적인 수준에서도 LGBT 권리 척도는 1인당 GDP와 양의 상관관계를 나타냈다. 권리가 한 개씩 추가될 때마다 1인당 생산량이 2065달러씩 증가했다. 전 세계를 지역별로 나누어 국가들을 분석한 결과 동아시아와 태평양, 유럽과 중앙아시아, EU 지역에서 GDP와 권리의 상관관계는 여전히 긴밀했다. 다만 다른 지역에서는 상관관계가 통계적으로 유의미하지 않았다(즉, 해당 지역에서는 상관관계가 있는지 충분히 확신할 수 없다.)

우리는 다른 국가적 요인이 LGBT의 권리와 연관되어 있을지도 모른다는 점을 우려했다. 예컨대 여성 포용이 하나의 예가 될 수 있다. 132개국 기준 LGBT 권리를 보장하는 국가가 법률과 경제 면에서 여성을 포용하는 경향도 보이는 것이다. 그렇다면 여성을 잘 포용하는 국가여서 경제가 굳건한 것일 수 있다. 여성이 LGBT 권리에 더욱 옹호적이라서 우연히 LGBT 권리까지 잘 보장하는 사회일 수도 있는 것이다. 이 경우에는 LGBT 포용과 1인당 GDP의 직접적 상관관계가 사라진다.

이 요인이 실제로 영향을 미쳤는지 보기 위해, 우리는 여성의 사회적 지위(여성 국회의원 비율)를 계산에 추가했다. 조정 결과, 여성 권리 척도를 고려해도 LGBT 권리와 1인당 GDP 간 양의 상관관계는 여전히 유의미했다. 이 요인은 기존 연구 결과에 영향을 미치지 않은 것이다. 오히려 여성 권리 척도를 통제했을 때 양의 상관관계가 더 강하게 나타났다.[33] 이는 여성에 대한 포용과 LGBT에 대한 포용이 독립적으로 경제에 영향을 미친다는 뜻이다.

GDP와 LGBT 포용이 양의 상관관계를 나타낸다는 이 연구 결과는 매우 중요하다. 다른 출처의 데이터와 다른 포용 척도를 이용해 더 많은 연구를 이어나갈 가치가 있다. 132개국을 대상으로 진행한 연구에서 우리는 출처가 다른 두 데이터를 경제 변수로 사용했고, 장기에 걸쳐 여러 국가를 비교할 수 있도록 데이터를 맞춤형으로 조정했다. 그럼에도 1인당 GDP와 LGBT 권리 사이 양의 상관관계는 여전히 똑같이 나타났다. 다른 연구에서 나와 앤드루 플로러스, 앤드루 파크는 대중의 LGBT 수용도와 LGBT 친화적인 법률을 또 다른 포용 척도로 활용했고, 포용도가 높은 국가일수록 1인당 GDP도 높다는 것을 발견했다.[34] 마지막으로 2017년 수행된 또 다른 연구에서도 유사한 상관관계가 나타났다. 2017년 기준 (법률과 여론에 근거한) 호모포비아정서지수homophobic climate index가 높으면 1인당 GDP가 낮았던 것이다.[35] 현재까지의 증거들에 따르면 다른 데이터로 포용을 측정해도 GDP와 LGBT 포용은 강한 양의 통계적 상관관계를 지닌다.

인과관계인가, 상관관계인가? 이외에도 가능한 연관성

이는 정확히 무엇을 의미할까? 간단히 말하면, 경제적 특징이 유사한 국가들 중에서 권리를 더 보장하는 국가의 1인당 GDP가 더 높다는 것을 의미한다. 그러나 통계학 수업에서 가장 처음 가르치는 것은 상관관계가 인과관계를 의미하지 않는다는 것이다. 따라서 LGBT 권리를 더 보장하는 것이 높은 GDP의 원인이라고 단언할 수는 없다.

국가 간 비교로 얻은 관점을 이 책의 주제와 연결하는 가장 엄밀한 방법은 이제 포용성이 GDP 증가로 이어진다는 명제에 걸맞은 여러 각도의 수많은 증거가 있다고 말하는 것이다. 개인적인 수준에서 LGBT는 교육, 노동력, 건강 부문에서 낙인, 폭력, 차별에 직면하고, 이로 인해 경제에 기여하는 능력을 잃는다. 배제가 덜해지면 인적 자원이 더 풍부해지고 생산성이 더 높아진다. LGBT를 더 잘 대우하는 기업이 높은 이익과 주가를 누린다. LGBT를 광범위하게 배제하는 국가는 사람들의 건강과 생산성이 낮아 GDP가 감소한다. 그러므로, 개인과 기업과 국가의 연결 고리에 근간이 되는 인적 자본의 관점으로 보면, 국가 전반에서 드러나는 경제와 LGBT 권리의 연관성 중 최소한 일부는 인과로 이어진 것 같다.

또한 개인 및 기업 수준에서 LGBT 권리와 경제 사이 강력한 연관성이 있었다는 점을 고려하면, 여러 국가 수준에서도 양의 상관관계가 나타나야 LGBT 경제학이 성립한다. 만약 그러지 않는다면 LGBT 경제학이 타격을 입을 것이다. 책 전반에 걸쳐 제시된 증거가 호모포비아와 트랜스포비아는 경제에 해롭다는 발상을 일관적으로 지지한다는 데 주목해야 한다.

광범위한 거시경제적 관점은 GDP와 LGBT 포용이 어떻게 연결될 수 있는지에 대한 우리 이해를 확장해준다. 연구팀이 '전략적인 현대화'라고 불렀던 관점이 하나의 예다. 국가는 투자처와 관광지로 매력을 가꾸고 현대적인 무역 파트너로서 타국에 어필하기 위해 친LGBT 정책을 채택할 수 있다. LGBT 권리를 보장함으로써 해당 국가에서 소수자가 긍정적으로 대우받고 있으며 사업 친화적이지 못한 구습은 사라지고 있다는 신호를 보내는 것이다.

리처드 플로리다의 '창의적 계급'에 대한 발상은 전략적 현대화의 한 형태다. 그의 주장에 따르면 LGBT가 관용을 누리고 숨어들지 않을 수 있는 국가는 전 세계의 창의적인 고숙련 기술자들(비LGBT도 포함)이 그곳으로 이주하도록 유도한다. 새로운 아이디어와 인구 다양성을 환영한다는 인상을 주기 때문이다. LGBT 권리를 보장하면 LGBT뿐만 아니라 이렇게 유입된 사람들로 인해서도 경제 발전이 뒤따르는 것이다.[36] 미국의 한 연구에서 플로리다와 게리 게이츠는 동성 커플의 가시성이 증가하면서 첨단기술 분야의 고용이 증가하는 경향을 발견했다.[37] 앞 장에서 언급된 가오화성과 장웨이의 2016년 연구도 동일한 맥락에서 주 차원의 성적 지향 차별금지법과 유능한 발명가의 이주 사이 유사한 연결 고리를 발견했다.

동성애를 범죄로 간주하는 법을 고집스럽게도 유지하는 싱가포르 같은 국가조차 경제를 위해 동성애 관련 이미지를 부드럽게 만드는 게 중요하다는 것을 인식하고 있다. 이른 시기인 1997년과 이후 2003년, 두 명의 총리가 싱가포르 정부에서 레즈비언과 게이를 고용하겠다고 발표했다. 다른 총리들도 싱가포르가 동성애에 대해 "서로 참견하지 말자live and let live"는 기조를 취하겠다고 선언하기 시작했다.[38] 또한 정부는 동성애를 범죄로 규정하는 법 집행을 공개적으로 완화했다. 정치학자 메러디스 와이스는 싱가포르의 명확한 태세 전환을 두고 리처드 플로리다의 관용도 지수에서 좋은 점수를 얻기 위한 전략이라고 주장한다. 숙련된 외국인 노동력을 유치하고 두뇌 유출을 막는 게 주된 이유라는 것이다.

싱가포르의 LGBT 활동가는 이러한 개방을 목도하고서 LGBT의 가시성을 높이고자 2009년 핑크닷Pink Dot이라는 연례 행사를 조직하기 시작했다. 하지만 싱가포르의 양면성은 계속되고 있다. 정부는 핑크닷 행사를 허용하면서도 2017년 외국계 및 다국적 기업의 참여를 금지했다. 하지만 이러한 제한이 LGBT를 막지는 못했다. 많은 현지 기업이 후원자로 나섰고, 2만 명이 행사에 참여했다.[39]

국가 정책에 기반해 결정을 내리는 것이 근로자 개인만은 아닐 것이다. 타국에 설비 신설을 고려하는 개별 기업들도 관용을 고려하는 것으로 보인다. 경제학자 마커스 놀런드는 1997년부터 2002년까지의 그런 기업 결정들을 포함한 데이터를 살펴봤다.[40] 그는 기업 결정의 결과를 대외적으로 보여주는 외국인직접투자FDI에 초점을 맞췄다. FDI에 영향을 미치는 여타 요인들을 통제한 결과, 동성애에 더욱 열려 있는 국가들이 더 높은 수준의 FDI를 유치하는 것으로 나타났다. 놀런드는 관용도가 한 국가에서 기업 근로자가 겪을 정치 및 안보 리스크의 척도라고 주장했다. 관용도가 높을수록 리스크가 적다는 신호가 된다. 해외 투자자를 유치하기 위해 더욱 관용적인 국가로 보이거나 실제로 관용적인 국가가 될 유인이 생기는 것이다.

그러나 포용과 경제의 연결 고리가 다른 양상을 띨 수도 있다. 로널드 잉글하트가 이야기하는 '후기 물질주의적 가치'를 국민이 받아들였다면, 부유한 국가일수록 LGBT를 더 포용하고 그들의 권리를 존중하기 위해 법안을 통과시킬 가능성이 있다.[41] 그의 주장에 따르면 국가가 부유해질수록 국민은 생존과 물질을 덜 걱정하고(이것이 후기 물질주의적 요소다) 개인의 권리와 자기표현을 허용하는 데 더욱 집중할 수 있다. 전통적이고 종교적인 사고방식의 중요성은 서서히 사라지고 세속적인 생각과 개인 권리의 중요성이 고양된다. 잉글하트를 비롯한 여러 사람의 연구에서 후기 물질주의적 가치와 LGBT 포용의 연결성이 나타난다. 1인당 GDP가 동성애에 대한 관용을 예측하는 좋은 지표라는 것이다. 부가 늘어나면 소수자 권리에 중점을 둔 기관 설립에 자원을 투입할 가능성 또한 높아진다. 소수자 권리를 존중하는 법안 제정에 대한 로비가 더 많이 성공할 수도 있다. 따라서 잉글하트의 주장에 따르면 경제적 지표와 LGBT 권리는 연결돼 있다. 1인당 GDP가 높은 국가일수록 더욱 관용적인 태도를 가지고 권리 법안을 통과시킬 가능성이 높아지기 때문이다.

LGBT 권리와 1인당 GDP의 연관성을 분해하여, LGBT 포용이 경제를 성장시키는 정도와 부의 증대가 태도를 개선하는 정도가 각각 어느 정도나 연관성에 기여하는지를 알아내기는 어렵다. 하지만 양방향 모두 어느 정도 작용한다고 보는 것이 합리적이다. 이러한 관점으로 생각해보는 방법이 하나 있다. 이 장의 첫 부분에 나왔던 것처럼, LGBT를 향한 낙인과 차별은 인도(와 다른 신흥국들의) 경제에 GDP의 1퍼센트가량 손해를 입힌다. 연구 당시 인도는 GILRHO에 따르면 국가적으로 보장되는 권리가 하나도 없는 신흥경제국이었다.[42] (인도를 비롯한) 신흥경제국이 하나의 권리를 추가하면 1인당 GDP가 평균적으로 3퍼센트 증가한다. LGBT 포용이 GDP에 야기하는 효과는 이 규모의 3분의 1인 셈이다. 인도 LGBT가 경험하는 모든 범위의 배제를 포함하는 양질의 데이터가 있었다면 아마 3분의 1보다 더 높았을 것이다.[43] 이런 간단한 비교에 따르면 포용으로 GDP가 증가하는 정도는 사소하지 않다.

좋은 소식은 양방향의 인과관계 모두 경제 발전에 긍정적이라는 것이다. 포용이 경제개발을 강화하고, 역의 방향도 성립하니 말이다. 세계 경제성장 속에서 LGBT의 안정적이고 장기적인 발전을 이루는 레시피인 셈이다. 기업, 경제개발기구, 정부 부처 장관, 국회의원이 이러한 연결 고리를 제대로 이해하고 실천에 옮겨야 하는 이유는 충분하다. 다음 장에서 집중적으로 다룰 것은 이 연구가 LGBT 포용에 관한 논의를 어떻게 발전시키는지에 대한 내용이다.

제6장
인권 논리와 경제 논리의 결합

무지개 깃발은 LGBT 프라이드(자긍심)의 가시적인 상징을 넘어 세계적 상품으로 거듭났다.[1] 내가 사는 곳도 상점에서 무지개 깃발을 팔고 있으며, 다른 많은 국가의 게이 서점과 시민회관에서도 깃발을 본 적 있다. 그러나 LGBT 활동가 노엘 이글레시아스와 네게데 게차헨이 2015년 에티오피아에서 무지개 사진 프로젝트Rainbow Photo Project라는 소셜미디어 캠페인을 계획했을 때는 현지에서 무지개 깃발을 구할 수 없었다.[2] 그래서 그들은 인근 지역으로 모험을 나섰고, 재봉사를 고용해 무지개 깃발을 만들었다. 재봉사는 자신이 LGBT 깃발을 만들고 있다는 사실을 알지 못했다. 재봉사가 깃발의 의미를 묻자, 네게데는 "인류의 다양성을 대변하는 깃발"이라고 미소 지으며 답했다.

노엘과 네게데는 프로젝트의 일환으로 무지개 깃발과 에티오피아 깃발로 몸을 감쌌다. 그리고 얼굴이 보이지 않게끔 아디스아바바를 내려다보는 뒷모습을 찍어 트위터에 올렸다. 그들은 '#혐오를멈추세요#stopthehate'와 '#사랑을전파하세요#spreadlove'라는 해시태그와 함께 에티오피아에서 LGBT로 살아가는 이야기를 전했다.

트윗은 입소문을 타면서 3만3000명 이상의 사용자에게 도달했으나, 99퍼센트의 반응은 부정적이었다. "분노에는 대비하고 있었어요. 다만 노출에 대비하지 못했던 거죠." 노엘은 당시 상황을 이렇게 회상했다. 트윗과 사진은 재봉사에게 다다랐고, 자기 작품을 알아본 재봉사는 깃발 제작을 의뢰한 두 청년의 신상을 사람들에게 이야기하기 시작했다.

노엘과 네게데는 소셜미디어 캠페인의 배후에 있는 활동가로 알려지면서 표적이 됐다. 집은 경찰에 압수 수색당했고 이웃의 공격까지 받았다. 살해 위협도 일상이 되었다. 집에 살고 있던 LGBT 동료들이 구타당하기도 했다. 구속된 노엘을 석방시키고자 경찰에게 뇌물도 줘야 했다. 네게데는 행방불명 상태로 "감옥에 던져져 썩어가는" 것을 상상할 수밖에 없었다.

두 활동가가 유럽 콘퍼런스에 참여한 상황에서도 위협은 계속됐다. 정부의 위협을 견딜 현지 지원이나 국제적 지지는 부족했다. 이들은 망명을 결심하고, 독일어를 배우고 새로운 커리어를 준비했다. 오스트리아에서의 새로운 삶을 시작한 것이다. 노엘과 네게데는 가족, 직업, 활동가 네트워크를 뒤로하고 떠나와야 했다. 하지만 여전히 안전하게 지내면서 온라인상으로 에티오피아의 LGBT 지원활동에 전념하고 있다.

고향 에티오피아도 두 활동가처럼 비용을 부담하고 있다. 네게데와 노엘이 떠나면서 에티오피아는 고숙련 IT 전문가와 대학생을 잃었다. 동성애를 처벌하고 LGBT 조직을 범죄 집단으로 몰아가는 적대적인 법적 환경 탓에 네게데와 노엘같이 수많은 LGBT가 조국을 떠나야만 했다.[3] 네게데에 따르면 아직 에티오피아에 남아 있는 LGBT들 또한 우울을 겪고 학교를 중퇴하고 있다. 그의 표현에 따르면 국가적 손실인 셈이다.

이 사례는 LGBT를 배제해 초래된 비용을 명백히 보여준다. 노엘과 네게데의 경험은 인권 보호의 중요성을 알려준다. 국제 인권 보호 규정을 준수하겠다는 에티오피아의 헌법은 LGBT 권리에 관해선 공허한 것으로 드러났다.[4] 다행히도 노엘과 네게데는 다른 인권을 행사할 수 있었다. 동성애자 박해를 사유로 오스트리아에서 망명을 신청할 수 있었던 것이다. 그럴 수 없었더라면 이들은 여전히 감옥에 있거나 더욱 심각한 상황에 처했을지도 모른다.

따라서 인권 보호는 여전히 필요하며, 중요하게 다뤄져야 한다. 1장에서 다뤘던 것처럼 경제적 비용에 호소하는 전략은 인권 담론을 대체할 수 있는 만능 열쇠가 아니다. 기업이나 정부가 평등이 사리사욕에 도움이 된다는 점을 깨닫도록 기다리면서 개인들이 경제적 논리를 강력하게 제시하는 전략도 아니다. 경제적 논리는 인권 전략이 가지 못하는 길을 제시하는 발상으로, 정부와 기업, 교육제도, 의료제도에 당근과 채찍을 모두 주는 새로운 종류의 압력이다.

LGBT 인권 실현을 추구하는 활동가와 사업가, 정책 입안자, 국제개발 실무자들은 투쟁에 활용할 수 있는 실용적인 아이디어를 원하고 필요로 한다. 인권에 기반해 평등을 주장해도 보편적으로 받아들여지지 않았다. 그 자체로 논란이 생기기도 했다. 변화를 추구하는 사람들에게 색다른 주장이 필요한 이유다. LGBT 활동가와 국제개발 실무자, 인권 운동가는 활동 내용에 경제적 논리를 적용하는 추세다. 경제적 논리가 새로운 지형에서 새로운 논의의 장을 열어주기 때문이다. 이로써 LGBT 평등과 포용이 더욱 빨리 진전될 가능성이 생긴다.[5]

진보는 저절로 이뤄지지 않는다

LGBT 권리에 반발하는 나라는 에티오피아만이 아니다. 퀴어 평등은 여전히 어디서든 논쟁의 대상이 되고 있다. 새로운 변화의 장을 열어야 하는 이유다. 북아메리카와 유럽, 라틴아메리카, 아시아에서 최근 LGBT의 법적 권리가 증진된 상황을 보면 잘못 해석하기 쉽다. 이미 일부 지역에서 변화가 완성됐으며, 변화의 흐름이 어느 정도 저절로 국경과 대륙을 넘어 확대되어 다른 지역도 변화가 불가피할 것이라고 말이다. 그러나 나머지 국가들이 진보한 국가들을 따라잡는 일이 시간 문제일까? LGBT의 법적 평등과 대중적 수용도에 관한 데이터를 보면 그렇게 장담할 수 없다는 것을 알 수 있다.

물론 LGBT 평등을 증진하는 법률은 수십 년간 점차 더 많이 채택되고 있다. 이전 장에서 언급한 법적 권리를 측정하는 방법론은 동성애 범죄화와 차별금지법, 가족 인정 등과 관련된 여덟 가지 법률을 1960년대부터 현재까지에 걸쳐 추적했다.[6] 추적 결과, 1960년대 후반에 국가당 법률 보유 개수의 평균치는 0.5개였다. 일부 국가가 동성애를 애초에 범죄화한 적이 없었다는 이유가 크게 작용했다. 국가당 LGBT에 우호적인 정책 개수는 1990년대에 들어서야 1개가 됐다. 1990년부터 전 세계적으로 평균치가 2.2개로 두 배가 됐지만, 이면에는 다른 양상이 자리잡고 있다. 사하라 이남 아프리카 지역과 남아시아, 중동-북아프리카 지역은 1966년부터 2014년까지 GILRHO 평균치가 거의 증가하지 않았고, 여전히 1 미만이다. EU와 고소득 OECD 국가들은 약 5.5다. 이들 국가에서는 법적 평등이 진보했다는 점이 명백히 나타나지만, 대부분 아직 가야 할 길이 멀다.

전 세계적으로 LGBT 논의는 여전히 깊이 양극화되어 있다. 예컨대 2013년에 퓨리서치센터는 39개국 사람들에게 '사회가 동성애를 수용해야 하는지' 질문했다.[7] 동성애를 수용하자는 사람이 다수를 차지한 것은 17개국뿐이었다. 캐나다와 체코, 독일, 스페인에서는 80퍼센트 이상이, 미국에서는 60퍼센트가 동성애 수용에 동의했다. 다른 극단의 스펙트럼에 위치한 이집트와 가나, 인도네시아, 요르단, 케냐, 말레이시아, 나이지리아, 파키스탄, 세네갈, 튀니지, 튀르키예, 우간다에서는 10퍼센트 미만이 동성애를 수용할 수 있다고 답했다.

여론의 종합적인 패턴을 찾고자 데이터를 종합한 두 개의 대규모 프로젝트가 있다. 톰 스미스와 손재석, 김지범이 진행한 첫 번째 프로젝트에 따르면, 서북부 유럽 국가들이 가장 수용도가 높았으며 영어권 고소득 국가(호주, 캐나다, 뉴질랜드, 미국 등)가 뒤를 이었다.[8] 남유럽과 라틴아메리카는 중상위권에, 과거 공산주의였던 국가와 아시아 국가는 중하위권에 속한다. 아프리카와 무슬림 국가는 대부분 하위권에 속한다.

2017년에는 앤드루 플로러스와 앤드루 파크가 141개국의 설문 조사를 기반으로 LGBTI 국제수용지수LGBTI Global Acceptance Index, GAI를 만들었다.[9] 그 결과 1980년대부터 LGBT 수용도의 진보는 '양극화된 진보'였다는 점이 발견됐다. 절반을 겨우 넘는 57퍼센트의 국가에서만 30년간 수용도가 증가했다. 11퍼센트는 변화가 없었고 33퍼센트는 수용도가 감소했다. 이에 더해 플로러스와 파크가 발견한 중요한 패턴은 다음과 같다. 2004~2008년 동안 덴마크와 아이슬란드, 네덜란드, 노르웨이, 스페인, 스웨덴과 같이 수용도가 가장 높았던 국가들이 2009~2013년 동안 가장 큰 폭으로 수용도가 증가했다. 2004~2008년 기간 동안 수용도가 낮은 수준에 머물렀던 아제르바이잔과 방글라데시, 조지아, 가나와 같은 국가들은 몇 년 후 수용도가 가장 큰 폭으로 감소했다.

양극화가 현존하는 상황에서는 LGBT를 수용하는 기류가 저절로 퍼지지 않는다. 앞선 연구들에 따르면 LGBT 수용도는 전 세계적으로 각양각색이며, 상승할 수도, 하락할 수도 있다. 도널드 트럼프 행정부가 학교와 의료제도 그리고 군대에서 트랜스젠더의 권리를 박탈한 것처럼 국내 정치나 리더십의 변동이 이미 이뤄낸 진보를 무로 되돌릴 수도 있다.[10] 자이르 보우소나루 브라질 대통령은 "아들이 게이가 되느니 차라리 자동차 사고로 죽었으면 한다"고 이야기했을 정도로 호모포비아를 자랑스럽게 인정했다.[11] 2019년 그는 집권하자마자 브라질 인권 부처의 주요 의제에서 LGBT 권리를 제외했다. 이후 기자에게 브라질이 '게이 관광 낙원'이 되길 원하지 않는다고 말하기도 했다.[12]

인권 담론과의 동행

이 책의 핵심 가운데 하나는 경제적 논리가 경험적인 현실을 묘사하는 데 그치지 않고 대중적 수용도와 사회적 포용성을 촉진하는 전략적 가치를 지닌다는 점이다. LGBT 인권을 실현하기 위해 적극적으로 노력하는 일부 사람들은 경제적 논리에 의심을 품고 있다.[13] 활동가들은 인권이 모두에게 귀속되어 있으며 판매 대상이 아니라고 주장한다. 일부는 경제적 접근법이 권리에 가격표를 붙이고 금전적으로 경제에 기여하는 사람의 가치만을 존중한다고 말한다. 또 다른 사람들은 경제적 논리가 자본주의와 그 목표에 지나치게 관대하다면서 사업적 성과를 개선하는 정책들에 의구심을 품는다.

그런 걱정스러움의 기저에는 인권의 중요성과 무급 노동의 소중함, 경제적 불평등에 대한 우려와 같은 가치가 존재한다. 나 또한 공감하는 가치체계다. 다만 경제적 주장이 그런 가치체계를 훼손하지는 않는다고 본다. LGBT 경제학은 인권 담론의 대체재가 아닌, 양립 가능한 보완재다. 궁극적으로 이전 장에서 계산한 비용은 LGBT가 겪은 인권침해 가운데 측정 가능한 경제적 불이익을 합산한 것이다. 비용을 측정하고 가치를 매길 방법이 있다면 무급 노동이나 경제적 불평등에 관해서도 같은 전략을 취하면 된다. 이를 파악해 개선을 이뤄낼 수도 있다.

경제적 논리는 자본주의를 맹목적으로 받아들이는 것도 아니다. 인간의 필요를 충족하지 않는 경제 모델은 인적 자원의 잠재력 낭비나 사람들이 입는 피해의 비용을 감당할 수 없다. 이 논리의 더욱 중요한 지점은 정부가 족쇄 풀린 자본주의unfettered capitalism를 억제하도록 지지한다는 것이다. 마지막 장에서 다루겠지만, LGBT 근로자(혹은 학생이나 환자)를 공정하게 대우하는 정책이 그런 예시다.

비용 기반 논의의 도덕적 근간에 대해 이런 이의를 제기하는 활동가와 경제학자들도 있었다. "노예제는 어때요? 경제적 논점으로 합리화할 수도 있겠네요." 미국 노예제가 성장을 촉진하는 관행이었는지는 미국의 경제학자와 역사학자 사이에서 매우 논쟁적인 주장이지만, 내 관점에서는 오늘날 유의미한 주장이 아니다.[14] 우리는 명확한 인권 원칙에 따라 온전히 (그리고 올바르게) 노예제의 가능성이 배제된 세상에서 살고 있다. 세계인권선언 제4조는 "어느 누구도 노예 상태 또는 예속 상태에 놓이지 아니한다"고 규정하고 있다.

이 논쟁을 숙고해보면 경제학적 논리에도 인권이라는 기반이 필요하다는 점을 되새길 수 있다. 인권 담론이 비용을 고려하면서 공고해지는 것처럼 말이다. 인권 전문가가 경제적 논리의 가치를 파악할 수 있는 것처럼, 경제학자도 공정성과 평등에 대한 깊은 신념을 가질 수 있다.

저명한 인권학자이자 실천가인 필립 올스턴은 존엄성에 기반해 주장하기를 선호하지만 경제적 논리의 수단적 가치를 존중한다. 그는 기자에게 이렇게 말했다. "(이러한 관점을 통해) 정부 관계자가 경제적 주장에 따른 압력을 받습니다. 심각한 호모포비아가 있는 사람들도 '나는 솔직히 동성애자가 싫지만 1억 달러를 잃는 것도 싫으니 그냥 편하게 지내자'고 말하게 되죠."[15]

세계은행의 수석 경제학자인 카우식 바수는 세계은행의 LGBT 행사에서 청중을 맞이하며 LGBT에 대한 경제 연구를 언급하면서도 다른 가치들이 더욱 중요하다고 주장했다.

인류의 정의와 평등을 증진하는 일이 GDP를 성장시킨다면 축하할 일입니다. 그러나 소수자 차별을 없애는 게 GDP 성장을 촉진하기 '때문에' 좋다고 주장해선 안 됩니다. (…) 차별을 철폐하고 평등과 정의를 추구하는 것은 그 자체로 좋은 일입니다. 특정 종류의 차별이 (…) 철폐될 때 GDP가 조금이라도 줄어든다는 사실이 밝혀진다면, 그래도 된다는 입장을 취하고 싶습니다. 더욱 정의롭고 평등한 사회를 달성한다면, GDP가 좀더 줄어든 세상에서 살아도 됩니다.[16]

사실 이렇게 포용과 GDP가 상충한다고 말할 필요가 없을 정도로 경제적 논리의 근거는 강력하다. 차별과 호모포비아를 종식하는 과정에서 비용이 일부 수반되더라도 포용이 가져다주는 이득에 비하면 미미한 수준일 것이다.

인권운동가가 경제학자와 같은 언어를 사용하지는 않는다. 하지만 우리는 완전한 포용의 가치가 그 자체로 선善이라는 공감대를 형성하고 있다. 바로 이 지점이 가장 중요하다. 인권운동가와 경제학자는, LGBT 권리와 포용에 관한 한, 수단은 다를지라도 목표는 같다.

경제적 논리 실현에는 가시적인 손길이 필요하다

LGBT 평등에 대한 공동의 경제적 이익을 호소하려면 사람들이 직접 그 논리를 내세우는 상황이 되어야 한다. 일부 사람들은 호모포비아에 비용이 많이 든다면 기업과 정부, 의료 부문이 스스로 이를 중단할 충분한 유인이 된다고 생각한다. 그러나 4장에서 살펴본 바와 같이 경제적 이익 실현에 민감한 영리 기업 같은 곳에서도 대형 조직을 움직이기 위해서는 직원들이 조직적으로 뭉치고 압력을 가하면서 LGBT 직원을 공정하게 대우하라고 요구해야 했다. 정보 부족, LGBT 권리 반대자, 종교적 가치, 정치적 압력 등 다른 요소들이 기업과 정부의 편견이나 배제를 부추긴다는 게 문제다.

우간다에서 현재 진행형인 LGBT 혐오 정치 캠페인은 경제적 이익이 어떻게 정치적 이익과 충돌하는지 보여주는 사례다. 우간다에는 영국 식민 시대의 유산인 '부자연스러운 범죄' 처벌 법이 있다.[17] 그러나 일부 우간다인은 더 강력한 법을 원했다. 2009년, 국회의원이 특정 상황에서 동성애를 사형으로 처벌하는 법안을 발의했다. 이 법안은 현지 종교 지도자들이 주도한 반동성애 운동에서 비롯됐으며, 그들은 스콧 라이블리 목사를 비롯한 미국 종교 지도자의 조언과 지원을 받았다.[18] 이 법안에 대한 공개적 논의가 이어지면서 LGBT 활동가들은 신상 공개와 협박을 겪었고, 그중 한 명인 데이비드 카토는 살해당했다.[19]

우간다의 극단적 처벌에 전 세계적으로 이목이 쏠리고 비난이 쏟아지면서, 반동성애법이 경제에 가하는 위협은 현실이 되었다. 우간다 대통령 요웨리 무세베니는 국제 원조가 중단될 것을 우려해 이 법안을 반대했다.[20] 4년 뒤 국회는 동성애를 종신형으로 처벌하는 수정법안을 통과시켰다. 우간다는 이 가혹한 법을 제정하면서 세계은행과 덴마크, 네덜란드, 노르웨이, 스웨덴, 미국을 비롯한 여러 국가에서 받는 1억 4000만 달러의 원조를 잃었다.[21] 그럼에도 무세베니 대통령은 2014년 초 법안에 서명했다. 해외의 문화적 제국주의에 대항해 우간다의 주권을 주장한다는 차원에서였다. 이를 두고 일각에서는 표심을 얻고 지속적인 정치적 지지를 얻기 위한 행보였다고 풀이한다.[22]

정치적 보상이라는 명백한 유인책을 차치하고, 경제적 영향에 대한 두려움이 무세베니를 멈춘 것일까? 법안에 서명한 것을 보면, 그 답은 '아니'였다. 여러 원조 국가가 위협을 지속했을 때마저도 무세베니는 "흔들리지 않겠다"고 공언했다.[23] 그가 이후 주장한 바에 따르면 그는 경제적 위협보다 LGBT 활동가들이 무역을 보이콧할 가능성을 더 걱정했다. 결국 무세베니는 영구적인 재정적 손실을 겪지 않으면서도 정치적 입지를 다졌다. 반동성애법을 통과시킬 당시 국회가 정족수를 채우지 못했다는 이유로 우간다 헌법재판소가 법안을 무효화한 덕분이었다.

우간다의 경우 가혹한 반동성애법으로 인한 현실적이고 잠재적인 경제적 손실이 실재했으며 꽤나 가시적이었다. 그러나 정치적·문화적 호모포비아가 급증하는 현상을 자체적으로 막기에는 충분하지 않았다. 반LGBT의 기반이 되는 정치적 논리는 브라질과 러시아, 미국 일부 지역 등 다른 국가에서도 여럿 찾아볼 수 있다. 지도자가 종교 집단의 정치 권력에 굴복하거나, LGBT를 위협적인 대상으로 몰아세우면서 희생양 삼거나, 그들의 인권이 국가적 가치에 반한다거나 반식민지적 정서를 반영한다며 몰아붙이는 방식으로 말이다.[24] 이런 이해관계들은 끈질기게 지속된다. 사람들이 경제적 논리를 적극적으로 활용해야 하는 이유다.

개발기구에 경제적 논리를 배포하다

전 세계가 LGBT 문제에 관심을 갖는 가운데, 퀴어 활동가와 조직 사이에서 경제개발기구를 타깃하는 움직임이 생겨나고 있다.[25] 개발기구가 중저소득국과 협력한다는 점이 여러 이유 가운데 하나다. 중저소득국 가운데 인도네시아, 러시아, 우간다와 같은 국가들은 반동성애적 법과 정책을 통과시킨 바가 있다.[26] 앞서 언급했듯 저소득 지역권에서 포용적 정책이 통과되는 속도가 훨씬 지지부진했다. 개발기구에 자금을 공급하고 의사결정을 내리는 고소득국에 LGBT 포용을 고려하라고 압력을 가하는 과정도 목적 달성에 유의미하다. 넓게 보면 LGBT를 포용하는 개발기구를 만들려면 모든 국가가 행동을 취하도록 촉구해야 한다. 각국 정부가 자체적으로도 행동을 취해야 하며, 개발기구 내에서도 영향력을 발휘해야 한다. 또한 개발기구는 빈곤 퇴치에 집중하므로, 배제로 인해 가난에 취약해진 LGBT를 위해 조치를 취하기에 적합하다. 퀴어 빈곤에 대한 정량적인 연구는 귀하지만, 가장 자세한 연구에 따르면 미국에서 양성애자와 트랜스젠더가 이성애자 시스젠더보다 가난할 가능성이 높으며 동성애자는 적어도 이성애자만큼 가난했다.[27]

개발기구가 조직 내에서 그리고 정부 정책 입안자와의 교류 과정에서 사람들의 마음을 움직이고 정책을 변화시키려면 경제적 논리와 같은 접근법이 필요하다. 세계은행, UNDP, USAID, 스웨덴 국제개발협력청SIDA 같은 일부 개발기구는 SOGI 이슈를 다루는 것에 앞장서고 있으며, 경제적 논리가 전파된 것이 한몫을 했다. LGBT 활동가들은 개발기구를 대상으로 프로그램에 차별과 배제 요소를 없애고 새로운 기회를 만들라고 외부에서 압력을 가해오고 있다. LGBT 직원과 지지자들은 이런 기구들 내에서 움직임에 동참하고 있다.

세계은행

세계은행은 다음과 같이 간결하게 사명을 요약한다. "지속 가능한 방식으로 극심한 빈곤을 종식하고 공동의 번영을 도모한다." 세계은행은 개발도상국 대상의 대출과 보조금을 주요 수단 삼아 활동하며, 지식을 공유하고 기술을 지원하기도 한다. 당연한 사실이지만 분명히 하자면, 세계은행은 인권기구가 아닌 은행이다. 세계은행의 설립 문서에 명시된 정관에는 정치와 경제를 분리할 필요성을 다음과 같이 명확히 다루고 있다. "세계은행과 직원은 회원국의 정치 문제에 관여해서는 안 된다. (…) 경제적 고려 사항만이 결정에 영향을 미쳐야 한다."[28] 세계은행은 LGBT 문제를 정치적 문제보다는 경제적 문제로 재구성해 받아들였다. 경제적 필요에 따른 포용에 초점을 맞춘 것이다. 젠더, 인종, 민족 등을 포용하는 것은 세계은행이 중시하는 의제로 자리잡고 있으며, LGBT 포용도 이러한 기조에 궤를 함께한다.[29]

일련의 과정을 요약하자면, 세계은행에서 직원의 동성 동거동반자들이 동등한 혜택을 누리도록 조직에 처음 요청한 것은 그 직원들이었다. 이후 직원들은 세계은행 프로그램에 LGBT 문제를 포함시키자는 움직임을 만들어냈다.[30] 패브리스 후다는 세계은행 내 LGBT 직원 모임을 이끌면서 동성 동거동반자 혜택 도입을 추진했다. 그 과정에서 세계은행이 받아들일 만한 방식으로 LGBT 문제를 제기할 필요성을 느꼈다. 편견과 차별의 경제적 영향을 다루는 것이다. 그는 LGBT 포용이 중요한 이유를 뒷받침할 경제적 논리를 고안하기 위해 사내 연구 보조금 제안서를 작성했다.

세계은행이 LGBT 문제에 관해 취한 조치 가운데 가장 논란을 일으킨 사건은 우간다가 법률을 제정한 2014년에 발생했다. 당시 총재였던 김용은 우간다의 반동성애법뿐만 아니라 미국과 세계 다른 지역에서의 유사한 반동성애법 제정 모두 인류와 경제에 피해를 입히는 차별이라고 비판했다.[31] 김용 전 총재는 세계은행이 우간다 보건소 지원용으로 준비 중이던 9000만 달러의 대출을 중단하기로 결정했다. LGBT가 보건소를 방문했을 때 차별이나 구금을 당하지 않을 수 있을지 세계은행이 보장할 수 없다는 게 이유였다.[32]

일부 활동가들은 이러한 조건부 지원을 비판했다. 이들은 백래시, 강압적인 권력 관계, 현지 활동가들과의 협력 부재로 문제가 발생하지 않을지 우려했다.[33] 우간다 활동가들은 세계은행 등 대출기관에 지원을 보류하지 말 것을 촉구했다. 다만 우간다의 사법 정의 분야에서 전략적으로 지원을 철회한 네덜란드 정부의 결정에는 동의했다.[34]

이후부터 세계은행의 SOGI 관련 핵심 활동은 이러한 논쟁적인 접근 방식으로부터 거리를 뒀다. 이제 세계은행은 연구와 데이터에 초점을 맞추고 있다. 태국, 발칸반도, 세르비아, 인도에서 LGBTI 연구를 진행한 것이 이러한 추세를 보여준다.[35] 세계은행은 지식을 창출하고 사내에 공유하는 과정을 조율하기 위해 2015년에 SOGI 태스크포스를 만들었다. 클리프턴 코테즈는 2016년 UNDP에서 넘어와 세계은행의 첫 번째 SOGI 국제 고문이 되었으며, 현재는 세계은행의 운영 전반에 걸쳐 LGBT 포용을 촉진하는 활동을 이끌고 있다. 그와 동료들은 더욱 적극적인 접근 방식을 취해 국가 개발 목적의 대출에 LGBT를 포용하는 관행을 결합하고 있다. 아르헨티나 LGBT의 실업 문제와 칠레 LGBT 대학생들의 어려움을 해결하는, 자금이 포함된 대출 패키지가 일례다.

코테즈에 따르면 환경사회적프레임워크[ESF]는 세계은행이 협력국에서 차별을 유발하거나 사회적·환경적 피해를 초래하지 않도록 설계된 내부 정책으로, 포용을 촉진하는 강력한 잠재력을 지닌 도구로 작용하고 있다.[36] ESF는 본래 SOGI를 명시적으로 언급하지 않아 비판받았지만, 별도의 문서를 통해 SOGI로 정의되는 집단이 세계은행 프로젝트로 인해 "피해를 입을 수 있고" "취약하다"는 점을 명시한다. SOGI 집단이 프로젝트로 인해 혜택을 충분히 누리지 못하거나 의견 수렴 과정에서 배제될 수 있다는 것이다.[37] 프로젝트에 LGBT가 맞닥뜨릴 위험 요인이 발견되면 차별을 근절하는 방향으로 조정되도록 코테즈의 팀이 지원한다(이제는 LGBT와 함께 간성도 다루고 있다).

코테즈는 지문이나 홍채 패턴과 같은 생체 인식 데이터를 사용하는 디지털 신분증 문서 생성 프로젝트를 예로 제시했다. 신분증은 개발 문제다. 신분증이 없으면 서비스, 교통, 신용, 직업, 투표에 접근하기 어려울 수 있기 때문이다. 그리고 앞서 언급된 바와 같이, 젠더가 올바르게 표시된 공식 문서를 취득하는 것은 트랜스젠더에게 특히 어려운 문제다. 이는 여러 나라의 LGBTI 집단으로부터 의견을 수렴하는 과정에서도 확인된 문제. LGBTI 집단이 은행에 제기한 의문은 애초에 생체 인식 데이터를 사용할 때 성별 표시가 신분증에 포함될 필요가 있냐는 것이었다. 어쩌면 언젠가는 트랜스젠더를 배제해왔던 성별 표시를 신분증에서 아예 없애는 것이 새로운 표준이 될지도 모른다.

다만 현재로서는, 세계은행은 신분증 체계의 포용성을 평가하는 기준에 트랜스젠더도 포함할 것을 정부에 권장하면서 본분을 다하고 있다.[38] 세계은행 보고서가 인용한 사례에 따르면 남아시아 트랜스젠더 그룹인 히즈라는 방글라데시, 인도, 파키스탄에서 트랜스젠더라 표시된 디지털 신분증을 발급받았다.[39] 코테즈는 한 국가에서 디지털 신분증 서류의 작성법을 교육하는 프로젝트를 설계하는 데 기여했다. 트랜스젠더나 젠더비순응자로 인식되는 이들이 문서 발급을 거부당하거나 꺼릴 가능성을 줄이기 위해, 이 프로젝트는 LGBTI 비정부기구를 디지털 신분증 서비스의 제공자로 선정하고 교육할 것이다. 이중 차별을 저지르지 않는 법도 교육의 일반적인 내용에 포함될 것이다. 예컨대 차별 진정을 제기한 트랜스젠더를 2차 가해하지 않는 지침도 여기에 포함된다. 프로젝트 승인이나 시행 단계 이전에 이러한 종류의 적극적인 사전

검토와 참여가 수반되면 세계은행의 프로젝트에서 LGBTI 차별이나 배제를 줄일 가능성이 높아진다.

UN

UN은 세계인권선언을 핵심 근간으로 설립됐으므로 LGBTI 문제를 인권과 연계하는 것이 당연한 전략이었다. UN과 세계은행을 비롯해 이장의 나머지 부분과 다음 장에 설명되는 조직은 간성을 포함하므로, LGBT가 아닌 LGBTI를 기준으로 조직활동을 설명하겠다. UN이 LGBTI 인권을 지지하기 시작한 것은 2011년 성적 지향과 성별 정체성에 따른 폭력과 차별에 대해 우려를 표한 인권이사회가 결의안을 내놓으면서부터였다.[40]

　UN은 인권에 견고한 기반을 두고 있음에도 경제적 논리를 내세운다. LGBTI의 평등한 권리와 공정한 대우를 위한 자유와 평등 캠페인에는 '배제의 대가The Price of Exclusion'라는 동영상이 포함돼 있다. 배우 재커리 퀸토가 내레이션을 맡아, 차별과 경제의 연관성을 강조하는 내용이다.

　　당사자에게 이는 개인적인 비극입니다. 공동체적 관점으로 더 넓게 보면 인적 잠재력과 재능, 창의성, 생산성의 막대한 사회적·경제적 손실입니다. 호모포비아와 트랜스포비아의 비용은 그야말로 막대합니다.[41]

　UN의 다른 조직도 경제적 논리를 활용한다. 예컨대 UNESCO는 LGBTI 학생이 경험하는 괴롭힘이 학업 성취도 저하와 건강 악화, 일자리 감소로 이어질 가능성이 있다고 지적한다. 괴롭힘이 LGBTI 학생의 경제적 기여도를 줄이고 모든 학생에게 피해를 입힌다는 이유로 UNESCO는 포용적인 학습 환경을 조성하고 있다.[42] UNAIDS의 리더들은 인권과 공공 보건에 기반해 주장하기를 넘어 경제적 논리를 이용하고 싶어하며, 자체적으로 연구를 진행하고 있다.[43]

4장에서 언급한 것처럼 OHCHR은 LGBTI 문제에 관한 기업들의 행동 표준을 개발했다. 250개 이상의 기업이 서명한 표준이다. OHCHR은 직장, 시장, 지역사회에서 차별과 낙인을 종식하고 예방하기 위해 LGBTI 인권을 존중하는 데 기업의 책임이 있다고 지적하고 있다. 기업 표준을 설명하는 문서에서, 작성자들은 인권 담론을 '강화'하고자 경제적 논리를 사용했다.[44] 그들은 기업이 현지 LGBTI 공동체와 함께 일해 가장 건설적인 접근법을 취하도록 촉구한다.

UNDP는 UN의 경제적 논리와 가장 밀접하게 연관된 기구로, 2012년부터 LGBTI 문제를 처음으로 다루기 시작했다. 이는 USAID와 협력해 진행한 '아시아에서 LGBTI로 산다는 것은Being LGBTI in Asia' 프로젝트로 귀결됐다.[45] 프로그램은 LGBTI 공동체와 기업, 활동가, 정부 관계자, 인권기구가 모여 LGBTI의 온전한 포용에 다다르는 방법을 논의하는 자리로 성장했다. 고용과 교육 분야의 차별과 여타 형태의 배제에 관한 연구를 후원하기도 했다. 놀랍지 않게도, 프로젝트가 의뢰한 연구 중 상당수는 이 책에서 인용됐다.

빈곤 퇴치를 주요 목표로 삼는 UNDP는 SDGs의 본거지이기도 하다. UNDP는 SDGs 가운데서도 특히 '누구도 소외되지 않게'라는 기조를 완전히 이행하려면 불평등을 파악하고 LGBTI 포용의 진전 정도를 모니터링하는 데이터가 필요하다는 점을 인지했다. 2015년 UNDP와 OHCHR은 국가별 포용성 목표 달성도를 모니터링하기 위해 LGBTI 포용성 지수를 설계하기 시작했다. 데이터에 박식한 학자와 LGBTI 운동가, 국제개발기구, 인권 전문가 등이 이 프로젝트에 참여했다.[46] 첫 번째 단계에서는 건강, 교육, 경제적 삶의 질, 정치 및 시민 참여, 개인 보안 및 폭력이라는 다섯 가지의 평가 부문을 확립했다. 2017년 두 번째 단계에서는 UNDP와 세계은행이 협력해 다섯 부문에서의 포용성을 측정하는 51개의 지표를 만들었다.

LGBTI 포용성 지수 개발은 LGBTI에 영향을 미치는 정치와 정책과 이들의 실제 경험에 대한 데이터가 부족하다는 현실을 보여줬다. 앞서 주지했듯, 거의 모든 국가에서 LGBTI의 교육 성취도, 건강 상태, 경제적 성과에 대한 데이터는 비LGBTI에 비해 부족한 실정이다. 다음 장에서 논의하겠지만, UNDP와 세계은행을 비롯한 다른 국제기구는 LGBTI의 상황을 더 잘 이해하고 장벽을 허물고 기회를 창출하는 데 필요한 데이터를 생산할 자원, 지식, 사람을 찾으려 노력하고 있다.

USAID 등 국가기관의 노력

고소득 국가에 소재한 개발기구는 인권활동과 개발활동에 지원하는 자금 규모를 늘리고 있다. 힐러리 클린턴이 국무장관이던 시절 미국은 글로벌평등기금 Global Equality Fund 을 조성했으며, 이 기금은 여전히 LGBTI 인권 단체에 긴급 구호와 기술 지원을 제공하고 있다.[47] 아르헨티나와 호주, 캐나다, 칠레, 크로아티아, 덴마크, 핀란드, 프랑스, 독일, 아이슬란드, 이탈리아, 몬테네그로, 네덜란드, 노르웨이, 스웨덴, 우루

과이 정부를 비롯해 여러 기업과 지지 집단이 기금에 기여했다. 영국의 국제개발처처럼 다른 경로를 통해서도 여러 국가가 기금을 제공한다.[48]

개발 측면에서 USAID의 비전은 "LGBTI가 인권을 보호받고 존엄한 삶을 살고 차별, 학대, 폭력으로부터 자유로워지는 세상"이다.[49] USAID는 "LGBTI 포용, 보호와 권한 증진"에 기여하기를 원한다. LGBTI 차별을 줄이고 포용을 증진하는 방향으로 설계된 정책과 프로그램을 통해 USAID는 비전을 제도화했다.

USAID는 UNDP의 '아시아에서 LGBTI로 산다는 것은' 프로젝트의 첫 번째 파트너이기도 했지만, 2012년부터 시작된 글로벌개발파트너십Global Development Partnership을 통해 과감한 행보를 보여왔다. 스웨덴 국제개발협력청 등의 파트너와 함께 USAID는 민관 파트너십을 기획했고, 14개국의 LGBTI 인권과 발전을 도모하는 프로젝트에 2012년부터 2018년까지 280만 달러 이상을 제공했다.[50] 파트너십은 미디어 및 커뮤니케이션 기술 역량 강화, 신규 연구 수행, 민주적 참여 교육, 조직 리더십 및 경영 기술 훈련과 같은 다양한 활동에 자금을 제공했다. LGBTI 기업과 기업가를 지원하기도 했다. 네트워킹, 국제 공급업체 등록, LGBTI 상공회의소 발전을 돕는 방식이었다. 5장에서 다뤘던 신흥국의 1인당 GDP와 LGBTI 권리의 상관성을 발견한 우리 연구도 파트너십의 연구 부문으로부터 지원받은 것이다. 당시 USAID는 개발과 인권의 필수적인 연결 고리를 보여주는 연구를 원했다. 이 연구 이후로 USAID의 LGBT 관련 자료에 경제적 논리가 다수 인용됐다.

USAID는 LGBTI 맞춤형 프로그램 이외에도 조직의 업무 전반에

LGBTI를 통합하기를 권장한다. 모든 프로그램을 추진하는 과정에서 LGBTI를 비롯한 소수자 집단을 가로막는 장벽이 있는지 분석하고, LGBTI의 필요를 다루고, '포용성을 강화'하기를 장려한다.[51] 다른 국가의 개발기구에서도 그렇듯 통합은 USAID에 있어 여전히 진행 중인 과제다.

LGBTI 운동 생태계에 연결 짓기: "우리를 제외하고 우리에 관해 논하는 것은 의미가 없다"

개발기구와 인권기구는 LGBTI의 광범위한 사회적 포용을 도모하는 두 부문일 뿐이다. 현재까지 이보다 중요하고 영향력 있는 곳은 전 세계 다양한 LGBTI 시민단체로, 이들을 대변해 활동하는 개발기구와 교류하고 방향을 제시하기를 원한다.[52]

LGBT 운동 생태계를 간단명료하게 특징짓기는 어렵다. 국가별로 상황이 상이하기 때문이다. 미국의 내셔널LGBTQ태스크포스National LGBTQ Task Force, 람다리걸Lambda Legal, 휴먼라이츠캠페인, 네덜란드의 COC, 영국의 스톤월Stonewall과 같은 일부 단체는 크고 비교적 인력이 풍부하다. 그러나 대부분 국가의 조직은 비교적 작다. 유럽의 트랜스젠더유럽Transgender Europe이나 간성국제조직Organization Intersex International, OII처럼 다른 조직들도 트랜스젠더나 간성 문제를 위해 활동하는 국제적 선두로 자리매김해왔다. 일반적으로 이런 단체들은 로비나 소송, 연구, 정치적 조직화를 통해 인권 문제에 주로 중점을 둔다. 대부분 소재 국가에서 활동하지만 COC 같은 조직은 다른 국가의 LGBTI 집단에 지원금을 주거나 해외 정책을 펼치는 등 전 세계적으로 광범위하게 연결돼 있다.

아웃라이트인터내셔널OutRight International, 국제LGBTI연합(약어는 ILGA로, 단체들의 연합체다), ARC인터내셔널과 같은 집단은 UN과 일하거나 UNDP의 LGBTI 포용성 지수 프로젝트 같은 활동에 참여하는 등, 특정 맥락에서 협력하는 조직들의 허브다. 이들은 평등권리연합의 밴쿠버 회의 같은 대규모 행사에서 정부와 기업 부문 이외의 비정부 기구인 LGBTI 시민사회의 활동을 조율한다.

시민단체들은 조직의 규모 및 성격과 관계없이 국제개발기구와 직접 협력(지시를 받는 것이 아니라)하기를 원한다.[53] 경제개발은 많은 활동가가 참여하고 싶어하는 분야다. 이들은 자국에서 LGBTI를 위해 변화를 만들어낼 색다른 시작점을 원한다. 예컨대 글로벌개발파트너십의 지원을 받은 연수 프로그램 참가자들은 평가 과정에서 인권에 초점이 맞춰지는 것을 비판했다. "우리에게는 빈곤 퇴치와 경제개발에 대한 개발 관점의 언어가 더 많이 필요합니다. 권리 중심의 언어로 인권만 주장하는 것이 아니라요."[54]

경제적 압력을 가하자는 목소리가 공개적으로 드러날 때도 있다. 우간다의 반동성애법이 통과됐을 당시 우간다 활동가 집단은 세계은행이 보건 부문 대출을 철회한 것에 반발했지만, 법에 저항하기 위해 여전히 경제적 힘을 이용할 방법을 찾았다. 이들은 다른 국가의 활동가들에게 다음과 같이 행동을 촉구했다.

우간다에 진출해 있는 다국적 기업에 요청합니다. 법안에 우려를 표해주시길 바랍니다. 이에 따른 우간다에서의 경제활동이 걱정된다고 공표해주십시오. 예컨대 우간다에 중요한 이해관계가 있으며 사내 정책으로 LGBT 권리를 존중하고 중시하는 하이네켄, 네덜란드항공, 영국항공, 튀르키예항공, 바클리은행과 같은 기업들 말입니다. 법안이 자사 직원의 안전에 미치는 리스크와 우간다에서의 사업 지속이 브랜드 이미지에 미치는 영향을 고려해주세요.[55]

분명히 일부 활동가는 더 많은 수단을 원할 것이다. 나와 이야기를 나눴던 많은 이는 현지 기업, 정부기관, 금융 부문이 경제적 논리에 주목할 것이라고 믿었다. 자국을 대상으로 수행한 경제 연구를 보고 싶어하는 활동가도 여럿 있었다.

문과 마음을 열다

여러 국가와 국제적 무대에서 경제적 논리를 홍보하는 다국적 고용주들의 연합 오픈포비즈니스는 이 논리를 소개하려고 케냐의 활동가들과 함께 일했다. 이 연합은 LGBTI 배제가 케냐 경제에 연 10억 달러 이상의 비용을 야기한다는 연구를 2019년 진행했다(5장에서도 언급했던 연구다). 연구 발표 이후, 언론과 소셜미디어에서 많은 관심이 쏟아졌다. 연합을 주도한 존 밀러는 효과를 체감했다. "하룻밤 사이 언론의 논의 주제가 바뀌었어요. 도덕적 논쟁을 하던 언론이 케냐의 경제 전략과 높은 수준의 기업가 정신에 대한 열망, (…) 나이로비에 테크 산업 단지를 촉진하는 법을 주제로 이야기하기 시작했죠."[56]

그의 경험상 종교와 정치에 의해 인권이 '까다로운 영역'으로 왜곡되는 나라에서는 경제적 논리가 논의의 시작점이 될 수 있다. 그는 "경제는 모두가 이해하는 보편적 언어이며, 경제 발전은 모두가 공유하는 의제"라고 말했다. 경제적 주장은 인권운동가뿐만 아니라 기업가와 정책 입안자에게도 호소력이 있다. 국가 설립 기관인 케냐 국가인권위원회의 부의장은 LGBTI 포용을 옹호하는 연구 결과를 정부와 함께 활용하기로 약속했다.[57]

국가적·국제적으로 영향력 있는 국제기관들도 LGBTI 평등과 포용을 목표로 일하기 시작했다. 경제적 논리가 일부 기관의 동참을 이끌어내는 데 도움이 된 것이다. 기업과 UNDP, 세계은행, USAID가 LGBTI 공동체와 함께 일하면서 이들의 활동이 확대되도록 모두의 결의와 효력을 강화하고 있다. 그러나 이 모든 것이 더욱 효과적으로 작동하기 위해서는 아직 좀더 명확한 전략이 필요하다.

제7장
평등의 이익을 실현하려면

LGBT를 존엄하게 대우하고 전폭적인 기회와 자원을 제공하는 세상을 만들면 LGBT 평등과 포용이 실현되고 경제적으로 모두가 이익을 누린다. LGBT 조직은 앞 장에서 언급된 정책 입안자, 다국적 기업, 개발 기구, 인권 단체 등의 이해관계자들과 함께 이러한 목표를 달성하려고 노력하고 있다. LGBT 경제학은 목표를 설정했다는 의의를 넘어 이해관계자들을 규합하는 데 도움을 줬다. 이들이 목표를 지지하도록 동기를 부여한 것이다. 이 책은 LGBT에 초점을 맞춰 논리를 구성했지만, 국제사회에서는 LGBT 논의와 토론에 간성 문제를 포함하는 것이 새로운 패러다임이다. 간성 포용에 어떤 이익이 따르는지 생각해볼 만한 연구 기반은 없지만, 앞 장의 일반적인 원칙은 간성에도 동일하게 적용될 수 있을 것이다. 이에 맞춰 7장에서는 LGBT 대신 좀더 포용적인 약어 LGBTI를 사용하며 LGBT와 간성 운동 및 조직들의 협력에 주목한다.

경제적 논증은 이해관계자들에게 동기를 부여하고 조직적 노력을 이끌어내는 것을 넘어, LGBTI의 삶을 바꾸는 다음 세 가지의 상호 연계된 전략에 도움이 된다. 첫째, 각국에서 LGBTI 조직을 동원하고 교육하고 혁신할 자원을 확보하는 것이다. 기관이 맡아야 하는 훈련이나 데이터 수집 등의 활동들도 자원을 필요로 한다. 둘째로 국가의 법과 정책을 바꿀 필요가 있다. LGBT에게 기회를 부여하고 이들을 방해하는 장벽을 제거하기 위해서다. 새로운 전략은 아니겠지만, 경제적 추론을 도입하면 그런 활동에 추진력을 불어넣을 수 있다. 셋째로 모든 국가에서 LGBTI의 삶에 대한 정보를 더 많이 확보할 필요가 있다. LGBTI 개인의 삶이 어떠한지, 경제 전반이 개선되고 있는지 추적하려면 양질의 데이터와 연구가 늘어나야 한다.

생태계를 활성화할 더 많은 자원

사회적 변화는 많은 시간과 자금을 요한다. 시위나 로비에 대규모 군중의 참여를 이끌어내려면, 관련 작업을 계획하고 조정할 재정적·인력적으로 탄탄한 조직이 있어야 한다. 소규모 기관을 통해 변화를 만드는 일도 공짜가 아니다. 미국에서는 LGBTI 운동에 매년 수억 달러가 필요하다. 전 세계적으로, 필요는 크지만 자원은 턱없이 부족하다.

미국의 운동발전프로젝트Movement Advancement Project는 2017년 40개의 크고 영향력 있는 LGBT 조직의 재무 건전성 현황을 보고했다(간성을 위한 조직들의 데이터는 포함돼 있지 않다).[1] 권리 옹호, 법률, 연구, 공교육 영역(운동의 상당 부분을 차지한다)에서 활동하는 이 단체들은 총 2억7000만 달러의 매출을 보고했다. 약 17퍼센트의 자금은 재단에서, 5퍼센트는 기업에서, 3퍼센트는 정부에서 지원받았다. 개인들이 기부, 행사, 유산을 통해 47퍼센트를 제공했다. 이 조직들은 2억5000만 달러를 지출했으며 964명을 정규직으로, 127명을 시간제로 고용했다.

가장 최근 데이터에 따르면 2015~2016년에 전 세계 LGBTI 단체는 511개 재단과 15개 정부 및 국제기구에서 5억2400만 달러를 지원받았다.[2] 미국과 캐나다가 이 가운데 약 절반을 지원받아 자금이 편중되었고, 서유럽은 7퍼센트에 해당하는 3800만 달러를 지원받았다. 전 세계 인구의 89퍼센트가 거주하는 나머지 지역에서 지원된 자금은 38퍼센트뿐이었다.[3]

자금 출처도 편중되어 있다. 정부 및 다자간 기구의 자금 3분의 2가 스웨덴 정부(2900만 달러)와 네덜란드 정부(3800만 달러) 단 두 나라에서 나온 반면, 미국 국무부의 글로벌평등기금은 (2015년 한 해에) 1000만 달러, 세계은행의 기금은 580만 달러에 불과했다. 정부 및 다자간 기구의 기금 총액은 1억300만 달러로, 같은 기간 전 세계 공적개발원조 총액 2740억 달러와 놓고 보면 매우 적은 실정이다. 다르게 말하면 국제개발협력에 100달러가 쓰일 때마다 LGBT 문제에는 단 4센트가 사용된 것이다.[4] 재단들은 LGBTI 문제에 좀더 기여했지만, 기부금 100달러당 17센트를 사용한 정도다.

지금까지 기업 기부는 미국 외 지역의 LGBTI 단체 기부금 중 4퍼센트를 차지할 정도로 극히 일부에 불과했다. USAID의 글로벌개발파트너십은 민관 파트너십으로 설계됐으나 민간 부문이 차지하는 비중은 작았다. 글로벌평등기금도 힐튼월드와이드와 딜로이트LLP 두 기업만이 기부 명단에 올랐다.

정부, 국제기구, 재단, 기업은 변화를 일으키는 데 금전적으로 더 많이 기여할 수 있으며 그래야 한다. 전반적으로 필요는 크지만 지원금은 충분하지 않다. 예를 들자면 글로벌평등기금이 기술 지원 프로그램에 참여할 사업을 모집한 결과 2000만 달러의 펀딩 요청이 들어왔지만, 기금의 가용 금액은 10분의 1 수준인 200만 달러에 불과했다.

경제적 논리를 활용하면 특히 기업과 개발기구들을 잠재적 지원자로 포섭할 수 있으며, 이들은 이미 자체적인 정책과 프로그램에 사업적·경제적 논리를 적용하고 있다. 기업과 개발기구를 상대로 경제적 논리를 활용하고자 하는 활동가와 조직들은 관련 논의가 이뤄지는 공간에 함께하기를 원한다. 나는 활동가, 기업가, 개발 전문가가 참석한 회의에 패널로 참여한 경험이 있다. 참석자들은 다양성, 평등, 변화에 대한 공동의 관심사를 갖고 이야기를 나눴다. 이러한 회의가 많아질 필요가 있으며, LGBTI 포용으로 나아가는 결의를 다지고 자원을 조달하는 장으로 기능해야 한다.

실용적이고 상징적인 목표

자원 확충이 중요한 가장 큰 이유는 모든 국가가 더욱 포용적으로 변해야 한다는 것, 각국에는 실현 가능한 목표가 여럿 있다는 것이다. 호모포비아와 트랜스포비아 비용을 감축하는 데 꽤나 명확한 조치가 몇 가지 있으며, 일부 국가에서는 이미 실현되고 있다. 경제적 논리는 이러한 목표들을 성취하는 데 중요한 명분을 제공한다.

UNDP의 LGBTI 포용성 지수는 목표를 세우기에 유용한 시작점을 제공한다. 앞서 언급했듯 UNDP는 LGBTI의 완전한 평등 및 포용도와 관련해 국가의 진보(혹은 후퇴)를 측정하고 비교할 수 있기를 원한다. UNDP는 전 세계 연구자, LGBTI 활동가, 인권운동 전문가, 변호사, 통계 전문가, 기업가를 모아 전문가 그룹을 구성했다. 전문가 그룹은 LGBTI가 온전히 포용되는지 측정하는 방법을 설계하는 데 힘을 모았다. 우선 2015년 건강, 교육, 경제적 후생, 개인의 안전 및 폭력, 정치 및 시민 참여 등 핵심 5개 부문을 선정했고, 2017년에는 6개월 동안 5개 부문 내에 세부적인 51개 '지표'를 개발했다. 물론 해당 지표들이 포용성을 측정하는 유일한 표식(마커)은 아니다. 하지만 여러 국가의 포용성을 비교 분석하는 방법(예컨대 헝가리가 대만보다 포용성이 높은지 낮은지 측정 가능)으로, 관련 실정을 잘 아는 사람들(대부분 LGBTI 당사자)이 동의한 척도다.

대부분의 지표는 LGBTI가 보장받는 기회를 반영하고 있다. 고용, 건강, 교육과 관련된 차별금지법이 하나의 예다. 법적 권리 지표는 LGBTI가 다른 시민과 동등한 위치에 놓였는지 확인하는 좋은 체크리스트로, 다음과 같다.

교육
- 교육제도 내 LGBTI 학생을 향한 괴롭힘을 막는 법률.
- 교육 환경에서 LGBTI 학생을 향한 차별을 금지하는 법률.

정치 및 시민 참여
- 성인의 합의된 사적 동성애 비범죄화.
- 젠더 표현을 이유로 처벌하는 법안 철폐.
- 젠더를 선택하고 공식 기록이나 문서에 남길 권리를 인정하는 법률.

- LGBTI 당사자의 표현, 정치적 참여, 결사의 자유를 제한하는 법률 철폐.
- LGBTI 당사자가 여타 비정부기구와 동일한 법적 지위를 가진 단체를 설립할 수 있도록 허용.

경제적 복지
- 공공 및 민간 부문 직장에서 LGBTI 차별을 금지하는 법률.
- 동성 동거동반자와 이성 배우자에게 동일한 혜택을 제공하는 공무원 연금제도.

건강, 개인의 안전 및 폭력
- 의료체계상 LGBTI 차별을 금지하는 법률.
- LGBTI를 이성애자나 시스젠더로 바꾸려는 전환요법을 금지하는 법률.
- 다양한 성적 특성을 가지고 태어난 아동에게 합의 없이 '정상화' 의료 개입을 금지하는 법률.
- 혐오 범죄 처벌법의 대상에 성적 지향과 성별 정체성 포함.
- 성적 지향이나 성별 정체성에 따라 실제 박해를 겪었거나 박해에 대한 두려움이 있는 경우 망명 신청 허용.

체크리스트는 전반적으로 LGBTI 인권 단체의 목표를 상당히 반영하고 있다.[5] 특히 차별금지법은 정부 프로그램, 기업, 학교, 의료 영역에서 동등하고 공정한 대우를 촉진하는, 상징적이면서도 실질적인 수단으로서 가치가 있다. 이러한 법률이 얼마나 제대로 집행되는지, 차별을 얼마나 줄이는지 현재 단계에서는 많이 알려진 것이 없다. 미국의 현존 연구에 따르면 고용 차별금지법은 레즈비언, 게이, 양성애자의 노동 시장 성과를 일부 개선한 것으로 나타났다(트랜스젠더 차별금지법의 효과에 대해서는 아직 연구된 것이 없다).[6]

실질적 가치에 더해(혹은 실질적 가치 대신) 정책은 상징적 가치를 지닌다. 예컨대 고용주의 LGBTI 차별을 금지하는 법안에 담긴 메시지는 비LGBTI가 LGBTI보다 더 우대받는 것은 용납할 수 없으므로 LGBTI 당사자를 동등한 가치를 지닌 존재로 간주해야 한다는 것이다. 트랜스젠더가 공식 문서와 기록에서 자신의 젠더를 선택할 수 있도록 허용하는 정책은 트랜스젠더의 존엄성을 공식적으로 인정하고 스스로 결정할 권리가 필요하다는 관념을 전한다. 3장에서 반LGBTI 법안이 건강에 해를 입히며 법을 개정함으로써 피해를 복원할 수 있다는 증거를 살펴봤듯, 상징은 중요하다.

법을 바꾸면 마음도 바뀔 수 있다. 대중은 포용적 관념을 내재화해 LGBTI를 더욱 많이 수용할 수 있다. 여론이 지지한다면 선출직 공무원이 LGBTI를 포용하는 발언을 내놓는 것은 당연한 수순이다. 포용적인 법 자체가 여론을 더욱 포용적인 방향으로 이끈다는 사실도 밝혀졌다. 이로써 여론과 선출직 공무원이 서로를 포용으로 이끄는 선순환 구조가 만들어지는 것이다.

법적 변화 이후 여론을 추적한 연구자들 덕에 법안을 제정한 국가에서 대중의 LGBTI 수용도가 급증한다는 점이 밝혀졌다. 어떤 연구는 한 국가에서 동성애 비범죄화가 미친 효과를 관찰했다. 거주 도시나 지역이 게이와 레즈비언에게 살기 좋은 곳인지 아닌지 물어, 사람들의 생각에 미친 영향을 확인한 것이다. 동성애를 합법화한 국가에서 본인 지역이 동성애자에게 안 좋은 곳이라고 답한 비율은 2006년과 2016년 사이 감소했다.[7] 동성애 비범죄화는 LGBTI의 평등을 향한 첫 번째 법적 단계인 경우가 많으며, 이러한 연구 결과는 높아진 수용성을 기반으로 비범죄화가 다른 변화의 물꼬를 틀 수 있다는 점을 시사한다.

유럽과 미국에서 뜨거운 감자로 떠오른 이슈인 혼인 평등에 대한 여러 연구에서도 비슷한 결과가 나타났다. 혼인평등법(혹은 동성 커플에 대한 기타 법적 인정)을 제정한 곳에 거주하는 사람들은 법적 공백이 있는 곳에 거주하는 이들보다 레즈비언과 게이를 더 수용하는 경향을 보였다.[8] 또한 동성혼 금지는 시간이 지나며 LGBTI 수용도를 낮추는 것으로 나타났다. 이를 보면 부정적인 법안에도 수용도를 낮추는 상징적 효과가 있는 것으로 보인다.

법을 개정하기 위해서는 과거에도 그랬듯이 앞으로도 입법부와 법원이 중요한 의사 결정의 장이 될 것이다. 두 곳 모두에서 경제적 논리가 중요하게 작용할 수 있다.

입법부에서 어떤 결정이 내려지는 경우, 선출직 공무원이 포용적인 법안을 제정하도록 설득하는 데 경제적 논리가 직접적으로 이용될 수 있다. 경제적 논리가 어느 순간에 설득력을 가질지는 알기 어렵다. 미국의 수많은 주와 여러 국가를 거치며 정책 입안자들 앞에서 브리핑을 하거나 증언을 요청받았을 때 깨달은 바로는, 정책 입안자들은 경제적 논리를 듣고 싶어한다.

5장에서 볼 수 있듯, 경제적 논리는 기업이 대외적으로 좋은 법안을 지지할 동기를 부여하기도 했다. 기업이 차별을 금지하는 정책 및 법안을 채택하고 옹호하도록 설득하는 데 경제적 논리가 유용하다는 점이 증명됐다. 미국에서 기업들의 혼인 평등 지지 의사를 수면 위로 이끌어내는 데도 경제적 논리가 중요한 역할을 했다. 미국 상공회의소가 48개의 대기업을 연구한 결과 88퍼센트가 LGBTI 평등을 촉진하는 정책을 공개적으로 지지하고 59퍼센트가 불평등 정책에 공개적으로 반대한다는 사실이 발견됐다.[9]

기업들은 혼인 평등 사건에서 의견서를 제출하는 방식으로 법정에서 LGBTI 권리를 지지해왔다. 경제적 논리는 LGBTI 권리에 관한 법원의 결정에도 중요한 영향을 미쳤다. 캘리포니아 법을 바꾼 혼인 평등 사건에서 1심 판사는 불평등이 동성 커플과 캘리포니아, 샌프란시스코에 미치는 경제적 부정적 영향에 주목했다.[10]

인도의 대법원은 2018년 동성애를 범죄로 규정하는 제377조가 위헌이라고 판결하면서 경제적 논리를 이용했다. 이 과정에서 법원은 명문 인도공과대학을 다니거나 졸업한 LGBTI의 청원을 들었다. 과학자, 교사, 창업가들은 제377조에서 비롯된 낙인이 그들에게 어떤 영향을 미쳤는지 증언했다. 개인적 고통에 더해 두뇌 유출과 LGBTI에 적대적인 환경의 고생산직 기피 현상 등 인도 경제에 미치는 영향도 다뤄졌다. 나브테지 싱 조하르 대 인도연방Navtej Singh Johar v. Union of India 사건이라 불리는 이 소송에서, 법원은 일자리와 교육 기회를 잃고 낙인으로 인해 우울증을 앓고 자살을 시도하는 예시를 의견서에 인용했다.

더 많은 지식과 데이터

호모포비아와 트랜스포비아 비용을 줄이는 세 번째 전략은 지식 창출이다. 이 책이 경제적 논리를 구성할 수 있었던 이유는 LGBTI의 삶과 이들의 경제 참여 능력에 대한 자료가 존재했기 때문이다. 미국을 제외하면 국제적인 LGBTI 기금의 6퍼센트만이 연구에 투입되고 있는 상황 속에서도, 이런 자료는 점차 풍부해지고 있다.[11] 그러나 데이터를 정밀하게 수집해 연구하는 곳은 캐나다, 네덜란드, 영국, 미국과 같은 일부 고소득 국가뿐이다. 다른 국가에서는 LGBTI끼리 비교가 가능한 데이터는 있더라도 LGBTI와 비LGBTI를 비교할 데이터는 충분하지 않다. 2017년 나와 필 크러핸이 LGBTI 문제에 관한 연구 수요를 조사한 결과 활동가, 개발기구, 인권 단체, 재단, 정부, 기업, 학자 등 이 책에서 논의된 모든 이해관계자가 더 많은 데이터와 지식이 필요하다는 데 동의했다.[12]

앞서 언급됐듯 데이터와 탄탄한 학술 연구는 편견과 도덕성에 기반한 주장을 반박하는 데 도움이 됐다. LGBTI는 정신병자도, 졸부도, 나쁜 부모도, 소아성애자도 아니다. 미국을 비롯한 여러 나라에서 LGBTI 데이터는 의료적 필요성에 관한 인식을 높이고, 차별금지법의 필요성을 문서화하고, 혼인 평등을 정당화하는 데 중요한 역할을 해왔다. 유권자, 정책입안자, 공무원과 같은 의사결정자는 전역에 걸친 사회적, 의료적, 경제적 문제의 정도, 위치, 원인을 파악해야 효과적인 해결법에 대한 명확한 아이디어를 얻을 수 있다. 또 레즈비언, 게이, 양성애자에 비해 트랜스젠더와 간성에 대해선 알려진 바가 적으므로 이들에 대한 연구가 특히 중요하다.

건강, 교육, 가난, 폭력, 정치적 참여, 차별, 소득 등 지표를 최고의 근 삿값으로 측정하지 못하고 있는 이유는 모집단의 무작위 표본에서 추출하는 데이터가 부족하기 때문이다. 이러한 데이터는 LGBTI 포용성 지수 측정과 여타 연구에 필수적일 것이다. LGBTI 포용성 지수 개발에 참여했던 이들은 데이터 수집을 아주 중요하게 여긴 나머지 국가의 데이터 수집 정도를 지표 가운데 하나로 설정했다.

또한 데이터와 지식을 확대하면 LGBTI가 경험하는 난관이 사회에 미치는 영향을 판단할 수도 있다. 이것이 데이터와 지식 확대의 두 번째 목표다. 낙인과 차별은 경제력을 약화시킬 뿐만 아니라 공공 의료체계에도 걸림돌이 된다. 소수자 스트레스와 이로 인한 건강 문제가 주요 원인이다. 성 역할의 제약과 괴롭힘은 LGBTI뿐만 아니라 모든 범주의 성별 정체성과 성적 지향을 지닌 사람들에게 영향을 미친다. 교육체계도 지장을 받는다. 호모포비아와 트랜스포비아에 기반한 괴롭힘은 모든 학생의 교육 환경에 영향을 미친다. 이런 연구는 모두가 LGBTI 평등과 관련 있다는 점을 분명히 보여준다.

세 번째 주요 목표는 수용도를 높이고 낙인과 차별을 줄이는 데 효과적인 도구가 무엇인지 연구를 통해 확인하는 것이다. 우리는 어떤 접근방식이 효과적인지 알아야 한다. 미국의학원이 2011년 권고한 내용이기도 하다. 당시 연구소는 효과적인 개입 방법이 많이 알려지지 않았다는 점에 주목했다.[13] 예컨대 연구소의 조사에 따르면 LGBTI 청년의 자살이나 노숙에 대한 개입 방법을 다룬 연구는 전무했다. 2017년 미국을 주로 조사한 한 연구에 따르면 편견과 정책에 존재하는 낙인을 줄이려는 시도가 대다수였고, 레즈비언, 게이, 양성애자의 대응 기제를 돕는 자원을 제공하는 데 집중하는 시도는 소수 있었다.[14] 모든 개입법이 실험집단과 통제집단의 비교하에 연구된 것은 아니지만 일부는 효과가 있어 보였다. 예컨대 의대생을 대상으로 LGBTI 교육을 실시하는 경우 트랜스젠더 치료에 대한 지식과 의지가 향상됐다.

교육계는 또 다른 실험 무대다. 일부 지역의 학교들은 커리큘럼을 더 포용적인 방향으로 바꾸고 있다. 교직원을 대상으로 교내 폭력 예방과 포용성 증진, 태도 개선을 위해 교육하는 곳도 있다. 고용 분야의 교육과 다양성 관련 활동은 더 많은 연구가 필요한 또 다른 영역이다. 취업 박람회, 직무 탐색 워크숍, 렌딩 서클* 등 LGBTI가 구직하거나 사업을 시작하도록 도와주는 프로그램도 비교적 새로운, 연구가 이뤄지지 않은 분야다.[15] 기업들은 효과적인 LGBTI 포용 전략을 설계하기 위해 직장 데이터와 모범 사례 연구를 구하고 있다.[16]

여러 국가에서 수요가 있는 영역에 LGBTI 조직이 자체 프로그램을 만드는 경우가 많아졌다. 그런 프로그램에 경험을 적용하다보면 지식도 무궁무진하게 발전할 수 있다. 변화를 도모하는 현장의 활동을 광범위하게 연구하면, LGBTI라는 범주에 속한 다양한 문화와 집단의 구성원에게 그런 활동이 얼마나 효과적으로 작동하는지 파악할 수 있다.

이러한 연구들을 추진하기 위해서는 기존의 연구 인프라를 확대할 필요가 있다. 학자, LGBTI 조직, 국제기구, 재단, 정부기구, 기업, 개발

---

* 신용도가 낮은 저소득층이 대출을 받는 금융 플랫폼. 계모임처럼 소규모 집단이 모여 주기적으로 돈을 내고, 쌓인 돈으로 구성원에게 대출을 제공한다. LGBT나 LGBT 활동가를 지원하는 방식으로도 활용되고 있다. (옮긴이)

은행을 포함하는 네트워크와 파트너십이 필요하다.[17] 앞서 언급했듯이 개발기구와 기업, 학자는 연구 프로젝트를 설계하고 진행하는 과정에서 LGBTI 당사자 집단과 함께 일하는 것이 바람직하다. 당사자들을 자문위원회로 두거나, 협력 프로젝트를 진행하거나, 연구 프로젝트의 여러 단계에서 LGBT 공동체와 직접적으로 교류하면, 더욱 확실한 연구 결과를 얻어 공적인 결과를 이끌어낼 수 있는 경우가 많다.

세계 각지에서 유의미한 연구를 수행할, 책임감을 지닌 신세대 사회과학자와 보건과학자가 필요하다. 내가 소속된 경제학계에서는 직장 내 LGBTI 차별과 LGBTI 가족들에 대한 새로운 데이터를 활용해 흥미로운 연구들이 생겨나고 있다. 경제 발전 분야에서는 연구에 대한 더 많은 관심이 필요하다. LGBTI 포용을 경제 발전 전략에 녹여낼 지침을 제공해야 하는데, 이 분야에서는 그런 연구에 대한 관심이 거의 전무한 상태다.

결론

베이징LGBTI센터의 잉신 센터장을 인터뷰하면서, LGBTI로서 겪는 낙인이 없었다면 중국에서의 삶이 어땠을 것 같냐고 물었다. "우선 당연히 이 일을 하지 않았으리라 생각해요. 이 일을 할 필요가 없었겠죠!" 잉신은 재빨리 대답하면서 웃었다. "여성 영화 페스티벌의 큐레이터가 됐을 것 같아요." 혹은 대학 시절 고려했던 또 다른 꿈인 젠더학 교수가 됐을 수도 있다. 호모포비아와 트랜스포비아에 맞서 세계적인 LGBT 운동을 구축하는 일은 잉신과 같은 뛰어나고 열정적인 사람들의 재능과 시간을 소모한다. 이들이 다른 삶의 궤도를 걸어볼 가능성을 요원하게 하는 것이다.

그래도 잉신은 지적 소질을 LGBT 업무에 발휘했다. 그는 리더십 교육 프로그램에 참여하면서 로스앤젤레스LGBT센터를 방문할 기회를 얻었다. 잉신은 "중국에서 무엇을 이룰 수 있을지 상상하는 데 도움이 됐다"고 방문을 회상했다. 미국의 교수를 만나고 학계에 속하지 않아도 실무 경험을 활용해 지식을 쌓을 수 있다는 점도 깨달았다. 나는 잉신이 이를 실천에 옮기는 모습을 직접 봤다. 잉신은 나와 나눈 모든 대화에서 최신 연구를 접하고 싶어했으며 이를 어떻게 활용할지 이야기하려 했다.

가장 중요한 점은, 베이징LGBT센터를 통해 연구를 조직할 수 있다는 사실을 배웠다는 것이다. 예컨대, 센터는 자금 지원 기관인 UNDP 및 베이징대학과 파트너십을 맺고 LGBTI 1만8000명과 비LGBTI 1만2000명을 대상으로 중국 LGBT 문제에 대한 첫 국가 조사를 진행했다.[18] 보고서는 가족, 직장, 학교, 의료관리 환경에서 완전히 배제된 LGBTI는 일부일 뿐이라는 사실을, 그렇다고 하더라도 이들은 폭력과 차별을 경험했다는 사실을 발견했다. 이 연구는 센터가 차별금지법, 젠더 다양성 교육, 의료 전문가 교육의 사례를 만들도록 도왔다. 나와 대화하기 한 달 전에 그는 비정부기구가 "데이터를 활용해 업무를 발전시킬 수 있도록" 워크숍을 주최해, 자체적으로 연구를 진행하고 학계와 함께 일하는 법을 교육했다.

LGBTI 활동가와 동지들은 수많은 국가에서 지식, 데이터, 자원, 아이디어를 결합하는 강력한 전략을 전개하고 있다. 가치 있는 목표를 진전시키는 좋은 전략이 있다면 호모포비아와 트랜스포비아의 경제적 피해는 줄어들고 LGBTI 인권은 실현될 수 있다.

경제적 관점으로 LGBTI 평등에 접근하면 세계 경제가 완전히 상상할 수도 없는 방식으로 모두 연결돼 있다는 사실을 깨닫는다. 경제적 동기가 중요한 결정의 많은 부분을 주도하므로, 우리는 여러 경제 분야의 건전성과 분명한 이해관계를 맺고 있다. 사회에 필요한 재화나 서비스를 제공해줄 이로 누구를 고용할까? 어디로 여행을 가서 돈을 쓸까? 어디에 기업의 새로운 지부를 설립할까? 이 나라로의 이직 제안을 수락할까? LGBTI인 나를 고용해주는 직장을 어디서 찾을까? 우리 나라와 도시에 투자와 일자리를 유치하는 방법은 무엇일까? 의료 및 교육 체계를 개선할 자원을 어떻게 확보할 것인가?

이렇게 경제는 연결돼 있으므로, LGBTI 포용을 증진하고자 하는 이들은 세계적 시각을 가져야 한다. 뉴스와 지식이 국경을 넘어 원활히 교환되면서 우리는 '지구촌'에 살고 있다는 비유를 받아들이게 됐다. 대만의 첫 동성혼 법제화나 동성애 처벌을 유지하는 케냐 법원의 결정과 같은 최신 뉴스는 원하든 원치 않든 쉽게 우리에게 전해진다. LGBT 동지와 반대자 모두 뉴스를 접한다. 이에 따라 한 나라에서 LGBTI 권리가 확대되면 다른 나라에서는 축하할 만한 일로도, 막아야 하는 일로도 보일 수 있다. 우리는 거대한 변화의 순간에 놓여 있다. 때로는 LGBTI 동료, 가족 구성원, 직장 동료, (레즈비언인 나의 경우에는) 우리 자신의 권리가 확대된다. 때로는 권리가 제한되기도 한다. 이러한 고충을 알아야만 타국에 있는 사람들에게 도움이 되는 방향으로, 혹은 적어도 피해는 입히지 않는 방향으로 LGBTI 포용을 증진할 수 있다.

LGBTI에게는 사회를 바꿀 '기술'이나 도구가 많으며, 직장에서 사회

정의를 위해 이를 쓸 수 있다. 대부분의 도구는 이미 국제적 인식과 결합되어 있다. 어떤 전략은 외교, 인권, 사회운동만큼 오래됐다.[19] 소셜 미디어의 파급력, SDGs, 소비자 마케팅, 유명인 문화와 같은 새로운 전략도 있다. 예컨대 이 책을 완성할 무렵 홍콩의 LGBTI 공동체는 소셜 미디어 캠페인을 효과적으로 활용해, 공항과 철도 당국이 두 남자가 손잡는 광고의 게시를 허용하도록 만들었다. 캐세이퍼시픽항공의 광고를 당국이 금지했다는 뉴스 보도가 처음 나온 이후 24시간 만에 벌어진 일이다.[20]

각 기술에는 변화가 일어나는 방식에 대한 고유 이론이 있다. 외교관이 다른 외교관에게 조용히 건네는 말 한마디가 지도자로 하여금 평등한 담론을 설정하도록 지지하기도, 그러지 못하도록 위협하기도 한다. 인권기구에 제출된 청원 하나가 여러 국가에서 LGBTI의 친권을 실현하는 법을 제정하게 만든다. 소비자 마케팅이나 유명인의 지지가 LGBTI에 대한 인식과 수용도를 제고할 수도 있다.

기존의 전략을 강화할 뿐만 아니라 독립적으로도 유효한, 21세기의 경제적 개념인 'LGBTI 경제학'이 우리에게 필요하다. LGBTI 당사자들이 호모포비아와 트랜스포비아로 상처받고 있다는 증거는 강력하다. 학교와 병원, 직장에서 그들이 대우받는 방식을 보면 알 수 있다. 단지 이런 현상이 얼마나 경제의 발목을 잡고 있는지를 몰랐을 뿐이다. 이 책은 그런 자그마한 조각들을 모아서 가치를 계산했다.

전 세계 경제적 생산량을 합하면 2019년 세계 GDP는 약 88조 달러일 것으로 예상된다.[21] 호모포비아와 트랜스포비아의 세계적 비용을 파악하려면 앞서 언급한 인도 GDP의 1퍼센트 손실을 다른 나라에 적용해보면 된다. 결과는 8800억 달러로, 전 세계 경제 규모 17위, 18위 국가인 튀르키예와 네덜란드의 경제 규모에 버금가는 수준이다.[22]

포용의 잠재적 이득을 보여주는 숫자를 보면 눈이 뜨인다. 강력한 동맹이 되어줄 기업, 개발기구, 정책 입안자의 이목을 끌기에는 단일 국가의 수치만으로도 충분하다. 이들을 한자리에 모아 대화를 나누자. 결국 이들이 버스에 올라타 변화를 지지하고 이에 기여할 수 있도록 말이다. 경제적 논리가 이를 도울 수 있다.

경제적 논리는 건강, 교육, 고용, 사회 서비스, 형법, 가족법, 이민법 등 많은 분야와 정책에서 LGBTI를 더욱 포용하도록 이끄는 활동의 잠재적 지지자를 늘릴 것이다. 경제적 논리는 또한 개인이 차별, 폭력, 낙인으로 인해 얼마나 큰 손실을 경험하는지, 이것을 모두 더하면 우리가 얼마나 많은 것을 잃게 되는지 보여줌으로써 인권에 대한 신념을 강화할 수 있다.

'중국 나비의 날갯짓이 지구 반대편에서 허리케인을 일으킬 수 있다'는 말이 인용되곤 한다. 이는 복잡한 체계 속에서 작은 변화가 크고 유의미한 변화를 만들어낼 수 있다는 점을 포착한다. LGBTI 경제학은 나비의 날갯짓을 일으키는 시작점이 될 수 있다. 태즈메이니아의 소상인들이 혼인 평등을 촉구한다. 마닐라의 인사 담당자들이 사내 차별금지 정책의 경제적 이점을 배운다. 인도의 과학자와 교사들은 낙인과 차별로 말미암아 경제적 기여분이 감소한다고 주장하며 대법원 재판관들을 설득한다. 의과대학생들은 LGBTI 환자를 존중하며 치료하는 법을 배운다. 개발기구들은 LGBTI 포용의 경제적 이점을 강조한다. 교사와 학생들은 괴롭힘을 멈추기 위해 함께 노력한다. 입법기관들은 권리를 제정하고, 법원은 그것들을 인정한다. 크고 작은 변화의 물결이 생겨나고 합쳐져, LGBTI가 지지 속에서 일하고 배우고 치유받는 공간을 만들 수 있다. 그리고 경제가 성장할 여지까지 만들 수 있다.

감사의 말

2016년 12월 습했던 마닐라에서의 어느 날, ADB가 주최한 행사에 현지 기업 및 정계 연사들이 모여들었다. 나는 LGBT 포용과 경제 발전을 주제로 이야기할 패널로서 그 자리에 참석했다. 객석이 차는 것을 지켜보면서, 내가 곧 발표할 호모포비아와 트랜스포비아의 비용에 관한 얘기를 책으로 써야겠다는 생각이 번뜩 스쳤다.

　그러나 집필에 착수하겠다고 확신하기까지는 좀더 시간이 걸렸다. 몇 달 후 잘츠부르크 글로벌 LGBT+ 포럼의 한 모임에서 결심이 섰다. 세계 각지에서 모여든 사려 깊고 헌신적인 사람들과 아주 멋진 공간에서 일주일을 보내며 이상주의와 목적의식의 열기를 느꼈다. 열의가 마구 솟구치는 장대한 마지막 세션에서 나는 이 책을 쓰겠다고 약속했고, 많은 이가 돕겠다고 화답해주었다. 내게 이야기를 나눠주고 책에 담도록 허락해준 동료들에게 무한한 감사를 표한다. 내가 이들의 이야기를 제대로 다뤘기를 바란다. 이야기들이 없었다면 이 책은 그저 숫자 범벅에 불과했을 것이다. 페마 도지, 이레네 페도로비치, 네게데 게차헨, 노엘 이글레시아스, 살만 누리(가명), 후안 피호트, 브래들리 세커, 잉신에게 감사 인사를 전한다. 인생을 바꾸는 펠로십에 나를 포함시켜준 클라우스 뮬러와 잘츠부르크 글로벌 세미나 담당자들에게도 감사드린다.

패브리스 후다와 클레어 루커스에게는 평생 감사할 것이다. 이들은 흥미롭고 중대한 질문을 연구하고 싶다는 거부할 수 없는 유혹 속으로 나를 끌어들였다. 나는 세계은행, USAID, UNDP와 이들 기관의 옹호 활동 동료들과 협력하면서 세상을 더 나은 곳으로 만들기 위해 매일 고군분투하는 사람들의 공동체를 발견했다. 수키 비버스, 앵거스 캐럴, J. B. 콜리어(워싱턴에서 나를 재워주고 먹여줘서 더욱 감사하다), 클리프 코테즈, 앤서니 코튼, 필 크레헌, 펠리시티 데일리, 맨딥 달리왈, 유스투스 아이스펠트, 미차 그시브노비치, 보얀 콘스탄티노프, 랜디 셀, 에드먼드 세틀, 제시카 스턴에게 감사드린다.

책에서 언급된 연구에 많은 이가 함께했다. 마이클 애시, 로라 더소, 데비카 더트, 앤드루 플로러스, 아미라 해슨부시, 조디 허먼, 에인절 캐스터니스, 윈스턴 루후르, 크리스티 맬러리, 브로디 밀러, 아반티 무케르지, 실라 네자드, 앤드루 파크, 야나 로저스, 알리사 슈니바움, 브래드 시어스, 랜디 셀, 제니퍼 스미스, 쑨야오둥孫耀東, 케이스 발데이크, 비앙카 윌슨의 우정과 협력에 감사드린다. 이 발상을 세상에 내놓을 기회를 만들어준 잘츠부르크 사람들을 비롯해 모두에게 은혜를 입었다. 조너스 배거스, 로드니 크룸, 로린도 가르시아, 베스 헤프워스, 김현, 앤림, 류민희, 쑨야오둥, 웨이웨이에게도 감사를 느낀다. 나는 또한 미국 국무부가 주최한 두 번의 순회 연설에서 페루와 필리핀의 수많은 사람을 만나고 배움을 얻는 영광을 누렸다. 이 책은 매사추세츠대학 애머스트칼리지와 윌리엄스연구소Williams Institute에서 오랜 세월 대화를 나누고 협력해온 동료들에게서도 영향을 받은 결과물이다.

책의 장별 초안을 읽고 의견을 나눠준 테일러 브라운, 케리스 콘론, 클리프 코테즈, 마고 베스 플레밍, 앤드루 플로러스, 조디 허먼, 윈스턴 루후르, 일런 마이어, 애덤 로메로, 마딘 사다트, 엘리자베스 실버에게도 특히나 감사하다. 이들 모두의 격려와 제안이 나를 계속 나아가게 하는 동력이었다.

키란 애셔(현장에서 쓰기의 대가)와 토니 레스터가 내게 보여준 우정도 이 책에 기여했다. 그들이 제공한 공간에서 여러 사람이 같이 글을 썼던 덕에 외롭지 않게 집필했다. 2018년 뉴햄프셔에서 열린 가르다레프센터(www.gardarev.org)의 연구·교육 합숙 기간에 이 책의 첫 장을 썼다. 가르다레프센터의 관대한 지원에 감사를 표한다.

출판사 비컨프레스와 함께 일해 즐거웠다. 마이클 브론스키와 나는 이 시리즈에 알맞은 프로젝트를 찾기 위해 수년간 이야기를 나눴다. 가야트리 팻나이크는 좋은 아이디어와 친절하고 통찰력 있는 피드백을 공유하는 훌륭한 편집자였다. 비컨의 마야 퍼낸데즈와 다른 이들에게도 감사를 느낀다.

언제나 그랬던 것처럼, 이 과정을 다시금 견뎌준 나의 친구와 가족에게 특별한 감사를 전한다. 아내 엘리자베스 실버는 모든 장을 적어도 한 번씩 읽었고, 여러 번의 오랜 산책 도중 나의 발상과 내가 고민하는 문제에 관한 얘기를 신중히 들어주었다. 그의 지원과 사랑이 있었기에 책들을 집필할 가치가 있었다.

편집자의 말

LGBT 운동의 역사에서 경제, 시장, 자본주의는 결코 쉽게 논의된 적이 없다. 과거 공산당원으로 활동했던 해리 헤이는 1950년 미국에서 최초의 게이 권리 단체인 매터신소사이어티Mattachine Society를 설립했다. 그는 공산주의자였기에 경제와 LGBT 억압 사이 상호작용의 복잡성을 논의하는 데 상대적으로 관심이 없었다. 1969년에 스톤월 항쟁* 이후 생겨난 최초의 퀴어 단체 게이해방전선Gay Liberation Front 회원들은 대부분 급진적 사회주의자였고, 심지어 진보적인 경제 분석마저도 자본주의 내에서 작동하는 한 누군가에게 혜택을 줄 수 있으리라 생각하지 않았다. 이후 게이 인권 운동을 주창하던 여러 운동이 무비판적으로 자본주의를 도구 삼아 LGBT의 번영을 꾀하는 방법에 관심을 가졌다. 그러나 이들 단체 모두 자본주의 내에서 LGBT의 포용을 달성하는 방법(자본주의 체제 안에서 기업들과 협력하는 방식)을 탐구하는 데는 특별히

---

* 1969년 6월 28일 이른 새벽 미국 뉴욕의 스톤월인Stonewall Inn이라는 바를 경찰이 급습해 단속하는 과정에서 발생한 성소수자 항쟁. (옮긴이)

관심을 기울이지 않았다.

이 책은 기업, 교육, 보건 부문 등의 경제기관이 책임을 다해 LGBT를 평등하고 인간적으로 대우하도록 유도하는 것이 어떻게 LGBT 평등을 효과적으로 확장하는지 예리하고, 비판적이며, 급진적으로 분석한다. 핵심은 다양한 방식으로 발현되는 호모포비아와 트랜스포비아가 경제와 사업에 부정적인 영향을 미친다는 것이다.

저자는 경제적 비판, 개인적 일화, 사업 모델 분석, LGBT 건강과 삶 관련 실태 조사, 정치·사회·종교적 호모포비아가 법적 결정과 사회적 정책을 구성하는 상호작용의 양상을 우아하게 결합해 주장을 내세운다. 더욱 중요한 것은 저자의 분석이 세계적이라는 점이다. 해리 헤이가 매터신소사이어티를 조직한 지 70년이 흐르고 스톤월 항쟁이 발발한 지 50년이 지난 현재 LGBT 운동은 세계적인 운동이 되었다.

우리는 마땅히 특정 지역사회나 국가에서 LGBT 운동이 정치적으로 어떻게 전개되는지 살펴봐야 한다. 다만 이 책은 LGBT 운동이 새롭게 태어나기를 요구한다. 국가적 수준에서 혹은 산업계 내에서 기업, 학교, 보건체계가 LGBT를 공정하게 대우하는지 감시하는 것을 넘어, 그런 행동이 국제 무대에서 어떤 함의를 지니는지 고민하자는 것이다. '가혹한 반LGBT법을 제정한 국가에서 세계은행이 어떤 방식으로 영향력을 행사해 법적 평등을 증진할 수 있을까?' '개발 프로젝트와 경제 정책을 전통적인 인권 논거와 결합해 LGBT의 삶을 안전하게 만들 방법은 무엇일까(문화별로 개발 프로젝트와 경제 정책의 효과는 다르겠지만)?' '경제(현실)와 인간의 존엄성 및 진실성(이상) 사이 연결 고리를 구체화하는 방법은 무엇일까? 어떻게 이로써 모두의 이익을 실현할까?'와 같은 화두를 던지는 것이다.

LGBT 경제학은 완전히 새로운 시각으로 LGBT에게 더 나은 세상을 만드는 방식을 고안한다는 점에서 상당히 혁명적인 주장이다. 현 21세기에 우리는 건강, 가난, 안전, 사회적·정치적 박탈, 신체적 피해 등 전 세계적으로 상호 연결된 LGBT 문제에 직면하고 있다. LGBT 운동에는 강력한 수단이라면 무엇이든 필요하다. 운동의 비전과 평등 및 정의에 관한 메시지를 세상에 전할 수만 있다면 말이다. 해리 헤이와 게이 해방전선의 창립자들도 이 메시지에 동의했을 것이다.

마이클 브론스키, '퀴어를 위한 행동과 발상' 시리즈* 편집자

* 이 책은 시리즈의 9권에 해당한다. (옮긴이)

옮긴이의 말

2022년 여름 영국 런던에서 프라이드 퍼레이드에 참가했다. 중심 상업 지인 피커딜리서커스역 광장에서 열리는 축제였다. 광장으로 출발하던 순간부터 시작해 그날의 풍경이 마치 어제 일처럼 선명하게 눈앞에 펼쳐진다. 지하철에서부터 무지갯빛이 넘실댔다. 손녀의 손을 잡은 노부부, 어린 아들을 목마 태운 아빠, 두 손을 맞잡은 동성 혹은 이성의 연인들, 삼삼오오 몰려가는 청년들 모두가 하나같이 가방에, 손목에, 머리에, 온몸에 저마다 무지개색 액세서리를 치장한 채 지하철을 가득 메우고 있었다.

그날의 경험은 여러가지로 놀라운 깨달음을 얻은 기억으로 남아 있다. 광장에 도착했을 때의 인파부터 매우 인상적이었다. 광장 전후로 수 킬로미터의 거리에 사람들이 발 디딜 틈도 없이 들어차 있었다. 놀이공원의 퍼레이드를 기다리는 사람들처럼 저마다 설레는 얼굴이었다. 한국에서 흔히 보이던 혐오 세력은 전무했다. 교통을 통제하는 경찰마저도 무지개색 꽃 목걸이를 두르고 축제를 환영하고 있었다.

퍼레이드가 시작되고 나서도 가슴 벅찬 통찰이 계속 이어졌다. 교육과 건강, 사회적 참여 부문 등에서 여러 인권 단체와 연대체가 행진했는데, 기업의 비중도 상당했다. 글로벌 기술 기업과 컨설팅 기업들이 거대한 무지개색 풍선에 자랑스럽게 로고를 새겨놓은 것이다. 성소수자 권리를 촉구하던 현장을 떠올리면 인권단체와 종교단체의 마찰이 연상되던 얄팍한 이분법적 사고가 깨지는 순간이었다.

또 인상 깊었던 이들은 아프리카 성소수자 권리를 옹호하는 단체였다. 전 세계 성소수자 권리 현황을 살펴보면 아프리카 국가들의 상황은 유독 끔찍한 것으로 악명이 높다. 성소수자를 대상으로 사형제까지 실시하는 국가가 많고, 성소수자 인권운동가가 길거리에서 사망한 채로 발견되는 사건도 지속적으로 발생한다. 성소수자 박해는 우리 모두가 지속적으로 국경을 넘어가며 고민해야 하는 문제라는 점을, 런던 퍼레이드가 알려주고 있었다.

성소수자 권리는 '인권' 문제에 더해 '경제' 문제이기도 하다. 성소수자 권리를 저버려야 하는 이유는 한정적이지만 지지해야 하는 이유는 끊임없이 늘어나고 있다. 이에 따라 성소수자 권리를 지지하는 집단은 점점 더 확장되고 있고 그럴 수밖에 없다. 이러한 추세는 '국가 내에서' 뿐만 아니라 '전 세계적으로' 퍼져 나갈 필요가 있다. 하루 동안의 퍼레이드에 이 모든 게 압축되어 나타난 것이다.

성소수자 권리 쟁취를 위한 투쟁은 이렇게 진화하고 있다. 이러한 면면을 모두 한데 모아 짜임새 있는 논리로 구성해준 책이 바로 『차별 비용』이다. 흩어져 있는 전 세계 수많은 이의 열의를 논리정연하게 엮은 아주 귀한 책이다. 책의 논리는 아주 명쾌하다. 성소수자가 경험하는 교육, 건강, 고용 방면의 차별이 기업의 이익에도 악영향을 미치며 국가 경제에는 적어도 GDP 1퍼센트의 손실을 야기하고 있다는 것, 그리고 이러한 경제적 현상은 전 세계적으로 연결되어 있다는 것이다.

이론을 새롭게 발명하는 일은 결코 쉬운 일이 아니다. 저자는 수많은 성소수자 당사자, 인권운동가, 기업인, 정책 입안자, 국제개발 종사자들의 생생하고 가슴 아픈 증언을 현장에서 직접 듣고 수백 개의 권위 있는 연구를 꿰어냈다. 이렇게 발명된 논리는 사람들의 인정을 받아, 미국 재무장관 재닛 옐런이 추천사를 써주기도 했다.

한국에서도 이미 저자의 이론이 적용되고 있다. 국내 주요 대기업들은 성적 지향과 성별 정체성에 기반한 차별을 금지하는 사내 정책을 구축하고 있다. 한국 산업계에는 다양성·형평성·포용성DEI 열풍이 한창인데, DEI 관계자들이 성소수자 권리를 공부하는 광경을 이제는 쉽게 찾아볼 수 있다. 2018년 일찍이 SOGI법정책연구회에서 '성소수자 친화적인 직장을 만들기 위한 다양성 가이드라인'을 발간하기도 했다.

책의 국내 출간을 계기로, 성소수자 차별을 막아서는 경제학이 유용하게 활용되길 바란다. 이제는 성소수자 권리에 대한 책임을 당사자와 인권단체와 같은 시민사회에서만 짊어지지 않았으면 한다. 경제 전문가와 정책 입안자가 LGBT 경제학을 책임 있게 분석하고 발전시켜나가는 자세가 필요하다. 책에 나온 연구들이 국내 행정, 사법, 입법, 민간 부문의 주요 판단에 인용되어 영향을 미치기를 바란다. 또한 책에 제시된 연구 방법론을 토대로 국내 맥락에서도 활발한 연구가 이뤄지기를 희망한다.

저자와 최근 통화를 했는데, 교수직을 은퇴하고 새로운 것에 도전하신다는 소식을 들었다. 책에 언급되는 세계은행 출신 패브리스 후다와 함께 성소수자의 경제적 권한 강화를 지원하는 비정부기구를 설립한 것이다. 경제학은 현장의 소외된 이들에게 다가가야 하는 학문이라는 점을 알려주시려는 것 같다. 이렇게 소중하고 귀한 마음으로 경제학을 하고 있는 분들께 감사의 말씀을 올린다.

저자의 작업을 처음 알려주셨던 윤자영 충남대 경제학과 교수님께도 감사드린다. 책의 국내 발간을 선뜻 허락해주신 글항아리 강성민 대표님, 함께 작업해주신 진상원 편집자님, 바쁜 와중에 짬을 내 감수를 맡아주신 이호림 선생님, 그리고 언제나 배움과 깨달음을 주는 동료들과 역사적 진보를 이뤄내오신 현장의 활동가님들에게도 감사드린다.

한국어판이 출간된 6월은 프라이드 먼스pride month(성소수자 자긍심의 달)다. 그리고 매년 5월 17일은 국제성소수자혐오반대의날IDAHOBIT이다. 성소수자 혐오로 인해 우리가 감당하고 있는 사회적 비용이 얼마나 막대한지, 보이지 않던 이들의 아픔이 얼마나 큰지가 가시화되기를 바란다. 그런 맥락으로 책이 기억되면 좋겠다.

미주

들어가며

1 《마담 세크리터리》는 미국에서 인기리에 방영된 텔레비전 프로그램으로, 훌륭하고 이상적이면서도 카리스마 있는 여성 국무부 장관이 정치적 기량, 지정학적 지식, 유머 감각을 활용해 매주 새로운 외교 문제를 해결해 나가는 이야기다.

2 트랜스젠더의 자살 시도에 대해서는 Ann P. Haas, Philip L. Rodgers, and Jody L. Herman, *Suicide Attempts among Transgender and Gender Non-Conforming Adults: Findings of the National Transgender Discrimination Survey* (Los Angeles: Williams Institute, UCLA School of Law, 2014), https://williamsinstitute.law.ucla.edu/wp-content/uploads/AFSP-Williams-Suicide-Report-Final.pdf와 3장을 보라. 고용 차별과 관련해서는 Pew Research Center, *A Survey of LGBT Americans: Attitudes, Experiences and Values in Changing Times* (Washington, DC: 2013)와 2장을 참조하라.

3 Gallup, "Gay and Lesbian Rights," accessed September 25, 2018, https://news.gallup.com/poll/1651/gay-lesbian-rights.aspx; Anna Brown, "Republicans, Democrats Have Starkly Different Views on Transgender Issues," Pew Research Center, November 8, 2017, http://www.pewresearch.org/fact-tank/2017/11/08/transgender-issues-divide-republicans-and-democrats.

4   Justin McCarthy, "Two in Three Americans Support Same-Sex Marriage," Gallup, May 23, 2018, https://news.gallup.com/poll/234866/ two-three-americans-support-sex-marriage.aspx.

5   Equal Rights Coalition, "Joint Communiqué of the Equal Rights Coalition Global Conference 2018," accessed December 17, 2018, https://www.international.gc.ca.

6   동성애에 대해서는 Lucas Ramón Mendos, *State-Sponsored Homophobia* (Geneva: ILGA World, 2019), https://ilga.org/state-sponsored- homophobia-report를 보라. 이 보고서에 따르면 70개국이 동성애를 여전히 범죄화하고 있지만 인도의 관련 법률은 2018년 폐지됐다. 트랜스젠더에 대해서는 Transgender Europe, "Criminalisation and Prosecution of Trans People," accessed May 28, 2019, https://transrespect.org/en/map/ criminalization-and-prosecution-of-trans-people를 보라.

7   M. V. Lee Badgett, *The Economic Cost of Stigma and the Exclusion of LGBT People: A Case Study of India* (Washington, DC, 2014), http://www. worldbank.org/content/dam/Worldbank/document/SAR/economic- costs-homophobia-lgbt-exlusion-india.pdf; M. V. Lee Badgett, "The New Case for LGBT Rights: Economics," *Time*, November 25, 2014, http://time.com/3606543/new-case-for-lgbt-rights.

8   미국에서는 2001년 경기 침체가 GDP 1퍼센트 감소를 야기했다. Kimberly Amadeo, "2001 Recession, Its Causes, Impact, and What Ended It," *Balance*, January 23, 2019, https://www.thebalance.com/2001- recession-causes-lengths-stats-4147962.doi.

9   Frank Newport, "In U.S., Estimate of LGBT Population Rises to 4.5%," Gallup, May 22, 2018, https://news.gallup.com/poll/234863/estimate- lgbt-population-rises.aspx; Gary J. Gates, *How Many People Are Lesbian, Gay, Bisexual, and Transgender?* (Los Angeles: Williams Institute, UCLA School of Law, 2011).

10   인용문은 다음 연구에서 발췌했다. Ilan H. Meyer et al., "'We'd Be Free': Narratives of Life without Homophobia, Racism, or Sexism," *Sexuality Research and Social Policy* 8 (2011): 204-14, https://doi.org/10.1007/ s13178-011-0063-0.

11 United Nations, Universal Declaration of Human Rights, Article 22, https://www.un.org/en/universal-declaration-human-rights. 강조 표시는 저자.

12 다음을 참고하라. Joseph E. Stiglitz, *The Price of Inequality: How Today's Divided Society Endangers Our Future* (New York: W. W. Norton, 2013); Thomas Piketty, *Capital in the Twenty-First Century* (Cambridge, MA: Belknap Press of Harvard University Press, 2014); Heather Boushey, *Unbound: How Inequality Constricts Our Economy and What We Can Do about It* (Cambridge, MA: Harvard University Press, 2019). 국가별 불평등 추세는 피케티의 저서 9장에서 계산됐다.

13 젠더에 관한 연구는 다음을 참고하라. Stephan Klasen and Francesca Lamanna, "The Impact of Gender Inequality in Education and Employment on Economic Growth: New Evidence for a Panel of Countries," *Feminist Economics* 15, no. 3 (2009): 91 – 132, https://doi.org/10.1080/13545700902893106; Jonathan Woetzel et al., *The Power of Parity: How Advancing Women's Equality Can Add $12 Trillion to Global Growth*, (New York: McKinsey Global Institute, 2015); Era Dabla-Norris and Kalpana Kochhar, "Closing the Gender Gap," *Finance and Development*, March 2019, https://doi.org/10.1044/leader.in.17122012.2. 로마에 관해서는 다음을 보라. Europe and Central Asia Region Human Development Sector Unit, *Roma Inclusion: An Economic Opportunity for Bulgaria, Czech Republic, Romania and Serbia* (Washington, DC: World Bank, 2010). 장애인에 관해서는 다음을 참고하라. Lena Morgon Banks and Sarah Polack, *The Economic Costs of Exclusion and Gains of Inclusion of People with Disabilities: Evidence from Low and Middle Income Countries* (London: International Centre for Evidence in Disabilty, 2015), http://disabilitycentre.lshtm.ac.uk/files/2014/07/Costs-of-Exclusion-and-Gains-of-Inclusion-Report.pdf. 미국 이민자에 관해서는 다음을 보라. National Academies of Sciences, Engineering, & Medicine, *The Economic and Fiscal Consequences of Immigration* (Washington, DC: National Academies Press, 2017), https://doi.org/10.17226/23550.

14 뒤의 장들에서 예시가 나올 것이다.

제1장 교육: 인재가 될 수 있었던 아이들

1 이 이야기는 페마 도지의 허락을 받아 다음에서 발췌했다. Louise Hallman and Klaus Mueller, eds., *Building a Global Community: Salzburg Global LGBT Forum; The First Five Years, 2013–2017* (Salzburg Global Seminar, 2017), 66, https://www.salzburgglobal.org/fileadmin/user_ upload/Documents/2010 – 2019/2017/Session_578/SalzburgGlobal_ LGBT_Forum_Building_a_Global_Community_lo-res_.pdf.

2 예를 들어 다음을 참고하라. Alan B. Krueger and Mikael Lindahl, "Education for Growth: Why and for Whom?," *Journal of Economic Literature* 39, no. 4 (2001): 1101 – 36, https://doi.org/10.1257/ jel.39.4.1101; Robert J. Barro, "Human Capital and Growth," American Economic Review 91, no. 2 (2001): 12 – 17; Eric A. Hanushek and Ludger Woessmann, *The Knowledge Capital of Nations: Education and the Economics of Growth* (Cambridge, MA: MIT Press, 2015); Daron Acemoglu and Joshua Angrist, *How Large Are Human-Capital Externalities? Evidence from Compulsory Schooling Laws, NBER Macroeconomics Annual* 15 (2000), https://doi.org/10.2307/3585383. 이에 더해 미국에서는 평균 교육 수준이 높아지면 모든 노동자가 혜택을 받는다는 증거가 있다. 이를 교육의 사회적 가치 또는 '교육의 외부효과'라고 한다. 다만 이러한 효과는 교육이 개인의 임금에 미치는 사적 가치와 비교하면 미미한 편이다.

3 United Nations, *The Millennium Development Goals Report* (New York: United Nations, 2015), https://www.un.org/millenniumgoals/2015_ MDG_Report/pdf/MDG%202015%20rev%20(July%201).pdf

4 OECD, *PISA 2015 Results*, vol. 3, *Students' Well-Being* (Paris: OECD, 2017), 136, http://dx.doi.org/10.1787/9789264273856-en.

5 Joseph G. Kosciw et al., *The 2015 National School Climate Survey* (New York: GLSEN, 2016), 22, www.glsen.org. 더 자세히 말하자면 70퍼센트가 직전 연도에 성적 지향으로 인해, 55퍼센트가 젠더 표현으로 인해 언어적 폭력을 경험했다고 보고했다.

6 Kosciw et al., 23. Additional studies of US data are reviewed in Stephen T. Russell et al., "Safe Schools Policy for LGBTQ Students," *Social Policy*

Report 24, no. 4 (2010).

7 UNESCO, *Out in the Open: Education Sector Responses to Violence Based on Sexual Orientation and Gender Identity/Expression* (Paris: UNESCO, 2016). 본문에서 언급되는 괴롭힘과 폭력과 관련된 모든 설문조사는 미국 조사를 제외하면 UNESCO 보고서에 요약되어 있다.

8 UNESCO, 36 – 37.

9 UNESCO, 28. 미국의 사례 리뷰는 다음을 보라. Russell et al., "Safe Schools Policy for LGBTQ Students."

10 해당 단락과 다음 단락에서 미국 통계와 관련해서는 다음을 참고하라. Kosciw et al., *2015 National School Climate Survey*, 44 – 45.

11 Christopher S. Carpenter, Samuel T. Eppink, and Gilbert Gonzales, "Transgender Status, Gender Identity, and Socioeconomic Outcomes in the United States," *Industrial and Labor Relations Review*.

12 Marie-Anne Valfort, "LGBTI in OECD Countries: A Review," in *OECD Social, Employment and Migration Working Papers* (Paris: OECD, 2017), https://doi.org/10.1787/d5d49711-en.

13 M. V. Lee Badgett, "Left Out? Lesbian, Gay, and Bisexual Poverty in the U.S.," *Population Research and Policy Review 37*, no. 5 (2018): 682 – 83, https://doi.org/10.1007/s11113 – 018 – 9457 – 5.

14 Koji Ueno, Teresa A. Roach, and Abráham E. Peña-Talamantes, "The Dynamic Association between Same-Sex Contact and Educational Attainment," *Advances in Life Course Research 18*, no. 2 (2013): 127 – 40, https://doi .org/10.1016/j.alcr.2012.09.002; Jennifer Pearson and Lindsey Wilkinson, "Same-Sex Sexuality and Educational Attainment: The Pathway to College," *Journal of Homosexuality* 64, no. 4 (2017): 538 – 76, https://doi.org/10.1080 /00918369.2016.1194114; Stefanie Mollborn and Bethany Everett, "Understanding the Educational Attainment of Sexual Minority Women and Men," *Research in Social Stratification and Mobility* 41 (2015): 40 – 55, https://doi.org/10.1016/j.rssm.2015.04.004.

15 Donald C. Barrett, Lance M. Pollack, and Mary L. Tilden, "Teenage Sexual Orientation, Adult Openness, and Status Attainment in Gay

Males," *Sociological Perspectives* 45, no. 2 (2002): 163–82, https://doi.org/10.1525/sop.2002.45.2.163.

16 Nick Drydakis, "Bullying at School and Labour Market Outcomes," *International Journal of Manpower* 35, no. 8 (2014): 1185–1211, https://doi.org/10.1108/IJM-08–2012–0122.

17 Kosciw et al., *2015 National School Climate Survey*, 28–29.

18 Human Rights Watch, *Forbidden: Institutionalizing Discrimination against Gays and Lesbians in Burundi* (New York: Human Rights Watch, July 2009), 13.

19 Stephen T. Russell, Hinda Seif, and Nhan L. Truong, "School Outcomes of Sexual Minority Youth in the United States: Evidence from a National Study," *Journal of Adolescence* 24, no. 1 (2001): 111–27, https://doi.org/10.1006/jado.2000.0365.

20 Kenya Human Rights Commission, *The Outlawed amongst Us: A Study of the LGBTI Community's Search for Equality and Non-Discrimination in Kenya* (Nairobi: Kenya Human Rights Commission, 2011), 32–33.

21 Organización Trans Reinas de la Noche, Red Latinoamericana y del Caribe de Personas Trans, International Gay and Lesbian Human Rights Committee, Heartland Alliance for Human Needs & Human Rights and George Washington University Law School International Human Rights Clinic, *Human Rights Violations of Lesbian, Gay, Bisexual, and Transgender (LGBT) People in Guatemala: A Shadow Report* (New York: OutRight Action International, 2012), 12.

22 Arina Alam, "The Struggles of a Rural Muslim Transgender Woman," *Gaylaxy*, January 5, 2018, http://www.gaylaxymag.com/articles/queer-voices /struggles-rural-muslim-transgender-woman/#gs.YyrSMHQ.

23 World Bank Group, *Discrimination against Sexual Minorities in Education and Housing: Evidence from Two Field Experiments in Serbia* (Washington, DC: World Bank Group, 2018), 10.

24 Kosciw et al., 2015 *National School Climate Survey*, 36. 25. KAB, "Art Has Become My Safe Haven," *Bombastic: Our Voices, Our Stories, Our Lives,*

2016, 7 – 8, https://www.kuchutimes.com/wp-content / uploads/2017/05/BOMBASTIC_3_final.pdf.

25 KAB, "Art Has Become My Safe Haven," *Bombastic: Our Voices, Our Stories, Our Lives*, 2016, 7 – 8, https://www.kuchutimes.com/wp-content/uploads/2017/05/BOMBASTIC_3_final.pdf.

26 Kosciw et al., 2015 *National School Climate Survey*, 117.

27 Daniel Chesir-Teran and Diane Hughes, "Heterosexism in High School and Victimization among Lesbian, Gay, Bisexual, and Questioning Students," *Journal of Youth and Adolescence* 38, no. 7 (2009): 963 – 75, https://doi.org/10.1007/s10964 – 008 – 9364-x.

제2장 벽, 울타리 그리고 깔때기

1 제이슨 손은 가명이다. 자세한 내용들은 개인적 교류를 통해 알게 됐다.

2 Gary Becker, *The Economics of Discrimination*, 2nd ed. (Chicago: University of Chicago Press, 1971).

3 Brad Sears, Christy Mallory, and Nan D. Hunter, "The Legacy of State Laws, Policies, and Practices, 1945 – Present," in *Documenting Discrimination on the Basis of Sexual Orientation and Gender Identity in State Employment* (Los Angeles: Williams Institute, UCLA School of Law, 2009), 1 – 71, https:// williamsinstitute.law.ucla.edu/wp-content/uploads/5_History.pdf.

4 2018년 동성애가 인도에서 비범죄화되기 전에 LGBT 공무원은 체포되면 직위가 해제될 정도로 취약한 위치에 놓여 있었다. *Pokkuluri v. Union of India*, Supreme Court of India, "Note on Arguments on Behalf of the Petitioner by Dr. Menaka Guruswamy," 2018, https://scobserver-production.s3.amazonaws.com/uploads/case_document/document_upload /334/Note_on_Arguments_by_Dr._Menaka_Guruswamy.pdf.

5 David K. Johnson, *The Lavender Scare: The Cold War Persecution of Gays and Lesbians in the Federal Government* (Chicago: University of Chicago Press, 2009).

6   Sears, Mallory, and Hunter, "The Legacy of State Laws, Policies, and Practices, 1945 – Present."를 보라.

7   Sears, Mallory, and Hunter, "The Legacy of State Laws, Policies, and Practices."

8   아빈이 『주홍 글씨』로 유명한 너새니얼 호손을 연구했기에, 전기 작가 배리 워스는 그를 '주홍 교수'라 지칭했다. 동명의 책을 통해 그의 이야기를 다룬 것이다.

9   Sears, Mallory, and Hunter, "The Legacy of State Laws, Policies, and Practices."

10 K. K. Rebecca Lai, Troy Griggs, Max Fisher, and Audrey Carlsen, "Is America's Military Big Enough?," *New York Times*, March 22, 2017, https://www.nytimes.com/interactive/2017/03/22/us/is-americas-military-big-enough.html.

11 G. J. Gates, *Lesbian, Gay, and Bisexual Men and Women in the US Military: Updated Estimates* (Los Angeles, CA: Williams Institute, UCLA School of Law, 2010), https://williamsinstitute.law.ucla.edu/wp-content/uploads/Gates-GLBmilitaryUpdate-May-20101.pdf.

12 Kate Dyer, ed., *Gays in Uniform: The Pentagon's Secret Reports* (Boston: Alyson Publications, 1990).

13 Joshua Polchar et al., *LGBT Military Personnel: A Strategic Vision for Inclusion*, (The Hague Centre for Strategic Studies, 2014), https://hcss.nl/sites/default/files/files/reports/HCSS_LGBT_webversie.pdf.

14 Tom O'Connor, "Trump's Transgender Military Ban Leaves Only 18 Countries with Full LGBT Rights in Armed Forces," *Newsweek*, 2017, http://www.newsweek.com/trump-transgender-military-ban-leaves-few-countries-lgbt-rights-642342. 현재 책을 집필하는 시점에서 트럼프 행정부는 금지 조치를 다시 시행했고, 이에 대한 소송이 걸리자 금지 조치를 변호하고 있다.

15 Aaron Belkin and Frank J. Barrett, *Discharging Transgender Troops Would Cost $960 Million*, Blueprints for Sound Public Policy, Palm Center, 2017, https://www.palmcenter.org/wp-content/uploads/2017/08/cost-of-

firing-trans-troops-3.pdf.

16 Aaron Belkin, "Caring for Our Transgender Troops—The Negligible Cost of Transition-Related Care," *New England Journal of Medicine* 373, no. 12 (2015): 1089–92, https://doi.org/10.1056/NEJMp1415160; Belkin and Barrett, *Discharging Transgender Troops Would Cost $960 Million*; Agnes Schaefer Gereben et al., *Assessing the Implications of Allowing Transgender Personnel to Serve Openly* (Santa Monica, CA: RAND Corporation, 2016), https://doi.org/10.1038/sj.clpt.6100308. 미국 국방부에 따르면 트랜지션 관련 치료를 요하는 군인의 수는 적었다. 이는 다른 보고서의 추정치와 유사한 결과였다: "Department of Defense Report and Recommendations on Military Service by Transgender Persons," US Department of Defense, 2018, https://media.defense.gov/2018/Mar/23/2001894037/-1/-1/0/MILITARY-SERVICE-BY-TRANSGENDER-INDIVIDUALS.PDF.

17 "Read Trudeau's Full Apology to Members of the LGBTQ Community," CTV News, 2017, https://www.ctvnews.ca/politics/read-trudeau-s-full-apology-to-members-of-the-lgbtq-community-1.3697975. 또한 유튜브에서 다음 연설 영상을 보라. https://www.youtube.com/watch?v=xi23IL3b6cs (accessed May 29, 2019).

18 Pew Research Center, *A Survey of LGBT Americans; Discrimination in America: Experiences and Views of LGBTQ Americans*, NPR, Robert Wood Johnson Foundation, and Harvard T. H. Chan School of Public Health, November 2017, https://www.npr.org/documents/2017/nov/npr-discrimination-lgbtq-final.pdf.

19 S. E. James et al., *The Report of the 2015 U.S. Transgender Survey* (Washington, DC: 2016), 148.

20 *Discrimination in America*, 11.

21 *Evans v. Georgia Regional Hospital*, U.S. Dist. Ct., S. Dist. GA, Complaint No. CV415-103, 2015; Lambda Legal Defense, "Waiting on the Supremes," Impact, 2017. 소송에서 그는 자신의 사건이 성적 지향에 기반한 성차별에 귀속된다고 주장했다. 그러나 법원은 사건을 기각했다. 성차별이 성적 지향에 따른 차별을 포함하지 않는다는 이유에서였다.

22 *EU LGBT Survey: Main Results*, European Union Agency for Fundamental Rights, 2014, https://doi.org/10.2811/37969; *Life on the Margins: Survey Results of the Experiences of LGBTI People in Southeastern Europe*, World Bank Group, September 2018, http://documents.worldbank.org/curated/en/123651538514203449/pdf/130420-REPLACEMENT-PUBLIC-FINAL-WEB-Life-on-the-Margins-Survey-Results-of-the-Experiences-of-LGBTI-People -in- Southeastern-Europe.pdf.

23 Luong The Huy and Pham Quynh Phuong, *"Is It Because I Am LGBT?" Discrimination Based on Sexual Orientation and Gender Identity in Viet Nam* (Hanoi: Institute for Studies of Society, Economy, and Environment, 2015), https://doi.org/10.1057/9781137275196.0007.

24 UN Development Programme, *Being LGBTI in China: A National Survey on Social Attitudes Towards Sexual Orientation, Gender Identity and Gender Expression* (Beijing: UNDP, 2016), 40, http://www.cn.undp.org/content/china/en/home/library/democratic_governance/being-lgbt-in-china.html.

25 World Bank, *Economic Inclusion of LGBTI Groups in Thailand* (Washington, DC: World Bank, 2018), http://documents.worldbank.org/curated/en/269041521819512465/pdf/124554-WP-PUBLIC-LGBTI-Report2018-full-report-English-23March.pdf.

26 Instituto Nacional de Estadistica Y Censos, "Estudio de Caso Sobre Condiciones de Vida, Inclusión Social y Cumplimiento de Derechos Humanos de La Población LGBTI Del Ecuador," *INEC*, 2013, www.ecuador.encifras.gob.ec.

27 14개 연구에 대한 포괄적인 리뷰는 다음에서 찾아볼 수 있다. Valfort, "LGBTI in OECD Countries." 다른 연구들도 다음과 같이 게재됐다. Emma Mishel, "Discrimination against Queer Women in the U.S. Workforce," *Socius: Sociological Research for a Dynamic World* 2 (2016), https://doi.org /10.1177/2378023115621316; Make the Road New York, *Transgender Need Not Apply: A Report on Gender Identity Job Discrimination* (Brooklyn, NY: 2010). 한 연구는 네 개의 아시아 국가를 개별적으로 실험했다. 따라서 이를 네 개의 연구로 간주했다. Sam Winter et al., Denied

Work: *An Audit of Employment Discrimination on the Basis of Gender Identity in South-East Asia*, (Bangkok: Asia Pacific Transgender Network and UNDP, 2018), http://www.asia-pacific.undp.org/content/dam/ rbap/docs/Research&Publications/hiv_aids/RBAP-HHD-2018 -Denied-Work-An-Audit-of-Employment-Discrimination.pdf.

28 András Tilcsik, "Pride and Prejudice: Employment Discrimination against Openly Gay Men in the United States," *American Journal of Sociology* 117, no. 2 (2011): 586 – 626, https://doi.org/10.1086/661653.

29 Make the Road New York, *Transgender Need Not Apply*.

30 Winter et al., *Denied Work*.

31 Christine L. Williams, Patti A. Giuffre, and Kirsten Dellinger, "The Gay-Friendly Closet," *Sexuality Research and Social Policy* 6, no. 1 (2009): 29 – 45, https://doi.org/10.1525/srsp.2009.6.1.29; Christine Williams and Patti Giuffre, "From Organizational Sexuality to Queer Organizations: Research on Homosexuality and the Workplace," *Sociology Compass* 5, no. 7 (2011): 551 – 63, https://doi.org/10.1111/j.1751 – 9020.2011.00392.x; Kristen Schilt and Laurel Westbrook, "Doing Gender, Doing Heteronormativity: 'Gender Normals,' Transgender People, and the Social Maintenance of Heterosexuality," *Gender & Society* 23, no. 4 (2009): 440 – 64, http://gas.sagepub.com /content/23/4/440.

32 Kenji Yoshino, Covering: *The Hidden Assault on Our Civil Rights* (New York: Random House Trade Paperbacks, 2007).

33 Deena Fidas and Liz Cooper, *The Cost of the Closet and the Rewards of Inclusion* (Washington, DC: Human Rights Campaign, 2014), http:// hrc-assets.s3-website-us-east-1.amazonaws.com//files/assets/ resources/Cost_of_the_Closet_May2014.pdf.

34 다음을 보라. James D. Woods, *The Corporate Closet: The Professional Lives of Gay Men in America* (New York: Free Press, 1994); Catherine Connell, *School's Out: Gay and Lesbian Teachers in the Classroom* (Los Angeles: University of California Press, 2014); David J. Lick and Kerri L. Johnson, "Perceptual Underpinnings of Antigay Prejudice: Negative Evaluations of Sexual Minority Women Arise on the Basis of Gendered Facial

Features," *Personality and Social Psychology Bulletin* 40, no. 9 (2014): 1178 – 92, https://doi.org/10.1177/0146167214538288.

35 종합적으로 설문조사에 참여한 레즈비언과 게이 배우 가운데 52퍼센트는 타인이 자신의 레즈비언이나 게이 정체성을 적어도 가끔은 알아차릴 수 있다고 답했다. 반면 양성애자 배우의 경우 이 수치가 20퍼센트였다. M. V. Lee Badgett and Jody L. Herman, *Sexual Orientation & Gender Identity Diversity in Entertainment of SAG-AFTRA Members* (Los Angeles: SAG-AFTRA and Williams Institute, UCLA School of Law, 2013), 33.

36 한 설문조사에서 총 45퍼센트의 트랜스젠더 응답자가 "내가 말하지 않아도 사람들은 내가 트랜스라는 사실을 알아차릴 수 있다"고 말했다. '가끔' '대부분' '항상'이라고 응답한 이를 모두 더한 수치다. James et al., *Report of the 2015 U.S. Transgender Survey.*

37 John Browne, *The Glass Closet: Why Coming Out Is Good Business* (New York: Random House, 2014), 2.

38 Browne, *The Glass Closet*, 70.

39 Woods, *The Corporate Closet*; James M. Croteau, Mary Z. Anderson, and Bonnie L. Vanderwal, "Models of Workplace Sexual Identity Disclosure and Management," *Group & Organization Management* 33, no. 5 (2008): 532 – 65, https://doi.org/10.1177/1059601108321828.

40 Benjamin A. Everly, Margaret J. Shih, and Geoffrey C. Ho, "Don't Ask, Don't Tell? Does Disclosure of Gay Identity Affect Partner Performance?," *Journal of Experimental Social Psychology* 48, no. 1 (2012): 407 – 10, https://doi.org/10.1016/j.jesp.2011.08.005.

41 Erik Plug and Dinand Webbink, "Sexual Orientation, Prejudice, and Segregation," *Journal of Labor Economics* 32, no. 1 (2014): 123 – 59; M. V. Lee Badgett and Mary C. King, "Occupational Strategies of Lesbians and Gay Men," in *Homo Economics: Capitalism, Community, and Lesbian and Gay Life*, eds. Amy Gluckman and Betsy Reed (New York: Routledge Press, 1997).

42 András Tilcsik, Michel Anteby, and Carly R. Knight, "Concealable Stigma and Occupational Segregation: Toward a Theory of Gay and

Lesbian Occupations," *Administrative Science Quarterly* 60, no. 3 (2015): 446‒81, https://doi.org/10.1177/0001839215576401. 다만 해당 양상을 다르게 해석할 수도 있다. LGBT는 다른 직원들과 접촉할 필요가 있는 직종에 고용될 가능성이 낮다는 것이다. 다음 연구에서 확인할 수 있다. Angeline Cuifang Lim, Raymond Nam Cam Trau, and Maw Der Foo, "Task Interdependence and the Discrimination of Gay Men and Lesbians in the Workplace," *Human Resource Management* 57, no. 6 (2018): 1385‒97, https://doi.org/10.1002/hrm.21912.

43 Michael E. Martell, "Identity Management: Worker Independence and Discrimination Against Gay Men," *Contemporary Economic Policy* 36, no. 1 (2018): 136‒48, https://doi.org/10.1111/coep.12233.

44 Tilcsik, Anteby, and Knight, "Concealable Stigma and Occupational Segregation."

45 Andrew Reynolds, *The Children of Harvey Milk: How LGBTQ Politicians Changed the World* (New York: Oxford University Press, 2019).

46 Gallup, "Gay and Lesbian Rights."

47 Pew Research Center, "Section 2: Knowing Gays and Lesbians, Religious Conflicts, Beliefs about Homosexuality," *Support for Same-Sex Marriage at Record High, but Key Segments Remain Opposed*, June 8, 2015, http://www.people-press.org/2015/06/08/section-2-knowing-gays-and-lesbians-religious-conflicts-beliefs-about-homosexuality.

48 Anna Brown, "Republicans, Democrats Have Starkly Different Views on Transgender Issues," Pew Research Center, November 8, 2017, http://www.pewresearch.org/fact-tank/2017/11/08/transgender-issues-divide-republicans-and-democrats.

49 퓨리서치센터가 미국의 LGBT 1197명의 무작위 표본을 대상으로 진행한 설문조사 *A Survey of LGBT Americans: Attitudes, Experiences and Values in Changing Times*에서 산출한 추정치다. 다음 조사도 참고하라. Fidas and Cooper, *The Cost of the Closet and the Rewards of Inclusion*.

50 UN Development Programme, *Being LGBTI in China*. 두 번째 중국 설문조사는 다음과 같다. "Online Survey Report on the Work Environment

for China's LGBT Community," n.d.

51 Aibai, "Online Survey Report on the Work Environment for China's LGBT Community."

52 Huy and Phuong, *"Is It Because I Am LGBT?,"* 37.

53 Sylvia Ann Hewlett et al., *The Power of "Out" 2.0: LGBT in the Workplace* (New York: Center for Talent Innovation, 2013), 14 – 16, 27.

54 Ian Johnson and Darren Cooper, *LGBT Diversity: Show Me the Business Case* (Utrecht, Netherlands: Out Now, 2015), 19, https://www.outnowconsulting.com/media/13505/Report-SMTBC-Feb15-V17sm.pdf.

55 Michael Bronski, Ann Pellegrini, and Michael Amico, *"You Can Tell Just by Looking": And 20 Other Myths About LGBT Life and People* (Boston: Beacon Press, 2013).

56 Claude M. Steele, Steven J. Spencer, and Joshua Aronson, "Contending with Group Image: The Psychology of Stereotype and Social Identity Threat," *Advances in Experimental Social Psychology* 34 (2002): 379 – 440.

57 Jennifer K. Bosson, Ethan L. Haymovitz, and Elizabeth C. Pinel, "When Saying and Doing Diverge: The Effects of Stereotype Threat on SelfReported versus Non-Verbal Anxiety," *Journal of Experimental Social Psychology* 40, no. 2 (2004): 247 – 55, https://doi.org/10.1016/S0022 – 1031(03)00099 – 4.

58 Tilcsik, "Pride and Prejudice: Employment Discrimination against Openly Gay Men in the United States"; Nick Drydakis, "Sexual Orientation Discrimination in the United Kingdom's Labour Market: A Field Experiment," *Human Relations* 68, no. 11 (2015): 1769 – 96, https://doi.org/10.1177/0018726715569855.

59 Drydakis, "Sexual Orientation Discrimination in the United Kingdom's Labour Market."

60 Letitia Anne Peplau and Adam Fingerhut, "The Paradox of the Lesbian Worker," *Journal of Social Issues* 60, no. 4 (2004): 719 – 35, https://doi.

org/10.1111/j.0022-4537.2004.00382.x.

61 Marina Mileo Gorsuch, "Gender, Sexual Orientation, and Behavioral Norms in the Labor Market," *ILR Review* (2019): 1–28, https://doi.org/10.1177/0019793919832273.

62 Tilcsik, Anteby, and Knight, "Concealable Stigma and Occupational Segregation"; Koji Ueno, Teresa Roach, and Abráham E. Peña-Talamantes, "Sexual Orientation and Gender Typicality of the Occupation in Young Adulthood," *Social Forces* 92, no. 1 (2013): 81–108, https://doi.org/10.1093/sf/sot067; Wilfried Rault and Elizabeth Hargrett, "Sectors of Activity and Occupations of Gays and Lesbians in a Union: A Smaller Gender Divide," *Population* (English ed.) 72, no. 3 (2017): 385–418, https://doi.org/10.3917/pope.1703.0385; Coral Del Río and Olga Alonso-Villar, "Occupational Segregation by Sexual Orientation in the U.S.: Exploring Its Economic Effects on Same-Sex Couples," *Review of Economics of the Household* 17 (2019): 439–67, https://doi.org/10.1007/s11150-018-9421-5; A. K. Baumle, D. Compton, and D. L. Poston Jr., *Same-Sex Partners: The Social Demography of Sexual Orientation* (Albany: State University of New York Press, 2009).

63 Del Río and Alonso-Villar, "Occupational Segregation by Sexual Orientation in the U.S."

64 Del Río and Alonso-Villar, "Occupational Segregation by Sexual Orientation in the U.S.," 453.

65 Hannah Van Borm and Stijn Baert, "What Drives Hiring Discrimination against Transgenders?," *International Journal of Manpower* 39, no. 4 (2018): 581–99, https://doi.org/10.1108/IJM-09-2017-0233.

66 M. V. Lee Badgett, "The Wage Effects of Sexual Orientation Discrimination," *Industrial and Labor Relations Review* 48, no. 4 (1995): 726–39.

67 다음을 보라. Valfort, "LGBTI in OECD Countries". 미국에서 이성애자 남성보다 게이의 임금이 높다는 결론을 내린 연구는 단 한 개로, 조사 과정에서 도시 거주 여부를 통제하지 못했다. 도시 거주 여부는 매우 중요한

요인이다. 도시는 임금 수준이 높으며, 게이 남성이 많기 때문이다. 결과적으로 게이의 소득이 높다는 결론이 대변하는 것은 게이 남성이 이성애자 남성보다 도시에 거주할 가능성이 높아서 평균적으로 소득이 높다는 사실뿐이다. Christopher S. Carpenter and Samuel T. Eppink, "Does It Get Better? Recent Estimates of Sexual Orientation and Earnings in the United States," *Southern Economic Journal* 84, no. 2 (2017): 426 – 44, https://doi.org/10 .1002/soej.12233.

68 Marieka Klawitter, "Meta-Analysis of the Effects of Sexual Orientation on Earnings," *Industrial Relations: A Journal of Economy and Society* 54, no. 1 (2015): 4 – 32, https://doi.org/10.1111/irel.12075.

69 M. V. Lee Badgett, *Money, Myths, and Change: The Economic Lives of Lesbians and Gay Men* (Chicago: University of Chicago Press, 2001); Vanessa E. Hettinger and Joseph A. Vandello, "Balance Without Equality: Just World Beliefs, the Gay Affluence Myth, and Support for Gay Rights," Social Justice Research 27, no. 4 (2014): 444 – 63, https://doi.org/10.1007/s11211 – 014 – 0226 – 2.

70 Heather Antecol and Michael D. Steinberger, "Labor Supply Differences between Married Heterosexual Women and Partnered Lesbians: A Semi-Parametric Decomposition Approach," *Economic Inquiry* 51, no. 1 (2013): 783 – 805, https://doi.org/10.1111/j.1465 – 7295.2010.00363.x.

71 Nasser Daneshvary, C. Jeffrey Waddoups, and Bradley S. Wimmer, "Previous Marriage and the Lesbian Wage Premium," *Industrial Relations* 48, no. 3 (July 2009): 432 – 53, https://doi.org/10.1111/j.1468 – 232X.2009.00567.x.

72 Carpenter and Eppink, "Does It Get Better? Recent Estimates of Sexual Orientation and Earnings in the United States"; Cevat G. Aksoy, Christopher S. Carpenter, and Jeff Frank, "Sexual Orientation and Earnings: New Evidence from the United Kingdom," *Industrial and Labor Relations Review* 71, no. 1 (2018): 242 – 72, https://doi.org/10.1016/j.annals.2006.06.001.

73 Lydia Geijtenbeek and Erik Plug, "Is There a Penalty for Registered Women? Is There a Premium for Registered Men? Evidence from a

Sample of Transsexual Workers," *European Economic Review* 109 (2018):
334‒47, https://doi.org/10.1016/j.euroecorev.2017.12.006.

74 트랜스젠더 남성은 트랜지션 전보다 약간 더 많은 수입을 벌지만, 통계적
으로 유의미하지 않았다.

75 Kristen Schilt and Matthew Wiswall, "Before and After: Gender
Transitions, Human Capital, and Workplace Experiences," *B. E. Journal
of Economic Analysis & Policy* 8, no. 1 (2008), http://www.bepress.com/
bejeap/vol8/iss1/art39.

76 이 단락의 수치는 다음 Carpenter et al.의 표 3에서 발췌했다. Carpenter,
Eppink, and Gonzales, *Transgender Status, Gender Identity, and
Socioeconomic Outcomes in the United States*; Janelle M. Downing and Julia
M. Przedworski, "Health of Transgender Adults in the U.S., 2014‒2016,"
American Journal of Preventive Medicine 55, no. 3 (2018): 336‒44, https://
doi.org/10.1016/j.amepre.2018.04.045.

77 "My Success Will Speak for Me—Pretty," *Bombastic: Our Voices, Our
Stories, Our Lives*, 2016, 64. https://www.kuchutimes.com/wp-content/
uploads/2017/05/BOMBASTIC_3_final.pdf.

78 Becker, *The Economics of Discrimination*.

79 Alexandra Kalev, Frank Dobbin, and Erin Kelly, "Best Practices or Best
Guesses? Assessing the Efficacy of Corporate Affirmative Action and
Diversity Policies," *American Sociological Review* 71, no. 4 (August 2006):
589‒617, https://doi.org/10.1177/000312240607100404.

80 당사자와의 개인적 교류를 통해 두 이야기를 알게 되었으며, 그들의 허락
을 받고 책에 썼다.

제3장 건강: 낙인 찍힌 이의 진단서

1 건강이 아이와 성인의 경제력에 미치는 영향에 대한 문헌 리뷰는 다음을
보라. Daniel Prinz et al., "Health and Economic Activity over the
Lifecycle: Literature Review," NBER Working Paper Series, 2018, http://
www.nber.org/papers/w24865. For a study of the impact of health on

GDP per capita, see David N. Weil, "Accounting for the Effect of Health on Economic Growth," *Quarterly Journal of Economics* 122, no. 3 (2007): 1265 – 306, http://www.nber.org/papers/w11455. 부유한 사람일수록, 부유한 국가일수록 건강 상태가 좋을 수 있다는 점이 중요하다. 예컨대 건강 관리에 투입할 자원이 풍족해서 더욱 건강하다는 결과가 나오는 것이다(역의 인과관계가 성립하면 기존의 인과관계가 유의미하지 않으므로 유의하라는 의미다 — 옮긴이). 미주에 언급된 연구들은 이러한 차이를 고려하고자 다양한 방법론을 이용해, 건강이 경제력에 미치는 영향을 더욱 정확하게 측정했다.

2   United Nations, Sustainable Development Goals, https:// sustainabledevelopment.un.org/sdgs, accessed May 31, 2019.

3   Ronald Bayer, *Homosexuality and American Psychiatry: The Politics of Diagnosis* (New York: Basic Books, 1981). 미국정신의학회가 『정신질환 진단 및 통계 편람』에서 동성애를 질병으로 여기지 않기 시작한 역사를 리뷰한다. 이 장에서 더 다뤄질 예정이다.

4   Alfred C. Kinsey, Wardell B. Pomeroy, and Clyde E. Martin, *Sexual Behavior in the Human Male* (Philadelphia: W. B. Saunders, 1948); Alfred C. Kinsey et al., Sexual Behavior in the Human Female (Philadelphia: W. B. Saunders, 1953); Evelyn Hooker, "The Adjustment of the Male Overt Homosexual," *Journal of Projective Techniques* 21, no. 1 (1957): 18 – 31.

5   다음에서 DSM 제5판의 범주에 관한 논의를 보라. Jack Drescher, "Queer Diagnoses Revisited: The Past and Future of Homosexuality and Gender Diagnoses in DSM and ICD," *International Review of Psychiatry* 27, no. 5 (2015): 386 – 95, https://doi.org/10.3109/09540261.2015.1053847.

6   Drescher, "Queer Diagnoses Revisited"; Kenneth J. Zucker, "Management of Gender Dysphoria," in *Management of Gender Dysphoria: A Multidisciplinary Approach*, ed. C. Trombetta (Springer-Verlag Italia, 2015), 33 – 37, https://doi.org/10.1007/978 – 88 – 470 – 5696 – 1.

7   Susan D. Cochran et al., "Proposed Declassification of Disease Categories Related to Sexual Orientation in the International Statistical Classification of Diseases and Related Health Problems (ICD-11)," *Bulletin of the World Health Organization* 92, no. 9 (2014): 672 – 79,

https://doi.org/10.2471 /BLT.14.135541; Ben Pickman and Brandon Griggs, "The World Health Organization Will Stop Classifying Transgender People as Mentally Ill," CNN.com, 2018, https://www.cnn.com/2018/06/20/health/transgender -people-no-longer-considered-mentally-ill-trnd/index.html.

8 Jonathan Tcheng, *"Have You Considered Your Parents' Happiness?" Conversion Therapy Against LGBT People in China* (Human Rights Watch, 2017), https://www.hrw.org/sites/default/files/report_pdf/china1117_web _0.pdf.

9 Christy Mallory, Taylor N. T. Brown, and Kerith J. Conron, *Conversion Therapy and LGBT Youth* (Los Angeles: Williams Institute, UCLA School of Law, 2018), https://williamsinstitute.law.ucla.edu/wp-content / uploads/Conversion-Therapy-LGBT-Youth-Jan-2018.pdf.

10 Inter-American Commission on Human Rights and Organization of American States, *Violence against Lesbian, Gay, Bisexual, Trans and Intersex Persons in the Americas* (2015), www.oas.org/en/iachr/reports/pdfs/ violence lgbtipersons.pdf; Timothy W. Jones et al., *Preventing Harm, Promoting Justice: Responding to LGBT Conversion Therapy in Australia* (Melbourne: GLHV@ARCSHS and Human Rights Law Centre, 2018).

11 Natalia Marcos and Tatiana Cordero, *The Situation of Lesbian and Trans Women in Ecuador: Shadow Report; International Covenant on Civil and Political Rights* (Taller de Comunicación Mujer, September 2009).

12 Barry S. Anton, "Proceedings of the American Psychological Association for the Legislative Year 2009: Minutes of the Annual Meeting of the Council of Representatives and Minutes of the Meetings of the Board of Directors," *American Psychologist* 65, no. 5 (2010): 385 – 475, https://doi.org/10.1037/a0019553.

13 Jonathan Merritt, "The Downfall of the Ex-Gay Movement," *Atlantic*, October 2015, https://www.theatlantic.com/politics/archive/2015/10/ the-man -who-dismantled-the-ex-gay-ministry/408970.

14 Mendos, *State-Sponsored Homophobia*, 269 – 73.

15 Inter-American Commission on Human Rights and Organization of American States, *Violence against Lesbian, Gay, Bisexual, Trans and Intersex Persons in the Americas*; Mendos, *State-Sponsored Homophobia*; Lebanese Psychiatric Society, "Statement from the Lebanese Psychiatric Society," 2013; Psychological Society of South Africa, "Sexual and Gender Diversity Position Statement," (2013), http://www.psyssa.com/documents/PsySSA_sexual _gender_position_statement.pdf; letter from Graeme Reid and Brad Adams, Human Rights Watch, to Nila Moeloek, Minister of Health of Indonesia, April 11, 2016, https://www.hrw.org/sites/default/files/supporting_resources /hrw_letter_to_indonesia_moh_ on_lgbt_final.pdf.

16 Mendos, *State-Sponsored Homophobia*.

17 Institute of Medicine, *The Health of Lesbian, Gay, Bisexual, and Transgender People: Building a Foundation for Better Understanding*, (Washington, DC: National Academies Press, 2011), https://doi.org/10.17226/13128; Michael King et al., "A Systematic Review of Mental Disorder, Suicide, and Deliberate Self Harm in Lesbian, Gay and Bisexual People," BMC Psychiatry 8 (2008): 1 – 17, https://doi.org/10.1186/1471 – 244X-8 – 70; Karel Blondeel et al., "Evidence and Knowledge Gaps on the Disease Burden in Sexual and Gender Minorities: A Review of Systematic Reviews," *International Journal for Equity in Health* 15, no. 1 (2016): 1 – 9, https://doi.org/10.1186/s12939 – 016 – 0304 – 1; Martin Plöderl and Pierre Tremblay, "Mental Health of Sexual Minorities: A Systematic Review," *International Review of Psychiatry* 27, no. 5 (2015): 367 – 85, https://doi.org/http://dx.doi.org/10.3109/09540261.2015.1083949.

18 King et al., "A Systematic Review of Mental Disorder, Suicide, and Deliberate Self Harm in Lesbian, Gay and Bisexual People." 연구들에는 호주, 오스트리아, 네덜란드, 노르웨이, 대만, 영국, 미국 표본이 이용됐다. 한국에서도 한 연구 결과에 따르면 LGB가 인구 전반에 비해 자살시도율이 훨씬 높았다. Horim Yi et al., "Health Disparities between Lesbian, Gay, and Bisexual Adults and the General Population in South Korea: Rainbow Connection Project I," *Epidemiology and Health* 39 (2017): e2017046, https://doi.org /10.4178/epih.e2017046.

19 Elizabeth M. Saewyc, "Research on Adolescent Sexual Orientation: Development, Health Disparities, Stigma, and Resilience," *Journal of Research on Adolescence* 21, no. 1 (2011): 256 – 72, https://doi. org/10.1111/j.1532 – 7795.2010 .00727.x; Tumaini R. Coker, S. Bryn Austin, and Mark A. Schuster, "The Health and Health Care of Lesbian, Gay, and Bisexual Adolescents," *Annual Review of Public Health* 31, no. 1 (2010): 457 – 77, https://doi.org/10.1146 /annurev. publhealth.012809.103636.

20 Jay McNeil, Sonja J. Ellis, and Fiona J. R. Eccles, "Suicide in Trans Populations: A Systematic Review of Prevalence and Correlates," *Psychology of Sexual Orientation and Gender Diversity* 4, no. 3 (2017): 341 – 53, https:// doi.org/10.1037/sgd0000235. 다음도 참조할 것. Jeffrey H. Herbst et al., "Estimating HIV Prevalence and Risk Behaviors of Transgender Persons in the United States: A Systematic Review," *AIDS and Behavior* 12, no. 1 (2008): 1 – 17, https://doi.org/10.1007/s10461 – 007 – 9299 – 3.

21 Haas, Rodgers, and Herman, "Suicide Attempts among Transgender and Gender Non-Conforming Adults."

22 Brandon D. L. Marshall et al., "Prevalence and Correlates of Lifetime Suicide Attempts among Transgender Persons in Argentina," *Journal of Homosexuality* 63, no. 7 (2016): 955 – 67, https://doi. org/10.1080/00918369 .2015.1117898.

23 Kyle Knight, *Bridges to Justice: Case Study of LGBTI Rights in Nepal* (New York: Astraea Lesbian Foundation for Justice, 2015), http://www. astraeafoundation.org/uploads/files/Astraea Nepal Case Study.pdf.

24 International Gay and Lesbian Human Rights Commission, *Violence: Through the Lens of Lesbians, Bisexual Women and Trans People in Asia* (New York, 2014).

25 King et al., "A Systematic Review of Mental Disorder, Suicide, and Deliberate Self Harm in Lesbian, Gay and Bisexual People."

26 Downing and Przedworski, "Health of Transgender Adults in the U.S.,

2014 – 2016."

27 J. G. L. Lee, G. K. Griffin, and C. L. Melvin, "Tobacco Use among Sexual Minorities in the USA, 1987 to May 2007: A Systematic Review," *Tobacco Control* 18, no. 4 (2009): 275 – 82, https://doi.org/10.1136/tc.2008.028241; John Blosnich, Joseph G. L. Lee, and Kimberly Horn, "A Systematic Review of the Aetiology of Tobacco Disparities for Sexual Minorities," *Tobacco Control* 22, no. 2 (2013): 66 – 73, https://doi.org/10.1136/tobaccocontrol-2011 – 050181.A.

28 Michael P. Marshal et al., "Sexual Orientation and Adolescent Substance Use: A Meta-Analysis and Methodological Review," *Addiction* 103, no. 4 (2008): 546 – 56, https://doi.org/10.1111/j.1360 – 0443.2008.02149.x; Saewyc, "Research on Adolescent Sexual Orientation: Development, Health Disparities, Stigma, and Resilience"; Coker, Austin, and Schuster, "The Health and Health Care of Lesbian, Gay, and Bisexual Adolescents." 한국의 레즈비언과 양성애자 여성에게서(남성 제외) 더 높은 비율이 보고됐다. Yi et al., "Health Disparities."

29 UN Programme on HIV/AIDS (UNAIDS), "UNAIDS Data 2018," 8, https://doi.org/978 – 92 – 9173 – 945 – 5.

30 Stefan D. Baral et al., "Elevated Risk for HIV Infection among Men Who Have Sex with Men in Low- and Middle-Income Countries 2000 – 2006: A Systematic Review," *PLoS Medicine* 4, no. 12 (2007): 1901 – 11, https://doi.org /10.1371/journal.pmed.0040339.

31 Chris Beyrer et al., "Global Epidemiology of HIV Infection in Men Who Have Sex with Men," *Lancet* 380, no. 9839 (July 28, 2012): 367 – 77, https://doi.org/10.1016/S0140 – 6736(12)60821 – 6.

32 Herbst et al., "Estimating HIV Prevalence and Risk Behaviors of Transgender Persons in the United States."

33 Stefan D. Baral et al., "Worldwide Burden of HIV in Transgender Women: A Systematic Review and Meta-Analysis," *Lancet Infectious Diseases* 13, no. 3 (2013): 214 – 22, https://doi.org/10.1016/S1473 – 3099(12)70315 – 8.

34 Institute of Medicine, *Health of Lesbian, Gay, Bisexual, and Transgender People*; Blondeel et al., "Evidence and Knowledge Gaps on the Disease Burden in Sexual and Gender Minorities"; Ulrike Boehmer, Timothy P. Cooley, and Melissa A. Clark, "Cancer and Men Who Have Sex with Men: A Systematic Review," *Lancet Oncology* 13, no. 12 (2012): e545 – 53, https:// doi.org/10.1016/S1470 – 2045(12)70347 – 9.

35 Institute of Medicine, *Health of Lesbian, Gay, Bisexual, and Transgender People*, 213.

36 Gregory M. Herek, "Hate Crimes and Adults in the United States," *Journal of Interpersonal Violence* 24, no. 1 (2009): 61.

37 Pew Research Center, *A Survey of LGBT Americans: Attitudes, Experiences and Values in Changing Times*. 2012년 수백 개의 연구를 리뷰한 결과 유사한 수준의 폭력이 발견됐다. Sabra L. Katz-Wise and Janet S. Hyde, "Victimization Experiences of Lesbian, Gay, and Bisexual Individuals: A Meta-Analysis," *Journal of Sex Research* 49, no. 2 – 3 (2012): 142 – 67, https://doi.org/10.1080/00224499.2011.637247.

38 James et al., *Report of the 2015 U.S. Transgender Survey*. 여러 연구를 리뷰한 결과, 수많은 연구에서 미국 트랜스젠더가 폭력을 경험한 비율이 높게 나타났다. Rebecca L. Stotzer, "Violence against Transgender People: A Review of United States Data," *Aggression and Violent Behavior* 14, no. 3 (2009): 170 – 79, https://doi.org/10.1016/j.avb.2009.01.006.

39 Inter-American Commission on Human Rights and Organization of American States, *Violence against Lesbian, Gay, Bisexual, Trans and Intersex Persons in the Americas*.

40 Amy Lind, "No Governing Intimacy, Struggling for Sexual Rights: Challenging Heteronormativity in the Global Development Industry," *Development* 52, no. 1 (2009): 34 – 42.

41 *EU LGBT Survey*.

42 Lukas Berredo et al., *Global Trans Perspectives on Health and Wellbeing: TvT Community Report* (Trans Respect Versus Transphobia (TvT) Worldwide, 2018), https://transrespect.org/wp-content/

uploads/2018/12/TvT -PS-Vol20 - 2018_EN.pdf.

43 UN Programme on HIV/AIDS (UNAIDS), "UNAIDS Data 2018."

44 여기서 논의된 소수자 스트레스는 다음 연구에 기반했다. Ilan H. Meyer, "Minority Stress and Mental Health in Gay Men," *Journal of Health and Social Behavior* 36, no. 1 (1995): 38 - 56; Ilan H. Meyer, "Prejudice, Social Stress, and Mental Health in Lesbian, Gay, and Bisexual Populations: Conceptual Issues and Research Evidence," *Psychology Bulletin* 129, no. 5 (2003): 674 - 97. 여기서 설명된 논점을 이용해 트랜스 젠더에게도 같은 이론이 적용됐다. Walter O. Bockting et al., "Stigma, Mental Health, and Resilience in an Online Sample of the US Transgender Population," *American Journal of Public Health* 103, no. 5 (2013): 943 - 51, https://doi.org/10.2105/AJPH .2013.301241; Walter Bockting et al., "Adult Development and Quality of Life of Transgender and Gender Nonconforming People," *Current Opinion in Endocrinology, Diabetes, and Obesity* 23, no. 2 (2016): 188 - 97.

45 Daniel Kahneman, *Thinking, Fast and Slow* (New York: Farrar, Straus and Giroux, 2011).

46 Mark L. Hatzenbuehler, "How Does Sexual Minority Stigma 'Get Under the Skin'? A Psychological Mediation Framework," *Psychological Bulletin* 135, no. 5 (2009): 707 - 30, https://doi.org/10.1037/a0016441; Mark L. Hatzenbuehler, Susan Nolen-Hoeksema, and John Dovidio, "How Does Stigma 'Get Under the Skin'?," *Psychological Science* 20, no. 10 (2009): 1282 - 89, https:// doi.org/10.1111/j.1467 - 9280.2009.02441.x.

47 Deborrah E. S. Frable, Linda Platt, and Steve Hoey, "Concealable Stigmas and Positive Self-Perceptions: Feeling Better around Similar Others," *Journal of Personality and Social Psychology* 74, no. 4 (1998): 909 - 22, https://doi.org/10.1037/0022 - 3514.74.4.909.

48 Meyer, "Prejudice, Social Stress, and Mental Health in Lesbian, Gay, and Bisexual Populations"; Ilan H. Meyer and David M. Frost, "Minority Stress and the Health of Sexual Minorities," in *Handbook of Psychology and Sexual Orientation*, ed. Charlotte J. Patterson and Anthony R. D'Augelli (Oxford, UK: Oxford University Press, 2013), 252 - 66.

49 Institute of Medicine, *Health of Lesbian, Gay, Bisexual, and Transgender People*. 유소년에 관해서는 171쪽을, 청년과 중년에 관해서는 171쪽을, 더 나이 든 성인에 관해서는 282쪽을 보라.

50 미국의학원 보고서에 더해 다음의 연구도 보라. Saewyc, "Research on Adolescent Sexual Orientation," and Coker, Austin, and Schuster, "The Health and Health Care of Lesbian, Gay, and Bisexual Adolescents." 미국 트랜스젠더에게서 이러한 양상을 찾은 연구는 상대적으로 적지만, 다음의 연구는 낙인이 트랜스젠더의 건강 상태와도 연관되어 있다고 주장한다. Jaclyn M. White Hughto, Sari L. Reisner, and John E. Pachankis, "Transgender Stigma and Health: A Critical Review of Stigma Determinants Mechanisms, and Interventions," *Social Science and Medicine* 147 (2015): 222–31, https://doi.org/10.1016/j.socscimed.2015.11.010.

51 International Gay and Lesbian Human Rights Commission, *Violence: Through the Lens of Lesbians, Bisexual Women and Trans People in Asia*.

52 Caitlin Ryan et al., "Family Acceptance in Adolescence and the Health of LGBT Young Adults," *Journal of Child and Adolescent Psychiatric Nursing: Official Publication of the Association of Child and Adolescent Psychiatric Nurses* 23, no. 4 (2010): 205–13, https://doi.org/10.1111/j.1744–6171.2010 .00246.x; C. Ryan et al., "Family Rejection as a Predictor of Negative Health Outcomes in White and Latino Lesbian, Gay, and Bisexual Young Adults," *Pediatrics* 123 (2009): 346–52, https://doi.org/10.1542/peds.2007–3524.

53 Jody L. Herman, *Costs and Benefits of Providing Health Care Coverage in Employee Health Benefits Plans* (Los Angeles: Williams Institute, 2013); William V. Padula, Shiona Heru, and Jonathan D. Campbell, "Societal Implications of Health Insurance Coverage for Medically Necessary Services in the U.S. Transgender Population: A Cost-Effectiveness Analysis," *Journal of General Internal Medicine* 31, no. 4 (2016): 394–401, https://doi.org/10.1007 /s11606–015–3529–6.

54 Michael A. Ash and M. V. Lee Badgett, "Separate and Unequal: The Effect of Unequal Access to Employment-Based Health Insurance on

Same-Sex and Unmarried Different-Sex Couples," *Contemporary Economic Policy* 24, no. 4 (2006): 582–99, https://doi.org/10.1093/cep/byl010; Thomas C. Buchmueller and Christopher S. Carpenter, "Disparities in Health Insurance Coverage, Access, and Outcomes for Individuals in Same-Sex versus Different-Sex Relationships, 2000–2007," *American Journal of Public Health* 100, no. 3 (2010): 489–95, https://doi.org/10.2105/AJPH.2009.160804; Thomas C. Buchmueller and Christopher S. Carpenter, "The Effect of Requiring Private Employers to Extend Health Benefit Eligibility to Same-Sex Partners of Employees: Evidence from California," *Journal of Policy Analysis and Management* 31, no. 2 (2012): 388–403, https://doi.org/10.1002/pam; Gilbert Gonzales and Lynn A. Blewett, "National and State-Specific Health Insurance Disparities for Adults in Same-Sex Relationships," *American Journal of Public Health* 104, no. 2 (February 2014): e95–104, https://doi.org/10.2105 /AJPH.2013.301577.

55 Sharanya Rao and Chandra D. Mason, "Psychology of Sexual Orientation and Gender Diversity Minority Stress and Well-Being Under Anti-Sodomy Legislation in India," *Psychology of Sexual Orientation and Gender Diversity* 5, no. 4 (2018): 432–44, https://doi.org/10.1037/sgd0000291.

56 Sheree R. Schwartz et al., "The Immediate Effect of the Same-Sex Marriage Prohibition Act on Stigma, Discrimination, and Engagement on HIV Prevention and Treatment Services in Men Who Have Sex with Men in Nigeria: Analysis of Prospective Data from the TRUST Cohort," *Lancet HIV* 2, no. 7 (2015): e299–306, https://doi.org/10.1016/S2352–3018(15)00078–8.

57 Bisi Alimi et al., *Not Dancing to Their Music: The Effects of Homophobia, Biphobia, and Transphobia on the Lives of LGBTQ People in Nigeria* (Bisi Alimi Foundation, 2017).

58 Sara L. M. Davis et al., "Punitive Laws, Key Population Size Estimates, and Global AIDS Response Progress Reports: An Ecological Study of 154 Countries," *Journal of the International AIDS Society* 20, no. 1 (2017):

1 – 8, https://doi.org/10.7448/IAS.20.1.21386.

59 Erik Lamontagne et al., "A Socioecological Measurement of Homophobia for All Countries and Its Public Health Impact," *European Journal of Public Health* 28, no. 5 (2018): 967 – 72, https://doi.org/10.1093/eurpub/cky023.

60 John E. Pachankis et al., "Hidden from Health: Structural Stigma, Sexual Orientation Concealment, and HIV across 38 Countries in the European MSM Internet Survey," *AIDS* 29, no. 10 (2015): 1239 – 46, https://doi.org/10.1097/qad.0000000000000724. 유럽의 동성 커플이 자가 진단한 건강에 수용도가 미친 전반적인 영향을 확인하려면 다음을 보라. Arjan Van Der Star and Richard Bränström, "Acceptance of Sexual Minorities, Discrimination, Social Capital and Health and Well-Being: A Cross-European Study among Members of Same-Sex and Opposite-Sex Couples," *BMC Public Health* 15, no. 1 (2015): 1 – 11, https://doi.org/10.1186/s12889 – 015 – 2148 – 9.

61 Mark L. Hatzenbuehler et al., "The Impact of Institutional Discrimination on Psychiatric Disorders in Lesbian, Gay, and Bisexual Populations: A Prospective Study," *American Journal of Public Health* 100, no. 3 (2010): 452 – 59, https://doi.org/10.2105/AJPH.2009.168815. 다른 연구들도 혼인 투표를 시행한 주에서 LGB가 정서적 건강 문제를 겪었다는 점을 발견했다. 다만 해당 연구들은 (LGB의) 투표 전후만을 비교했으며, 이성애자의 상태 변화와 비교할 데이터는 없었다. Sharon Scales Rostosky et al., "Marriage Amendments and Psychological Distress in Lesbian, Gay, and Bisexual (LGB) Adults," Journal of Counseling Psychology 56, no. 1 (2009): 56 – 66, https://doi.org/10.1037/a0013609. 이 주제에 대한 통찰력 있는 초기 질적 연구는 다음과 같다. Glenda M. Russell, *Voted Out: The Psychological Consequences of Anti-Gay Politics* (New York: New York University Press, 2000).

62 혼인 투표가 없었던 주에서는 오로지 하나의 결과값만 상승했다. 바로 약물 사용 장애가 있는 사람의 비율이다. 같은 기간 이성애자도 해당 결과값이 상승했다.

63 Andrew R. Flores, Mark L. Hatzenbuehler, and Gary J. Gates, "Identifying

Psychological Responses of Stigmatized Groups to Referendums,"
Proceedings of the National Academy of Sciences 115, no. 15 (2018): 3816 –
21, https://doi.org/10.1073/pnas.1712897115.

64 Francisco Perales and Abram Todd, "Structural Stigma and the Health
and Wellbeing of Australian LGB Populations: Exploiting Geographic
Variation in the Results of the 2017 Same-Sex Marriage Plebiscite,"
Social Science and Medicine 208 (January 2018): 190 –99, https://doi.
org/10.1016 /j.socscimed.2018.05.015; Mark L. Hatzenbuehler, Andrew
R. Flores, and Gary J. Gates, "Social Attitudes Regarding Same-Sex
Marriage and LGBT Health Disparities: Results from a National
Probability Sample," *Journal of Social Issues* 73, no. 3 (2017): 508 –28,
https://doi.org/10.1111/josi.12229.

65 이 단락에서 언급된 연구들은 다음과 같다. Alexa Solazzo, Tony N.
Brown, and Bridget K. Gorman, "State-Level Climate, Anti-
Discrimination Law, and Sexual Minority Health Status: An Ecological
Study," *Social Science and Medicine* 196 (2018): 158 –65, https://doi.
org/10.1016/j.socscimed.2017 .11.033; Mark L. Hatzenbuehler et al.,
"Effect of Same-Sex Marriage Laws on Health Care Use and
Expenditures in Sexual Minority Men: A QuasiNatural Experiment,"
American Journal of Public Health 102, no. 2 (2012): 285 –91, https://doi.
org/10.2105/AJPH.2011.300382; Mark L. Hatzenbuehler, "The Social
Environment and Suicide Attempts in Lesbian, Gay, and Bisexual
Youth," *Pediatrics* 127, no. 5 (2011): 896 –903, https://doi.org/10.1542 /
peds.2010 –3020; Mark L. Hatzenbuehler and Katherine M. Keyes,
"Inclusive Anti-Bullying Policies and Reduced Risk of Suicide Attempts
in Lesbian and Gay Youth," *Journal of Adolescent Health* 53, no. 1 SUPPL
(2013): S21 –26, https://doi.org/10.1016/j.jadohealth.2012.08.010;
Mark L. Hatzenbuehler, John E. Pachankis, and Joshua Wolff, "Religious
Climate and Health Risk Behaviors in Sexual Minority Youths: A
Population-Based Study," *American Journal of Public Health* 102, no. 4
(2012): 657 –63, https://doi.org/10.2105 /AJPH.2011.300517; Bethany
G. Everett, Mark L. Hatzenbuehler, and Tonda L. Hughes, "The Impact
of Civil Union Legislation on Minority Stress, Depression, and
Hazardous Drinking in a Diverse Sample of Sexual-Minority Women: A

Quasi-Natural Experiment," *Social Science and Medicine* 169 (2016): 180–90, https://doi.org/10.1016/j.socscimed.2016.09.036; Julia Raifman et al., "Difference-in-Differences Analysis of the Association between State Same-Sex Marriage Policies and Adolescent Suicide Attempts," *JAMA Pediatrics* 171, no. 4 (2017): 350–56, https://doi.org/10.1001/jamapediatrics.2016.4529.

66 Mark L. Hatzenbuehler, Richard Bränström, and John E. Pachankis, "Societal-Level Explanations for Reductions in Sexual Orientation Mental Health Disparities: Results from a Ten-Year, Population-Based Study in Sweden," *Stigma and Health* 3, no. 1 (2018): 16–26, https://doi.org/10.1037/sah0000066.j.

67 Institute of Medicine, *The Health of Lesbian, Gay, Bisexual, and Transgender People: Building a Foundation for Better Understanding*. 이 장에서 주목하는 지점을 설명하는 미국의 증거들을 리뷰한다.

68 여기서 논의되는 연구들은 다음과 같다. Sonya Arreola et al., *Access to HIV Prevention and Treatment for Men Who Have Sex with Men: Findings from the 2012 Global Men's Health and Rights Study* (Oakland, CA: Global Forum on MSM & HIV [MSMGF], 2012); George Ayala and Glenn Milo Santos, "Will the Global HIV Response Fail Gay and Bisexual Men and Other Men Who Have Sex with Men," *Journal of the International AIDS Society* 19, no. 1 (2016): 1–5, https://doi.org/10.7448/IAS.19.1.21098; Cristina Rodriguez-Hart et al., "Sexual Stigma Patterns Among Nigerian Men Who Have Sex with Men and Their Link to HIV and Sexually Transmitted Infection Prevalence," *AIDS and Behavior* 22, no. 5 (2017): 1662–70, https://doi.org/10.1007/s10461-017-1982-4; Carrie E. Lyons et al., "Potential Impact of Integrated Stigma Mitigation Interventions in Improving HIV/AIDS Service Delivery and Uptake for Key Populations in Senegal," *Journal of Acquired Immune Deficiency Syndromes* 74 (2017): S52–S59, https://doi.org/10.1097/QAI.0000000000001209.

69 OUT LGBT Well-Being, *Hate Crimes Against Lesbian, Gay, Bisexual and Transgender (LGBT) People in South Africa, 2016* (Pretoria, South Africa: OUT LGBT Well-Being, 2016). 출처는 다음과 같다. http://www.out.

org.za/index.php/library/reports?download=30:hate-crimes-against-lgbt-people-in-south -africa-2016; Alimi et al., "Not Dancing to Their Music."

70 NPR, Robert Wood Johnson Foundation, and Harvard School of Public Health, *Discrimination in America: Experiences and Views of LGBTQ Americans.*

71 Austin Bryan, *"Even If They Spit at You, Don't Be Surprised": Health Care Discrimination Against Uganda's Sexual and Gender Minorities* (2017), 22.

72 James et al., *Report of the 2015 U.S. Transgender Survey.*

73 Charlese Saballe, Carsten Balzer, and Carla Lagata, *Transrespect versus Transphobia: The Social Experiences of Trans People in the Philippines* (Berlin, 2015), https://transrespect.org/wp-content/uploads/2015/08/TvT-PS-Vol11 -2015.pdf.

74 Hyemin Lee et al., "Experiences of and Barriers to Transition-Related Healthcare among Korean Transgender Adults: Focus on Gender Identity Disorder Diagnosis, Hormone Therapy, and Sex Reassignment Surgery," *Epidemiology and Health* 40 (2018): e2018005, https://doi.org/10.4178/epih.e2018005.

75 Mollie E. Aleshire et al., "Primary Care Providers' Attitudes Related to LGBTQ People: A Narrative Literature Review," *Health Promotion Practice* 20, no. 2 (2019): 173 – 87, https://doi.org/10.1177/1524839918778835.

76 S. N. Nyeck and Debra Shepherd, *The Economic Cost of LGBT Stigma and Discrimination in South Africa* (Los Angeles: Williams Institute, UCLA School of Law, forthcoming).

77 Janice A. Sabin, Rachel G. Riskind, and Brian A. Nosek, "Health Care Providers' Implicit and Explicit Attitudes toward Lesbian Women and Gay Men," *American Journal of Public Health* 105, no. 9 (2015): 1831 – 41, https:// doi.org/10.2105/AJPH.2015.302631.

78 G. Banwari et al., "Medical Students' and Interns' Knowledge about and Attitude towards Homosexuality," *Journal of Postgraduate Medicine* 61, no.

2 (2015): 95, https://doi.org/10.4103/0022 – 3859.153103; Bojana Dunji´c–Kosti´c et al., "Knowledge: A Possible Tool in Shaping Medical Professionals' Attitudes towards Homosexuality," *Psychiatria Danubina* 24, no. 2 (2012): 143 – 51; Ade Nea, Rudi Wisaksana, and Enny Rohmawaty, "Knowledge, Attitude, and Behavior Regarding Homosexuality among New Students in Universitas Padjadjaran," *Althea Medical Journal* 5, no. 4 (2018): 179 – 86; Vishnu Parameshwaran et al., "Is the Lack of Specific Lesbian, Gay, Bisexual, Transgender and Queer/ Questioning (LGBTQ) Health Care Education in Medical School a Cause for Concern? Evidence from a Survey of Knowledge and Practice Among UK Medical Students," *Journal of Homosexuality* 64, no. 3 (2017): 367 – 81, https://doi.org/10.1080/00918369 .2016.1190218.

79 Arreola et al., *Access to HIV Prevention and Treatment for Men Who Have Sex with Men*; Venkatesan Chakrapani, Priya Babu, and Timothy Ebenezer, "Hijras in Sex Work Face Discrimination in the Indian HealthCare System," *Research for Sex Work* 7 (2004): 12 – 14.

80 James et al., *Report of the 2015 U.S. Transgender Survey*, 96.

81 미국 통계를 위해서는 다음을 보라. NPR, Robert Wood Johnson Foundation, and Harvard School of Public Health, *Discrimination in America: Experiences and Views of LGBTQ Americans*; James et al., *Report of the 2015 U.S. Transgender Survey*.

82 세네갈에 대해서는 다음을 보라. Lyons et al., "Potential Impact of Integrated Stigma Mitigation Interventions in Improving HIV/AIDS Service Delivery and Uptake for Key Populations in Senegal." 다른 국가 들에 대해서는 다음을 보라. UN Programme on HIV/AIDS (UNAIDS), "UNAIDS Data 2018."

83 Buchmueller and Carpenter, "Disparities in Health Insurance Coverage, Access, and Outcomes for Individuals in Same–Sex versus Different–Sex Relationships, 2000 – 2007." 미국의학원의 보고서는 불충분한 치료에 대 한 다른 연구들을 논의한다.

84 Marc N. Elliott et al., "Sexual Minorities in England Have Poorer Health and Worse Health Care Experiences: A National Survey," *Journal of*

General Internal Medicine 30, no. 1 (2015): 9–16, https://doi.org/10.1007/s11606–014–2905-y.

85 Arreola et al., *Access to HIV Prevention and Treatment for Men Who Have Sex with Men.*

제4장 LGBT를 포용하는 사업적 논리

1 Colleen Jenkins, "North Carolina Governor Tweaks Transgender Law After Backlash," Reuters, April 12, 2016, http://www.reuters.com/article/us-north-carolina-lgbt-governor-idUSKCN0X92ER; Ken Elkins, "Red Ventures Reconsiders Job Growth at Charlotte Office After HB2," *Charlotte Business Journal*, April 5, 2016, http://www.bizjournals.com/charlotte/blog/outside_the_loop/2016/04/red-ventures-reconsiders-staff-up-at-charlotte.html.

2 페이팔 사례는 다음을 보라. Ken Elkins and Ashley Fahey, "PayPal Inc. Opening Global Operations Center in Charlotte, Creating 400 Jobs and Investing \$3.6M," *Charlotte Business Journal*, March 18, 2016, http://www.bizjournals.com/charlotte/news/2016/03/18/sourcespaypal-to-announce-300-jobs-in-new.html; Rick Rothacker, "Losing PayPal May Have Cost Charlotte More Jobs Than Announced," *Charlotte Observer*, April 22, 2016, http://www.charlotteobserver.com/news/business/article73426437.html; Rick Rothacker, "Charlotte Loses 730-Job Operations Center over House Bill 2," *Charlotte Observer*, October 25, 2016, http://www.charlotteobserver.com/news/business/article110349597.html.

3 Associated Press, "How AP Tallied the Cost of North Carolina's 'Bathroom Bill,'" APNews.com, March 27, 2017, https://apnews.com/ec6e9845827f47e89f40f33bb7024f61/How-AP-tallied-the-cost-of-North-Carolina's-%22bathroom-bill%22.

4 Dan Schulman, "PayPal Withdraws Plan for Charlotte Expansion," April 5, 2016, https://www.paypal.com/stories/us/paypal-withdraws-plan-for-charlotte-expansion.

5 역사적 설명에 대해서는 다음을 보라. Badgett, *Money, Myths, and Change.*

6 LGBT Capital, "Estimated LGBT Purchasing Power: LGBT-GDP 2018," http://www.lgbt-capital.com/docs/Estimated_LGBT-GDP_(table)_-_2018.pdf.

7 Brendan Snyder, "LGBT Advertising: How Brands Are Taking a Stance on Issues," *Think with Google*, March 2015, https://www.thinkwithgoogle.com/articles/lgbt-advertising-brands-taking-stance-on-issues.html.

8 Heather Boushey and Sarah Jane Glynn, *There Are Significant Business Costs to Replacing Employees* (Washington, DC: Center for American Progress, 2012), https://www.americanprogress.org/issues/economy/reports/2012/11/16/44464/there-are-significant-business-costs-to-replacing-employees.

9 이를 비롯한 다른 예시에 관해서는 다음을 보라. Badgett, *Money, Myths, and Change*; Brad Sears and Christy Mallory, introduction and key findings, "Economic Motives for Adopting LGBT-Related Workplace Policies," Williams Institute, UCLA School of Law, October 2011, https://williamsinstitute.law.ucla.edu/wp-content/uploads/Mallory-Sears-Corp-Statements-Oct2011.pdf.

10 록히드마틴과 유나이티드테크놀로지의 인용구 출처는 다음과 같다. Sears and Mallory, "Economic Motives for Adopting LGBT-Related Workplace Policies."

11 Human Rights Campaign, "LGBTQ Equality at the Fortune 500," http://www.hrc.org/resources/lgbt-equality-at-the-fortune-500, accessed May 31, 2019.

12 Human Rights Campaign, *Corporate Equality Index 2019* (Washington, DC: Human Rights Campaign Foundation, 2019), 6, https://assets2.hrc.org/files/assets/resources/CEI-2019-FullReport.pdf.

13 US Bureau of Labor Statistics, *National Compensation Survey: Employee Benefits in the United States, March 2016*, Bulletin 2785 (Washington, DC: US Departments of Labor and Statistics, September 2016), https://www.bls.gov/ncs/ebs/benefits/2016/ebbl0059.pdf.

14 36개 연구에 관해서는 다음을 참조하라. M. V. Lee Badgett et al., *The Business Impact of LGBT-Supportive Workplace Policies* (Los Angeles: Williams Institute, UCLA School of Law, 2013). 최신 연구는 뒤따르는 인용들을 참고하라.

15 'LGBT 포용적 조치가 사업 실적 증대에 영향을 미친 실제 요인'인지 질문을 던지는 과정에서 '기업의 사업 실적이 좋으면 포용적 정책을 도입할 확률이 높다'는 가능성을 분리하는 것이 목적이다. 여기서 언급된 저자들은 '포용이 실적에 영향을 미쳤다'는 관점에 초점을 맞추고자 종단 데이터 longitudinal data, 이중차분법differences in differences, 성향점수매칭 propensity score matching, 시차변수lagged variables 등과 같은 다양한 통계 전략을 이용한다.

16 기업들은 성적 지향과 성별 정체성 차별금지정책, 동거동반자 혜택, LGBT 자발적직원모임 지원 등 LGBT 친화적 정책과 관행이 있어 휴먼라이츠캠페인으로부터 높은 점수를 받았다.

17 이 단락에서는 다음 연구들을 차례대로 다룬다. Derek Johnston and Mary A. Malina, "Managing Sexual Orientation Diversity," *Group & Organization Management* 33, no. 5 (2008): 602–25, https://doi.org/10.1177/1059601108321833; Peng Wang and Joshua L. Schwarz, "Stock Price Reactions to GLBT Nondiscrimination Policies," *Human Resource Management* 49, no. 2 (2010): 195–216, https://doi.org/10.1002/hrm; Liwei Shan, Shihe Fu, and Lu Zheng, "Corporate Sexual Equality and Firm Performance," *Strategic Management Journal* 38, no. 9 (2017): 1812–26, https://doi.org/10.1002/smj; Feng Li and Venky Nagar, "Diversity and Performance," *Management Science* 59, no. 3 (2013): 529–44, https://pubsonline.informs.org/doi/10.1287/mnsc.1120.1548; Shaun Pichler et al., "Do LGBT-Supportive Corporate Policies Enhance Firm Performance?," *Human Resource Management* 57, no. 1 (2018): 263–78, https://doi.org/10.1002/hrm.21831; Credit Suisse, "LGBT: The Value of Diversity," 2016, https://www.slideshare.net/creditsuisse/lgbt-the-value-of-diversity.

18 Mohammed Hossain et al., "Do LGBT Workplace Diversity Policies Create Value for Firms?," *Journal of Business Ethics*, 2019, https://do.org

/10.1007/s10551-019-04158-z.

19 Huasheng Gao and Wei Zhang, "Employment Non-Discrimination Acts and Corporate Innovation," *Management Science* 63, no. 9 (2016): 2982 – 99, https://doi.org/10.2139/ssrn.2473250.

20 Sylvia Ann Hewlett and Kenji Yoshino, *Out in the World: Securing LGBT Rights in the Global Marketplace* (New York: Center for Talent Innovation, 2016).

21 US Bureau of Labor Statistics, "Unmarried Domestic Partner Benefits: Access, Civilian Workers, March 2018," https://www.bls.gov/ncs/ebs/benefits/2018/ownership/civilian/table44a.pdf.

22 Badgett, *Money, Myths, and Change*; Nicole Raeburn, *Changing Corporate America from Inside Out: Lesbian and Gay Workplace Rights* (Minneapolis: University of Minnesota Press, 2004); Carlos Ball, *The Queering of Corporate America: How Big Business Went from LGBTQ Adversary to Ally* (Boston: Beacon Press, 2019).

23 "2018 Average Wedding Cost," CostofWedding.com, https://www.costofwedding.com/index.cfm/action/search.weddingcost, accessed May 31, 2019.

24 Christy Mallory and Brad Sears, *Estimating the Economic Impact of Marriage for Same-Sex Couples after Obergefell* (Los Angeles: Williams Institute, UCLA School of Law, 2016), http://williamsinstitute.law.ucla.edu/wp-content/uploads/Estimating-the-Economic-Impact-of-Marriage-for-Same-Sex-Couples-after-Obergefell.pdf.

25 M. V. Lee Badgett and Jennifer Smith, "The Economic Impact of Extending Marriage to Same-Sex Couples in Australia," Williams Institute, UCLA School of Law, 2012, https://williamsinstitute.law.ucla.edu/wp-content/uploads/Badgett-Smith-Econ-Impact-Marriage-Feb-2012.pdf.

26 "Advocates Hail Tasmanian Government's Commitment to State Marriage Equality," TasmanianTimes.com, August 5, 2012, https://tasmaniantimes.com/2012/08/advocates-hail-tasmanian-

governments-commitment-to-state-marriage-equality.

27 애플과 디즈니 이야기에 관해서는 다음을 보라. Badgett, *Money, Myths, and Change.*

28 Sarah Kershaw, "In a Reverse, Microsoft Says It Supports Gay Rights Bill," *New York Times,* May 7, 2005, http://www.nytimes. com/2005/05/07/us/in-a-reverse-microsoft-says-it-supports-gay-rights-bil.

29 "Brief of American Companies as Amici Curiae in Support of Respondents," 2013, https://www.scribd.com/document/127847969/ Perry-Amicus-Brief-of-American-Companies. In 2015, a larger set of businesses filed a similar brief: "Brief of 379 Employers and Organizations Representing Employers in Obergefell v. Hodges," 2015, https://www.supremecourt.gov/ObergefellHodges/ AmicusBriefs/14 – 556_379_Employers_and_Organizations_ Representing_Employers.pdf.

30 Obergefell v. Hodges, 135 S. Ct. 2584 (2015), at 2605.

31 다음에서도 유사한 주장을 찾아볼 수 있다. Ball, *Queering of Corporate America.*

32 Elliott Kozuch, "Major Companies Join Amicus Brief Supporting Trans Student in SCOTUS Case," Human Rights Watch, blog, March 2, 2017, http://www.hrc.org/blog/breaking-major-companies-join-amicus-brief-supporting-trans-student-gavin-g.

33 Australian Marriage Equality, "Join 851 Corporations That Support Marriage Equality," http://www.australianmarriageequality.org/open-letter-of-support, accessed May 31, 2019.

34 Shane Darcy, "Business Said Yes! To Marriage Equality—But Will the Circle Be Widened?" *Business & Human Rights in Ireland,* blog, May 28, 2015, https://businesshumanrightsireland.wordpress.com/2015/05/28/ business-said-yes-to-marriage-equality-but-will-the-circle-be-widened.

35 Hugo Greenhalgh, "Multinationals See Benefits in Taiwan Same-Sex Marriage," Reuters, April 24, 2019, https://www.reuters.com/article/us-taiwan-lgbt-economy/multinationals-see-benefits-in-taiwan-same-sex-marriage-idUSKCN1S029C; Open for Business, *Businesses Support the Freedom to Marry in Taiwan as an Economic Growth Imperative* (2018), https://open-for-business.org/s/Taiwan-the-economic-and-business-case-for-marriage-equality-and-LGBT-inclusion.pdf.

36 Human Rights Campaign, *Corporate Equality Index 2018* (Washington, DC: Human Rights Campaign, 2018), 4, https://assets2.hrc.org/files/assets/resources/CEI-2018-FullReport.pdf.

37 Economist Intelligence Unit, *Pride and Prejudice: Agents of Change* (London: Economist Intelligence Unit, 2017), 12, https://prideandprejudice.economist.com/wp-content/uploads/2017/03/Pride-Prejudice-report-final.pdf.

38 린징이의 2017년 홍콩 이코노미스트 콘퍼런스 프레젠테이션에서.

39 Kate Vernon and Amanda Yik, *Hong Kong LGBT Climate Study 2011–12* (Hong Kong, 2012).

40 Hewlett and Yoshino, *Out in the World*.

41 Economist Intelligence Unit, *Pride and Prejudice: The Future of Advocacy* (London: Economist Intelligence Unit, 2018), https://prideandprejudice.economist.com/key-findings-economists-lgbt-research.

42 Jon Miller and Lucy Parker, *Open for Business: The Economic and Business Case for Global LGB&T Inclusion* (Open for Business, 2015), 1.

43 Miller and Parker, *Open for Business*.

44 UN Office of the High Commissioner for Human Rights, "Tackling Discrimination Against Lesbian, Gay, Bi, Trans, & Intersex People: Standards of Conduct for Business" (New York: OHCHR, 2017).

45 Miller and Parker, *Open for Business*, 10.

46 Suman Layak, "How the Godrej Group Is Creating an Inclusive Culture to Accept Its LGBT Colleagues," *Economic Times*, December 27, 2015,

http://economictimes.indiatimes.com/news/politics-and-nation/how-the-godrej-group-is-creating-an-inclusive-culture-to-accept-its-lgbt-colleagues /articleshow/50335649.cms; Miller and Parker, *Open for Business*.

47 Economist Intelligence Unit, *Pride and Prejudice: Agents of Change* (2017), https://prideandprejudice.economist.com/wp-content/uploads/2017/03/Pride-Prejudice-report-final.pdf.

48 저자와 후안 피호트의 2017년 7월 전화 인터뷰.

49 이레네 페도로비치가 저자에게 2017년 7월 24일 발신한 이메일.

제5장 LGBT와 국가 경제

1 Manya Koetse, "New Rules for Online Videos in China: 'No Displays of Homosexuality,'" What's on Weibo: Reporting Social Trends in China (website), 2017, https://www.whatsonweibo.com/new-rules-online-videos-china-no-displays-homosexuality.

2 다음 논문이 미국의 GDP 측정법을 잘 정리해놓았다. J. Steven Landefeld, Eugene P. Seskin, and Barbara M. Fraumeni, "Taking the Pulse of the Economy: Measuring GDP," *Journal of Economic Perspectives* 22, no. 2 (2008): 193 – 216, https://doi.org/10.1257/jep.22.2.193.

3 게리 베커의 이론에 따르면, 차별하지 않는 고용주가 충분히 많은 경제라면 임금 격차는 사라질 것이다. 여성(이나 다른 낙인 찍힌 집단)이 더 높은 임금에 고용될 것이기 때문이다.

4 그리고 당연히 사람들의 임금이 줄어든다면 다른 사람들이 판매하는 물건에 지출할 현금도 줄어든다. 다만 이러한 거시경제적인 현상은 여기서의 해석과는 별건이다. 여기서는 본래 가능했던 것보다 생산성이 낮아서 임금 격차가 발생한다는 점에 집중한다.

5 Jad Chaaban and Wendy Cunningham, "Measuring the Economic Gain of Investing in Girls: The Girl Effect Dividend," policy research working paper, World Bank, 2011, http://elibrary.worldbank.org/doi/pdf/10.1596 /1813 – 9450 – 5753.

6   Nata Duvvury et al., *Intimate Partner Violence: Economic Costs and Implications for Growth and Development*, Women's Voice, Agency, & Participation Research Series 2013 (Washington, DC: World Bank, 2013).

7   Europe and Central Asia Region Human Development Sector Unit, *Roma Inclusion*.

8   Hewlett et al., *The Power of "Out" 2.0: LGBT in the Workplace*, 16.

9   UN Development Programme (UNDP) and International Labor Organization, *LGBTI People and Employment: Discrimination Based on Sexual Orientation, Gender Identity and Expression, and Sex Characteristics in China, the Philippines, and Thailand* (Bangkok: UNDP, ILO, 2018).

10 이 부분에서는 내가 세계은행에서 진행한 인도 연구 과정에서 비용을 추계하려고 개발한 데이터 및 방법론과, 그곳에서는 이런 방식으로 다루지 않았던 일부 계산식을 혼합했다. 수치들의 출처는 다음과 같다. Badgett, *The Economic Cost of Stigma and the Exclusion of LGBT People*.

11 여기서 나는 자본과 다른 생산요소(노동자가 사용하는 경우)가 생산량에 기여하는 정도를 측정하는 지표로, 임금의 GDP 기여분 wage share of GDP을 사용했다. 생산량이 자본과 노동력을 곱한 결과값과 같다면, 노동력 투입량을 2억4000만 달러까지 증가시킬 때 생산량은 2억4000만 달러에서 임금 기여분을 나눈 값과 같다. 예컨대 노동자가 (GDP 대비) 50퍼센트의 임금을 받는다면, 생산량은 2억4000만 달러를 0.5로 나눈 4억8000만 달러어치일 것이다. 인도 노동자의 임금 추정치를 50퍼센트로 간주한 이유는 한 연구 결과에 기반했다. 다음 연구에 따르면 인도 노동자의 임금 추정치는 48.6퍼센트다. Robert C. Feenstra, Robert Inklaar, and Marcel P. Timmer, "The Next Generation of the Penn World Table" (National Bureau of Economic Research working paper, July 2013). 노동과 자본의 생산량에 대해 다른 수리적 모델을 이용하면 다른 추정치가 나올 수 있다.

12 동일한 조사에서 약 12퍼센트의 젊은 여성이 일정 형태의 동성 끌림을 느꼈다고 보고했다. 따라서 3퍼센트는 여성에게는 보수적인 추정치다. Eric Julian Manalastas, "(Local) Sexual Orientation and Suicide Risk in the Philippines: Evidence from a Nationally Representative Sample of Young Filipino Men," *Philippine Journal of Psychology* 46, no. 1 (2013): 1 – 13;

Eric Julian Manalastas, "Suicide Ideation and Suicide Attempt among Young Lesbian and Bisexual Filipina Women: Evidence for Disparities in the Philippines," *Asian Women* 32, no. 3 (2016): 101−20.

13 2014년 필리핀의 임금의 GDP 기여분은 34.9퍼센트였다. Philippine Statistics Authority, Open STAT database, "Wage Share in GDP(%)," openstat.psa.gov.ph, accessed September 5, 2019.

14 케냐 데이터에 관해서는 다음을 보라. *Open for Business, The Economic Case for LGBT+ Inclusion in Kenya* (2019). 남아프리카공화국에 관해서는 다음을 보라. S. N. Nyeck et al., "Economic Cost of LGBT Stigma and Discrimination in South Africa."

15 건강은 장애 유무와 다른 의미다. 장애인은 건강이 좋을 수도 나쁠 수도 있으며 경제활동에 참여할 여력이 있다. 실제로 많은 장애인이 경제활동에 참여하고 있다.

16 Carrie Hanlon and Larry Hinkle, *Assessing the Costs of Racial and Ethnic Health Disparities: State Experience* (Rockville, MD: Healthcare Cost and Utilization Project, 2011), http://www.hcup-us.ahrq.gov/reports/race / CostsofDisparitiesIB.pdf; Thomas A. LaVeist, Darrell J. Gaskin, and Patrick Richard, *The Economic Burden of Health Inequalities in the United States* (Washington, DC: Joint Center for Political and Economic Studies, 2009).

17 Christopher Banks, "The Cost of Homophobia: Literature Review of the Economic Impact of Homophobia in Canada" (review, Gay and Lesbian Health Services of Saskatoon, 2001). 뱅크스는 이후의 연구에서 LGB의 추가 사망률 추정치를 계산했다: Christopher Banks, "The Cost of Homophobia: Literature Review on the Human Impact for Homophobia on Canada," Community-University Institute for Social Research, University of Saskatchewan, 2003.

18 뱅크스가 이용한 연구들은 성적 지향에 따른 건강 격차에 제한되어 있다. 이에 따라 LGBT에서 T를 제외해 정확성을 높였다.

19 Steven A. Safren et al., "Depressive Symptoms and Human Immunodeficiency Virus Risk Behavior among Men Who Have Sex

with Men in Chennai, India," *Psychology, Health & Medicine.* 14, no. 6 (2009): 705 – 15, https://doi.org/10.1080/13548500903334754. Depressive; Murugesan Sivasubramanian et al., "Suicidality, Clinical Depression, and Anxiety Disorders Are Highly Prevelant in Men Who Have Sex with Men in Mumbai, India: Findings from a Community-Recruited Sample," *Psychology, Health & Medicine* 16, no. 4 (2011): 450 – 62, https://doi.org/10.1080/13548506.2011 .554645.Suicidality; Venkatesan Chakrapani et al., "Structural Violence against Kothi-Identified Men Who Have Sex with Men in Chennai, India: A Qualitative Investigation," *AIDS Education and Prevention* 19, no. 4 (August 2007): 346 – 64, https://doi.org/10.1521/aeap.2007.19.4.346; CREA, *Count Me In! Research Report, Violence against Disabled, Lesbian, and Sex-Working Women in Bangladesh, India, and Nepal* (Delhi: CREA, 2012), http://web.creaworld .org/files/cmir.pdf.

20 이는 인도와 다른 개발도상국의 비율을 합친 수치지만 시중에서 구할 수 있는 유일한 비교 가능 데이터였다. CREA, *Count Me In!; Family Planning Association of India, The People Living with HIV Stigma Index: A Report from India* (Mumbai: Family Planning Association of India, n.d.); Chakrapani et al., "Structural Violence against Kothi-Identified Men Who Have Sex with Men in Chennai, India: A Qualitative Investigation"; Bina Fernandez and N. B. Gomathy, *The Nature of Violence Faced by Lesbian Women in India* (Mumbai: Research Centre on Violence Against Women, Tata Institute of Social Sciences, 2003).

21 여기에 언급된 연구들은 무작위 표본을 이용하지 않는다는 점을 유의하라. 건강 격차 비율을 과대 추정한 연구일 경우, 나는 LGBT와 비LGBT 사이 자살 시도 및 우울증 비율의 격차를 보수적으로 절반으로 줄였다. HIV의 경우 LGBT와 총인구 사이 유병률이 같을 것이라고 가정했다. George Ayala et al., *Social Discrimination Against Men Who Have Sex with Men (MSM): Implications for HIV Policy and Programs* (Oakland, CA: Global Forum on MSM & HIV [MSMGF], 2010); Arreola et al., *Access to HIV Prevention and Treatment for Men Who Have Sex with Men*; Steven A. Safren et al., "A Survey of MSM HIV Prevention Outreach Workers in Chennai, India," *AIDS Education and Prevention* 18, no. 4 (August 2006):

323 – 32, https://doi.org/10.1521/aeap.2006.18.4.323; Chakrapani et al., "Structural Violence against Kothi-Identified Men Who Have Sex with Men in Chennai, India"; P. A. Newman et al., "Determinants of Sexual Risk Behavior Among Men Who Have Sex with Men Accessing Public Sex Environments in Chennai, India," *Journal of LGBT Health Research* 4, no. 2 – 3 (May 29, 2008): 81 – 87, https://doi.org/10.1080/15574090902913669; Beena Thomas et al., "Unseen and Unheard: Predictors of Sexual Risk Behavior and HIV Infection among Men Who Have Sex with Men in Chennai, India," *AIDS Education and Prevention* 21, no. 4 (2009): 372 – 83, https://doi.org/10.1521 / aeap.2009.21.4.372.UNSEEN; Beena Thomas et al., "The Influence of Stigma on HIV Risk Behavior among Men Who Have Sex with Men in Chennai, India," *AIDS Care* 24, no. 11 (2012): 1401 – 6, https://doi.org/10.1080/09540121 .2012.672717.

22 자세한 내용은 건강측정평가연구소Institute for Health Metrics and Evaluation 웹사이트 http://www.healthdata.org/gbd를 보라. 인도 모델의 추정치는 2010 Global Burden of Disease study의 자료를 이용했다.

23 또한 남아프리카공화국 연구는 LGBT에 대한 성폭력 비율이 다른 집단보다 높은 결과 1000만~6500만 달러의 손실이 발생한다고 추정했다.

24 Eric Manalastas, "Work, Wage Autonomy, and Contributions to Household Expenditures among Young Filipino Gay Men," presentation slides, 2009.

25 Niclas Berggren, Christian Bjørnskov, and Therese Nilsson, "What Aspects of Society Matter for the Quality of Life of a Minority? Global Evidence from the New Gay Happiness Index," *Social Indicators Research* 132, no. 3 (2017): 1163 – 92, DOI: 10.1007/s11205-016-1340-3.

26 Pink Armenia, *The Impact of LGBT Emigration on Economic Indicators of Armenia* (Yerevan, Armenia: Public Information and Need of Knowledge and Socioscope, 2015), http://www.pinkarmenia.org/publication / lgbtemigrationen.pdf.

27 Claire Thurlow, *The Economic Cost of Homophobia* (London: Peter Tatchell Foundation, 2018), https://www.petertatchellfoundation.org/wp

-content/uploads/2018/06/report-a4-lo-res-1.pdf.

28 직원 이직이 기업에 미치는 영향을 합산하려 시도한 연구가 있었다. 이 연구는 호주, 브라질, 캐나다, 프랑스, 독일, 인도, 이탈리아, 멕시코, 영국, 미국 등 10개국을 조사했다. 연구자들의 이직 비용에 관한 주장은 기업 수준에서는 성립했지만, 기업의 손실을 모두 합산하는 방식으로 측정하다 보니 추정값이 과대평가됐다. Johnson and Cooper, *LGBT Diversity*.

29 Berggren, Bjørnskov, and Nilsson, "What Aspects of Society Matter for the Quality of Life of a Minority?"

30 우리는 국가와 연도에 걸쳐 비교하기 쉽도록 조정을 거쳤다. 신흥경제국의 데이터와 연구에 대한 정보는 다음 논문에서 더 찾아볼 수 있다. M. V. Lee Badgett et al., "The Relationship between LGBT Inclusion and Economic Development: An Analysis of Emerging Economies," Williams Institute, UCLA School of Law and USAID, 2014, http://williamsinstitute.law.ucla.edu/wp-content/uploads/lgbt-inclusion-and-development-november-2014.pdf.

31 간단한 데이터에 가장 잘 맞도록 그린 선으로, GILRHO와 1인당 GDP 사이 회귀분석 계산을 반영했다.

32 M. V. Lee Badgett, Kees Waaldijk, and Yana van der Meulen Rodgers, "The Relationship between LGBT Inclusion and Economic Development: Macro-Level Evidence," *World Development* 120 (2019): 1–14, https://doi.org/10.1016/j.worlddev.2019.03.011.

33 성별(여성) 변수 데이터는 1997년부터 2011년만 존재한다. 해당 기간 동안 추정치에 따르면 LGBT 포용 효과는 성별 변수를 더하면 510달러에서 514달러로 살짝 증가했다. 38개 신흥경제국 연구에서 성별 변수를 추가하면 권리당 효과는 320달러에서 289달러로 줄어들었다.

34 M. V. Lee Badgett, Andrew Flores, and Andrew Park, *Links Between Economic Development and New Measures of LGBT Inclusion* (Los Angeles: Williams Institute, UCLA School of Law, 2018), https://williamsinstitute.law .ucla.edu/wp-content/uploads/GDP-and-LGBT-Inclusion-April-2018.pdf.

35 Lamontagne et al., "A Socioecological Measurement of Homophobia for

All Countries and Its Public Health Impact."

36 Richard Florida, "The Global Map of Homophobia," CityLab, Atlantic, February 7, 2014, http://www.theatlanticcities.com/politics/2014/02/global-map-homophobia/8309/; Richard Florida and Irene Tinagli, "Europe in the Creative Age," February 2004, http://www.creativeclass.com/rfcgdb/articles /Europe_in_the_Creative_Age_2004.pdf.

37 Richard Florida and Gary J. Gates, *Technology and Tolerance: The Importance of Diversity to High-Technology Growth* (Washington, DC: Center on Urban & Metropolitan Policy, Brookings Institution, June 2001).

38 Meredith L. Weiss, "'We Know Who You Are. We'll Employ You': Non-Discrimination and Singapore's Bohemian Dreams," in *Sexual Orientation Discrimination: An International Perspective*, ed. M. V. Lee Badgett and Jeff Frank (New York: Routledge, 2007).

39 "Singapore: Thousands Turn Out in Support of LGBT," *Asian Correspondent*, July 2017, https://asiancorrespondent.com/2017/07/singapore -thousands-turn-support-lgbt-rights.

40 Marcus Noland, "Popular Attitudes, Globalization, and Risk," *International Finance* 8, no. 2 (2005): 199 – 229.

41 예컨대 다음을 보라. Ronald F. Inglehart, "Changing Values among Western Publics from 1970 to 2006," *West European Politics* 31, no. 1 – 2 (2008): 130 – 46, https://doi.org/10.1080/01402380701834747.

42 인도의 대법원은 2018년 '나브테지 싱 조하르 대 인도연방' 판결에서 동성애를 비범죄화했다.

43 132개국 대상 연구를 이용하면 호모포비아 비용이 국가 간 GDP 격차에 미치는 영향이 줄어든다. 국제적 수치에 따르면 권리당 2065달러 격차가 나는데, 이는 132개국의 평균 1인당 GDP의 18퍼센트(1만1579달러)에 해당한다. 다음을 보라. Badgett, Waaldijk, and Rodgers, "The Relationship between LGBT Inclusion and Economic Development."

제6장 인권 논리와 경제 논리의 결합

1 무지개 깃발은 길버트 베이커가 1978년 디자인했다. *Gilbert Baker, Rainbow Warrior: My Life in Color* (Chicago: Chicago Review Press, 2019). 수많은 LGBT 조직 로고와 보고서가 깃발 자체가 아니더라도 어떤 형태로 든 무지개를 사용한다.

2 이들의 허락하에 이야기를 책에 담았다. 잘츠부르크 글로벌 세미나의 프 레젠테이션과 저자와의 인터뷰에 기반했다.

3 Roselyn Odoyo, *Outsider Citizen: Landscape Analysis of the Human Rights of Sex Workers and LGBTI People in Ethiopia* (Nairobi: UHAI EASHRI, 2015).

4 Odoyo, *Outsider Citizen*.

5 Dennis Altman and Jonathan Symons, *Queer Wars* (Cambridge, UK: Polity, 2016); Cynthia Burack, *Because We Are Human: Contesting US Support for Gender and Sexuality Human Rights Abroad* (Albany: State University of New York Press, 2018).

6 Badgett, Waaldijk, and Rodgers, "Relationship between LGBT Inclusion and Economic Development."

7 Andrew Kohut et al., "The Global Divide on Homosexuality," Pew Research Center, June 4, 2013, http://www.pewglobal.org/2013/06/04/ the-global -divide-on-homosexuality.

8 Tom W. Smith, Jaesok Son, and Jibum Kim, *Public Attitudes Towards Homosexuality and Gay Rights Across Time and Countries* (Chicago: NORC/ Williams Institute UCLA School of Law, November 2014), https:// williams institute.law.ucla.edu/wp -content/uploads/public -attitudes- nov-2014.pdf.

9 Andrew R. Flores and Andrew Park, *Polarized Progress: Social Acceptance of LGBT People in 141 Countries, 1981 to 2014* (Los Angeles: Williams Institute, UCLA School of Law, 2018), https://williamsinstitute.law.ucla. edu /wp-content/uploads/Polarized-Progress-April-2018.pdf. 이들은 조사 대상 국가에서 관련된 설문 조사 문항이 없었던 해에는 지수를 추정

했다.

10 Katie Rogers, "Trump's Celebration of L.G.B.T. Rights Is Met with Criticism," *New York Times*, June 1, 2019, https://www.nytimes.com/2019/06 /01/us/politics/trump-lgbt-rights.html.

11 Mariana Simões, "Brazil's Polarizing New President, Jair Bolsonaro, in His Own Words," *New York Times*, October 28, 2018, https://www.nytimes .com/2018/10/28/world/americas/brazil-president-jair-bolsonaro-quotes.html.

12 Tom Phillips and Anna Jean Kaiser, "Brazil Must Not Become a 'Gay Tourism Paradise,' Says Bolsonaro," *Guardian*, April 25, 2019, https:// www .theguardian.com/world/2019/apr/26/bolsonaro-accused-of-inciting-hatred -with-gay-paradise-comment; Morgan Gstalter, "Brazil's New President Removes LGBT Concerns from Human Rights Ministry," *Hill*, January 2, 2019, https://thehill.com/policy/international/human-rights/423594-brazils-new -president-removes-lgbt-concerns-from-human.

13 Rahul Rao, "Staying Positivist in the Fight Against Homophobia," *Sexuality Policy Watch Newsletter*, no. 14 (July 3, 2014); Andil Gosine, "Rescue, and Real Love: Same-Sex Desire in International Development," in *Routledge Handbook of Queer Development Studies*, ed. Corinne L. Mason (New York: Routledge, 2018). 나 또한 이 문제에 대해 인권활동가들과 수많은 대화와 비공식적인 토론을 이어왔다.

14 최근 논의에 대한 설명은 다음을 보라. Marc Parry, "Shackles and Dollars," *Chronicle Review*, Chronicle of Higher Education, December 8, 2016, https://www.chronicle.com/article/ShacklesDollars/238598.

15 Jeff Tyson, "At the World Bank, Turning Finance Ministers into Gay Rights Advocates," Devex (website), March 6, 2015, devex.com/news/ at-the -world-bank-turning-finance-ministers-into-gay-rights-advocates-85633.

16 Kaushik Basu, "A Welcome Address on IDAHOT 2016," *Let's Talk Development*, blog, 2016, https://blogs.worldbankorg/developmenttalk /

welcome-address-idahot-2016.

17 Aengus Carroll, *State-Sponsored Homophobia: A World Survey of Sexual Orientation Laws; Criminalisation, Protection and Recognition* (Geneva: ILGA, 2016).

18 Tracy McVeigh, Paul Harris, and Barbara Among, "Anti-Gay Bigots Plunge Africa into New Era of Hate Crimes," *Guardian*, December 12, 2009, https://www.theguardian.com/world/2009/dec/13/death-penalty-uganda-homosexuals.

19 Jeffrey Gettleman, "Ugandan Who Spoke Up for Gays Is Beaten to Death," *New York Times*, January 27, 2011, http://www.nytimes.com/2011/01/28/world/africa/28uganda.html.

20 Gettleman, "Ugandan Who Spoke Up for Gays Is Beaten to Death."

21 New Humanitarian, "Briefing: Punitive Aid Cuts Disrupt Healthcare in Uganda," April 2, 2014, http://www.thenewhumanitarian.org/analysis/2014/04/02/briefing-punitive-aid-cuts-disrupt-healthcare-uganda#.

22 Stella Nyanzi, "The Paradoxical Geopolitics of Recriminalizing Homosexuality in Uganda: One of Three Ugly Sisters," *Sexuality Policy Watch Newsletter*, no. 14 (July 3, 2014), http://sxpolitics.org/article-nl14/9386#sthash.EFoePfBO.dpuf.

23 Yoweri Kaguta Museveni, "The Way Forward on Homosexuality: Should We Involve Uganda in Endless Wars with Our Trade Partners on Account of This?," Pan African Visions, October 4, 2014, https://www.panafricanvisions.com/2014/way-forward-homosexuality-involve-uganda-endless-wars-trade-partners-account/#.

24 Altman and Symons, Queer Wars; Javier Corrales, "The Expansion of LGBT Rights in Latin America . . . and the Backlash," in *The Oxford Handbook of Global LGBT and Sexual Diversity Politics*, ed. Michael Bosia, Sandra M. McEvoy, and Momin Rahman (New York: Oxford University Press, 2019).

25 미국에서 이뤄진 변천을 유의미하게 논의한 내용에 관해서는 다음을 보

라. Burack, *Because We Are Human.*

26 Badgett, Waaldijk, and Rodgers, "The Relationship between LGBT Inclusion and Economic Development."

27 M. V. Lee Badgett, Laura E. Durso, and Alyssa Schneebaum, "New Patterns of Poverty in the Lesbian, Gay, and Bisexual Community" (Los Angeles: Williams Institute, UCLA School of Law, June 2013), http:// williamsinstitute.law.ucla.edu/wp-content/uploads/LGB-Poverty-Update-Jun-2013 .pdf; Alyssa Schneebaum and M. V. Lee Badgett, "Poverty in US Lesbian and Gay Couple Households," *Feminist Economics* 25, no. 1 (2019): 1 – 30, https://doi.org/10.1080/13545701.2018.144153 3; M. V. Lee Badgett, "Left Out? Lesbian, Gay, and Bisexual Poverty in the U.S.," *Population Research and Policy Review* 37, no. 5 (2018): 667 – 702, https://doi.org/10.1007/s11113 – 018 – 9457 – 5; Sonya Arreola et al., *Access to HIV Prevention and Treatment for Men Who Have Sex with Men: Findings from the 2012 Global Men's Health and Rights Study* (Oakland, CA: Global Forum on MSM & HIV [MSMGF], 2012); Lori E. Ross et al., "Bisexuality, Poverty and Mental Health: A Mixed Methods Analysis," *Social Science and Medicine* 156 (2016): 64 – 72, https://doi. org/10.1016/j.socscimed.2016.03.009; Micro Rainbow International, *Poverty, Sexual Orientation and Refugees in the UK* (London: Micro Rainbow International, October 2013), https://microrainbow.org/wp-content/uploads/2013/10/MR_REPORT_UK_digital-final-for-the-web-Reduced.pdf; S. C. Noah Uhrig, "Sexual Orientation and Poverty in the UK: A Review and Top-Line Findings from the UK Household Longitudinal Study," *Journal of Research in Gender Studies* 5, no. 1 (2015): 23 – 72, http://search.proquest.com.ezp.waldenulibrary.org; Lucas Paoli Itaborahy, *LGBT People Living in Poverty in Rio de Janeiro* (London: Micro Rainbow International, June 2014); Rachana Chhoeurng, Yara Kong, and Erin Power, *Poverty of LGBT People in Cambodia* (London: Micro Rainbow International, May 2016), https://mrifoundation.global/wp-content /uploads/2017/12/CambodiaReportEN.pdf.

28 다음의 제4장 10조를 참조하라. World Bank, "International Bank for Reconstruction and Development Articles of Agreement," 2012, http://

pubdocs.worldbank.org/en/722361541184234501/
IBRDArticlesOfAgreement-English.pdf.

29 World Bank, *Inclusion Matters: The Foundation for Shared Prosperity* (Washington, DC: World Bank, 2013). 206 Notes

30 패브리스 후다의 개인적인 대화와 수많은 토론, 그리고 Tyson, "At the World Bank, Turning Finance Ministers into Gay Rights Advocates."

31 Jim Yong Kim, "The High Costs of Institutional Discrimination," *Washington Post*, Febrary 27, 2014, https://www.washingtonpost.com/opinions/jim-yong-kim-the-high-costs-of-institutional-discriminati on/2014/02/27/8cd37ad0-9fc5-11e3-b8d8-94577ff66b28_story.html.

32 Danielle Douglas-Gabriel, "Here Is Why the World Bank Withheld Aid to Uganda," *Washington Post*, April 3, 2014, https://www.washingtonpost.com/news/wonk/wp/2014/04/03/here-is-why-the-world-bank-withheld-aid-to-uganda.

33 예컨대 다음을 보라. Amsterdam Network, *The Amsterdam Network Guiding Principles* (Version 1.0), 2013.

34 Civil Society Coalition on Human Rights & Constitutional Law, "Guidelines to National, Regional, and International Partners on How to Offer Support Now That the Anti-Homosexuality Law Has Been Assented To," Kampala, Uganda, March 3, 2014, http://www.ugandans4rights.org/attachments/article/428/14_03_03_CSCHRCL_guidelines_to_partners.pdf; New Humanitarian, "Briefing: Punitive Aid Cuts Disrupt Healthcare in Uganda."

35 SOGI 이슈를 다룬 세계은행의 웹사이트 페이지를 보라. https://www.worldbank.org/en/topic/sexual-orientation-and-gender-identity#1.

36 클리프턴 코테즈와 2019년 3월 22일 나눈 통화에서.

37 World Bank, *Bank Directive: Addressing Risks and Impacts on Disadvantaged or Vulnerable Individuals or Groups* (August 4, 2016), https://policies.worldbank.org/sites/ppf3/PPFDocuments/e5562765a5534ea0b7877e1e775f29d5.pdf.

38 World Bank, "ID Enabling Environment Assessment Guidance Note,"

October 2018, https://id4d.worldbank.org/sites/id4d.worldbank.org/files/2018-12/IDEEA%20Guidance%20Note%20-%20Consultation%20Draft%20V11142018.pdf.

39 World Bank, *Identification for Development: Strategic Framework* (2016), http://pubdocs.worldbank.org/en/179901454620206363/Jan-2016-ID4D-Strategic-Roadmap.pdf; Neelam Pandey, "In a First, Aadhar Recognises 1,600 Transgender Persons," *Hindustan Times*, August 27, 2013, https://www.hindustantimes.com/delhi-news/in-a-first-aadhar-recognises-1-600-transgender-persons/story-Geb68xqQ8KiVT1cyUeqLxL.html.

40 Burack, *Because We Are Human*.

41 다음을 보라. United Nations, "The Price of Exclusion," Free & Equal, https://www.unfe.org/the-price-of-exclusion, accessed May 18, 2019.

42 UNESCO, *Out in the Open: Education Sector Responses to Violence Based on Sexual Orientation and Gender Identity/Expression* (Paris: UNESCO, 2016).

43 J. Lester Feder, "Homophobia Costs India an Estimated $31 Billion Annually—Should Development Institutions Care?," *BuzzFeed*, March 14, 2014, https://www.buzzfeednews.com/article/lesterfeder/homophobia-costs-india-an-estimated-31-billion-annually-shou; Erik Lamontagne et al., "A Socioecological Measurement of Homophobia for All Countries and Its Public Health Impact," *European Journal of Public Health* 28, no. 5 (2018): 967–72, https://doi.org/10.1093/eurpub/cky023.

44 UN Office of the High Commissioner for Human Rights, *Tackling Discrimination Against Lesbian, Gay, Bi, Trans, & Intersex People: Standards of Conduct for Business* (New York: OHCHR, 2017).

45 UNDP 웹사이트에서 해당 프로그램에 대한 설명을 보라. "Being LGBTI in Asia and the Pacific," http://www.asia-pacific.undp.org/content/rbap/en/home/programmes-and-initiatives/being-lgbt-in-asia.html, ongoing project begun in 2014.

46 다음을 보라. UNDP, "Measuring LGBTI Inclusion: Increasing Access to

Data and Building the Evidence Base," June 2016; M. V. Lee Badgett and Randall Sell, *A Set of Proposed Indicators for the LGBTI Inclusion Index* (New York: UNDP, 2018). SDGs에 대한 설명과 SDGs가 LGBTI 포용을 어떻게 다룰 수 있는지에 대해서는 다음을 보라. Elizabeth Mills, "'Leave No One Behind': Gender, Sexuality and the Sustainable Development Goals," *IDS Evidence Report*, Sexuality, Poverty and Law, no. 145 (October 2015), https://opendocs.ids.ac.uk/opendocs/bitstream/handle/123456789/7104/ER154_LeaveNoOneBehindGenderSexualityan dtheSDGs.pdf; Jeffrey O'Malley and Andreas Holzinger, "Sexual and Gender Minorities and the Sustainable Development Goals," UNDP, 2018, https://www.undp.org/content/dam/undp/library/HIV-AIDS/Key%20populations/SDGs_SexualAndGenderMinorities.pdf; Andrew Park and Lucas Ramon Mendos, *For All: The Sustainable Development Goals and LGBTI People* (Stockholm: RFSL Förbundet, 2019), https://doi.org/10.13140/RG.2.2.23989.73447.

47 Burack, *Because We Are Human*; US Department of State, "Global Equality Fund," March 18, 2019, https://www.state.gov/global-equality-fund.

48 Andrew Wallace, Ben Francisco Maulbeck, and Lyle Matthew Kan, *2015–2016 Global Resources Report: Government and Philanthropic Support for Lesbian, Gay, Bisexual, Transgender, and Intersex Communities* (New York: Funders for LGBTQ Issues and Global Philanthropy Project, April 2018), https://lgbtfunders.org/wp-content/uploads/2018/04/2015-2016_Global_Resources_Report.pdf.

49 USAID, "LGBT Vision for Action: Promoting and Supporting the Inclusion of Lesbian, Gay, Bisexual, and Transgender Individuals," 2014, https://www.usaid.gov/sites/default/files/documents/1861/LGBT_Vision_For_Action_May2014.pdf; USAID, "Nondiscrimination for Beneficiaries: Frequently Asked Questions," December 23, 2016, https://www.usaid.gov/what-we-do/democracy-human-rights-and-governance/protecting-human-rights/nondiscrimination-faq.

50 다른 파트너들은 다음과 같다. Astraea Lesbian Foundation for Justice;

Arcus Foundation; Gay & Lesbian Victory Fund; Williams Institute; Swedish Federation for Lesbian, Gay, Bisexual, Transgender, and Queer Rights (RFSL); and the National Gay & Lesbian Chamber of Commerce. USAID, "The LGBTI Global Development Partnership," fact sheet, USAID, https://2012-2017.usaid.gov/sites/default/files/documents/2496/LGBTI_Global_Development_Partnership_Fact_Sheet_Final_160622.pdf

51 Anthony Cotton, Aline Magnoni, Derek Simon, and Brett Tolman, *Suggested Approaches for Integrating Inclusive Development Across the Program Cycle and in Mission Operations* (Washington, DC: USAID, 2018), https://usaidlearninglab.org/sites/default/files/resource/files/additional_ help_for_ads_201_inclusive_development_180726_final_r.pdf.

52 Javier Corrales, "Understanding the Uneven Spread of LGBT Rights in Latin America and the Caribbean," *Journal of Research in Gender Studies* 7, no. 1 (2017): 52 – 82, https://doi.org/10.22381/JRGS7120172.

53 글로벌 콘퍼런스를 시작한 암스테르담네트워크가 이러한 기조를 표현했다. Amsterdam Network, "Amsterdam Network Guiding Principles (Version 1.0)."

54 Annika Nilsson and Jessica Rothman, *Evaluation of the Sida Supported RFSL Projects: "LGBT Voices" and "Rainbow Leaders"* (Stockholm: Sida, 2017), https://www.sida.se/contentassets/a09863bdac41467ea541a12e2160caf5/22051.pdf.

55 Civil Society Coalition on Human Rights & Constitutional Law, "Guidelines to National, Regional, and International Partners on How to Offer Support."

56 존 밀러와 2019년 6월 2일 사적으로 주고받은 이메일에서.

57 Reuters, "Kenya Losing Over Sh100 Billion Annually in LGBT Discrimination, Firms Say," *Standard Digital*, February 27, 2019, https://www.standardmedia.co.ke/article/2001314601/gay-discrimination-costs-kenya-over-sh100-billion.

제7장 평등의 이익을 실현하려면

1 Movement Advancement Project, *2018 National Movement Report: A Financial Overview of Leading Organizations in the LGBT Movement* (Boulder, CO: Movement Advancement Project, 2018), http://www. lgbtmap.org/file/SAR-2018-National-FINAL.pdf.

2 여기서 전 세계적 현황을 보여주는 해당 수치는 간성 조직도 포함한다. 출처는 다음과 같다. Wallace, Maulbeck, and Kan, *2015–2016 Global Resources Report*. 하지만 UNDP와 영국 정부의 자금 조달 데이터는 누락됐다. 대부분 국가 수준의 자금 조달 규모를 고려하면 누락된 정보를 포함한다고 해서 여기에 기술된 추세를 유의미하게 바꾸지는 않을 것이다.

3 Wallace, Maulbeck, and Kan, *2015–2016 Global Resources Report*, 64.

4 Wallace, Maulbeck, and Kan, *2015–2016 Global Resources Report*, 9.

5 양육 관련 법과 동성혼 등 가족 관련 문제는 거의 포함되지 않았다. (내가 생각하기에) 주요 이유는 일부 국가에서의 백래시에 대한 우려다. 혼인 평등을 이룬 고소득 국가들에 유리하게 지수가 왜곡될 우려가 있기 때문이기도 하다.

6 다음을 보라. Tilcsik, "Pride and Prejudice"; Marieka Klawitter, "Multilevel Analysis of the Effects of Antidiscrimination Policies on Earnings by Sexual Orientation," *Journal of Policy Analysis and Management* 30, no. 2 (2011): 334–58, https://doi.org/10.1002/pam.20563; Amanda K. Baumle and Dudley L. Poston Jr., "The Economic Cost of Homosexuality: Multilevel Analyses," *Social Forces* 89, no. 3 (2011): 1005–32; Michael E. Martell, "Do ENDAs End Discrimination for Behaviorally Gay Men?," *Journal of Labor Research* 34, no. 2 (November 13, 2012): 147–69, https://doi.org/10.1007/s12122–012–9154–9; Ian Burn, "Not All Laws Are Created Equal: Legal Differences in State Non-Discrimination Laws and the Impact of LGBT Employment Protections," *Journal of Labor Research* 39, no. 4 (2018): 462–97, doi. org/10.1007/s12122–018–9272–0.

7 Charles Kenny and Dev Patel, "Norms and Reform: Legalizing Homosexuality Improves Attitudes," working paper, Center for Global Development, 2017, https://doi.org/10.2139/ssrn.3062911.

8   Tarik Abou-Chadi and Ryan Finnigan, "Rights for Same-Sex Couples and Public Attitudes Toward Gays and Lesbians in Europe," *Comparative Political Studies*, 2018, doi.org/10.1177/0010414018797947; Cevat G. Aksoy et al., "Do Laws Shape Attitudes? Evidence from Same-Sex Relationship Recognition Policies in Europe," Discussion Paper Series, IZA Institute of Labor Economics, Bonn, August 2018. See also Andrew R. Flores and Scott Barclay, "Backlash, Consensus, Legitimacy, or Polarization: The Effect of Same-Sex Marriage Policy on Mass Attitudes," *Political Research Quarterly* 69, no. 1 (2016): 43–56, https://doi.org/10.1177/1065912915621175.

9   US Chamber of Commerce Foundation, *Business Success and Growth Through LGBT-Inclusive Culture* (Washington, DC: US Chamber of Commerce Foundation, 2019), 28, https://www.uschamberfoundation.org/sites/default/files/Business-Success-Growth-LGBT-Inclusive-Culture-FINAL-WEB.pdf.

10 Perry v. Schwarzenegger, 704 F. Supp. 2d 921 (N.D. Cal. 2010).

11 Wallace, Maulbeck, and Kan, *2015–2016 Global Resources Report*, 24.

12 M. V. Lee Badgett and Philip Crehan, "Developing Actionable Research Priorities for LGBTI Inclusion," *Journal of Research in Gender Studies* 7, no. 1 (2017): 218–47, https://doi.org/10.22381/jrgs7120178.

13 Institute of Medicine, *Health of Lesbian, Gay, Bisexual, and Transgender People*.

14 Stephenie R. Chaudoir, Katie Wang, and John E. Pachankis, "What Reduces Sexual Minority Stress? A Review of the Intervention 'Toolkit,'" *Journal of Social Issues* 73, no. 3 (2017): 586–617, https://doi.org/10.1111/josi.12233.

15 Chhoeurng, Kong, and Power, *Poverty of LGBT People in Cambodia*; Micro Rainbow International, *Poverty, Sexual Orientation and Refugees in the UK*; Itaborahy, *LGBT People Living in Poverty in Rio de Janeiro*.

16 US Chamber of Commerce Foundation, *Business Success and Growth Through LGBT-Inclusive Culture*, 33.

17 대규모 조사에서 성적 지향과 성별 정체성에 대한 데이터를 수집하는 과정 중 제기되는 실질적인 중요한 질문들을 전문가 네트워크가 한데 모여 다루는 것이다. 다음을 보라. Sexual Minority Assessment Research Team, *Best Practices for Asking Questions about Sexual Orientation on Surveys* (Los Angeles: Williams Institute, UCLA School of Law, 2009), http://williamsinstitute.law.ucla.edu/wp-content/uploads/SMART-FINAL-Nov-2009.pdf; Gender Identity in US Surveillance Group (GenIUSS), *Best Practices for Asking Questions to Identify Transgender and Other Gender Minority Respondents on Population-Based Surveys* (Los Angeles: Williams Institute, UCLA School of Law, September 2014), https://williamsinstitute.law.ucla.edu/wp-content/uploads/geniuss-report-sep-2014.pdf.

18 UN Development Programme, *Being LGBTI in China*, 40.

19 Burack, *Because We Are Human*.

20 Danny Lee and Phila Siu, "Hong Kong's Airport Authority Joins MTR Corp in Reversing Ban on Cathay Pacific Same-Sex Ad After LGBT Outcry," *South China Morning Post*, May 21, 2019, https://www.scmp.com/news/hong-kong/transport/article/3011055/hong-kongs-mtr-corp-buckles-under-lgbt-criticism-and.

21 "GDP Indicators 2019," *Statistics Times*, http://statisticstimes.com/economy/gdp-indicators-2019.php.

22 World Bank, "Gross Domestic Product 2018," https://databank.worldbank.org/data/download/GDP.pdf.

차별 비용
LGBT 경제학

초판 인쇄 2024년 6월 20일
초판 발행 2024년 6월 27일

지은이 리 배짓
옮긴이 김소희
감수 이호림
펴낸이 강성민
편집장 이은혜
책임편집 진상원
마케팅 정민호 박치우 한민아 이민경 박진희 정유선 황승현
브랜딩 함유지 함근아 고보미 박민재 김희숙 박다솔 조다현 정승민 배진성
제작 강신은 김동욱 이순호

펴낸곳 (주)글항아리 | 출판등록 2009년 1월 19일 제406-2009-000002호

주소 10881 경기도 파주시 심학산로 10 3층
전자우편 bookpot@hanmail.net
전화번호 031) 955-2689(마케팅) 031) 941-5159(편집부)
팩스 031) 941-5163

ISBN 979-11-6909-259-3 03300

잘못된 책은 구입하신 서점에서 교환해드립니다.
기타 교환 문의 031) 955-2661, 3580

www.geulhangari.com